Charlotte Wetterauer

Urteils(un)fähigkeit in der Patientenversorgung aus der Perspektive der Klinischen Ethikkonsultation

Erwachsenenschutzrechtliche Regelungen im Spannungsfeld von Autonomie und Fürsorge

Schriften zum Kindes- und Erwachsenenschutz
Série Protection des mineurs et des adultes
Serie protezione dei minori et degli adulti

Band 7

Herausgeber:

Daniel Rosch, Prof. (FH) Dr. iur., Sozialarbeiter FH, MAS Nonprofit-Management, systemischer Berater, Hochschule Luzern – Soziale Arbeit

Luca Maranta, Lic. iur., Advokat, Hochschule Luzern – Soziale Arbeit

Charlotte Wetterauer, Dr. iur., Ethikberaterin im Gesundheitswesen (AEM)

Urteils(un)fähigkeit in der Patientenversorgung aus der Perspektive der Klinischen Ethikkonsultation

Erwachsenenschutzrechtliche Regelungen im Spannungsfeld von Autonomie und Fürsorge

Stämpfli Verlag

Basler Dissertation 2022

Bibliografische Information der Deutschen Nationalbibliothek
Die Deutsche Nationalbibliothek verzeichnet diese Publikation in der Deutschen Nationalbibliografie; detaillierte bibliografische Daten sind im Internet über http://dnb.d-nb.de abrufbar.

www.staempfliverlag.com

Print ISBN 978-3-7272-4417-9

Über unsere Online-Buchhandlung www.staempflishop.com
ist zudem folgende Ausgabe erhältlich:
E-Book ISBN 978-3-7272-4418-6

FSC
www.fsc.org
MIX
Papier aus verantwortungsvollen Quellen
FSC® C083411

Danksagung

Ohne die Unterstützung, die ich während der Erstellung meiner Doktorarbeit erhalten habe, hätte ich diese Arbeit nicht realisieren können. Mein besonderer Dank gilt dabei meinem Doktorvater, Herrn Prof. Dr. Roland Fankhauser und meiner Zweitbetreuerin, Frau Prof. Dr. Stella Reiter-Theil. Durch ihre Expertise, ihre hilfreiche, motivierende und wertschätzende Unterstützung haben sie mich über den gesamten Entstehungsprozess dieser Arbeit hinweg begleitet. Mein Dank gilt auch Herrn Dr. Patrick Fassbind, der sich der Begutachtung meiner Arbeit als externer Experte angenommen hat. Zusätzlich danke ich der Basler Studienstiftung für die finanzielle Beteiligung an den Druckkosten.

Mit festem Glauben an mich und meine Arbeit wurde ich zu jeder Zeit von meiner Familie unterstützt und habe den nötigen Rückhalt erfahren. Ohne sie wäre diese Arbeit nicht möglich gewesen. Ihr danke ich von ganzem Herzen.

Riehen, den 23. Juni 2022

Inhaltsverzeichnis

Abkürzungsverzeichnis

AA	Assistenzarzt
a.A.	anderer Auffassung
(a)Art.	(alter) Artikel
Abb.	Abbildung
Abs.	Absatz
ACOG	American Congress of Obstetricians and Gynecologists
AMA	American Medical Association
AMDP	Arbeitsgemeinschaft für Methodik und Dokumentation in der Psychiatrie
Aufl.	Auflage
BBl.	Blatt
Bd.	Band
BGE	Bundesgerichtsentscheid
BJM	Basler Juristische Mitteilungen
BRK	Behindertenrechtskonvention
bspw.	beispielsweise
BV	Bundesverfassung
bzw.	beziehungsweise
CA	Chefarzt
ca.	circa
Camb Q Healthc Ethics	Cambridge Quarterly of Healthcare Ethics
D	divers
d.h.	das heisst
E.	Erwägung
ed.	editor
EK	Ethikkonsultation
EMRK	Europäische Menschenrechtskonvention
etc.	et cetera
EU	Europäische Union

f./ff.	folgende/fortfolgende
FMH	Foederatio Medicorum Helveticorum
Fn.	Fussnote
FU	Fürsorgerische Unterbringung
gem.	gemäss
gesetzl.	gesetzlich
ggf.	gegebenenfalls
HA/HÄ	Hausarzt/Hausärzte
HFG	Humanforschungsgesetz
Hrsg.	Herausgeber
ICD	International Statistical Classification of Diseases and Related Health Problems
indiz.	indiziert
inkl.	inklusiv
insb.	insbesondere
IPS	Intensivpflegestation
i.S.d.	im Sinne des
i.V.m.	in Verbindung mit
J	Jahre
JAMA	Journal of the American Medical Association
jährl.	jährlich
Jg.	Jahrgang
k.A.	keine Angabe
KESB	Kindes- und Erwachsenenschutzbehörde
LA	Leitender Arzt
LBR	Luzerner Beiträge zur Rechtswissenschaft
lit.	litera
M	männlich
MacCAT-T	MacArthur Competence Assessment Tool for Treatment
med.	medizinisch

MedStandard	Wissensmanagementtool des Bereichs Medizin und der Akutversorgung des Universitätsspitals Basel
MFK	Motorfahrzeugkontrolle
MMS	Mini-Mental State (Test)
monatl.	monatlich
m.w.H.	mit weiteren Hinweisen/mit weiterem Hinweis
N	Note
n.a.	not available
NEK	Nationale Ethikkommission im Bereich der Humanmedizin
NFP	Nationalforschungsprojekt
No	number
Nr.	Nummer
OA	Oberarzt
o.Ä.	oder Ähnliche/Ähnliches
örtl.	örtlich
Pat.	Patient/Patientin
psych.	psychiatrisch
PV	Patientenverfügung
REA	Reanimation
RME	Reproduktionsmedizin
Rn.	Randnummer
Rz.	Randziffer
S.	Seite
SAMW	Schweizerische Akademie der Medizinischen Wissenschaften
SÄZ	Schweizerische Ärztezeitung
Schriften INR	Institut für Notariatsrecht und Notarielle Praxis Bern
Schweiz Med Forum	Schweizerisches Medizinisches Forum
sog.	sogenannt(e)
SPSS	IBM SPSS Statistics, Statistical Analysis Software
SSA	Schwangerschaftsabbruch

tgl.	täglich
tlw.	teilweise
u.	und
U-Doc	Formular zur Evaluation und Dokumentation der Urteilsfähigkeit
ÜMB	Übereinkommens über Menschenrechte und Biomedizin des Europarates
UF/uf	Urteilsfähigkeit/urteilsfähig
UN	Vereinte Nationen
UPK	Universitäre Psychiatrische Kliniken
USB	Universitätsspital Basel
uuf	urteilsunfähig
VE	Vorentwurf
vgl.	vergleiche
Vol.	Volume
Vor	Vorbemerkung
W	weiblich
wöchentl.	wöchentlich
ZBJV	Zeitschrift des Bernerischen Juristenvereins
z.B.	zum Beispiel
zeitl.	zeitlich
ZGB	Schweizerisches Zivilgesetzbuch
Ziff.	Ziffer
zit.	zitiert
ZSR	Zeitschrift für Schweizerisches Recht
ZVW	Zeitschrift für Vormundschaftswesen (bis 31.12.2009), neu ZKE

Literaturverzeichnis

AEBI-MÜLLER REGINA E., Perpetuierte Selbstbestimmung? Einige vorläufige Gedanken zur Patientenverfügung nach neuem Recht, in: ZBJV 2013, 150 ff. (zit. ZBJV 2013)

AEBI-MÜLLER REGINA E., Der urteilsunfähige Patient – eine zivilrechtliche Auslegeordnung, in: Jusletter 22. September 2014 (zit. Jusletter 22.September 2014)

AEBI-MÜLLER REGINA E., in: FOUNTOULAKIS CHRISTIANA / AFFOLTER-FRINGELI KURT / BIDERBOST IVO / STECK DANIEL (Hrsg.), Kindes- und Erwachsenenschutzrecht – Expertenwissen für die Praxis, Fachhandbuch Zürich, Basel, Genf 2016, 31 ff. und 107 ff. (zit. FHB Erwachsenenschutzrecht 2016)

AEBI-MÜLLER REGINA E. / FELLMANN WALTER / GÄCHTER THOMAS / RÜTSCHE BERNHARD / TAG BRIGITTE, Arztrecht, Bern 2016

AEBI-MÜLLER REGINA E., Handlungsfähigkeit und Erwachsenenschutz – Versuch einer Klärung, in: FANKHAUSER ROLAND / REUSSER RUTH E. / SCHWANDER IVO (Hrsg.), Brennpunkt Familienrecht – Festschrift für THOMAS GEISER zum 65. Geburtstag, Zürich 2017, 1 ff. (zit. FS GEISER 2017)

APPELBAUM PAUL S. / ROTH LAUREN H., Competency to Consent to Research – A Psychiatric Overview, in: Archives of General Psychiatry 1982, Aug., Vol 39, 951 ff. (zit. Arch Gen Psychiatry 1982)

APPELBAUM PAUL S. / GRISSO THOMAS, Assessing patients' capacities to consent to treatment, in: The New England Journal of Medicine 1988, Dec 22, 319 (25), 1635 ff. (zit. N Engl J Med.1988)

ARNDT DOMINIK, Empirie in den Rechtswissenschaften – Fluch oder Segen? – Chancen und Risiken der Einbeziehung empirischer Ansätze in die rechtswissenschaftliche Forschung – Diplomarbeit, 2008, abrufbar unter https://opus.bibliothek.uni-augsburg.de/opus4/frontdoor/deliver/index/docId/1190/file/Diplomarbeit_DominikArndt.pdf (zuletzt geprüft am 8.8.2023)

BARNIKOL UTAKO B. / BECK SUSANNE / BIRNBACHER DIETER / FANGERAU HEINER, Advance Care Planning – Eine dynamische Form der Patientenverfügung, in: Ärztezeitung 2015, abrufbar unter https://www.aerztezeitung.de/Politik/Eine-dynamische-Form-der-Patientenverfuegung-249925.html (zuletzt geprüft am 8.8.2023)

BEAUCHAMP TOM L. / CHILDRESS JAMES F., Principles of Biomedical Ethics, 7. Aufl., Oxford 2013

BOENTE WALTER, Erste Auswirkungen der Behindertenrechtskonvention auf das Erwachsenenschutzrecht, in: SCHWENZER INGEBORG / BÜCHLER ANDREA / COTTIER MICHELLE (Hrsg.), Die Praxis des Familienrechts, FamPra.ch 2018, 110 ff. (zit. FamPra 2018)

BREITSCHMID PETER / JUNGO ALEXANDRA (Hrsg.), Handkommentar zum Schweizer Privatrecht, Band I, Personen- und Familienrecht inkl. Kindes- und Erwachsenenschutzrecht, 3. Aufl., Zürich 2016 (zit. CHK-Bearbeiter, Art. XX ZGB N X)

BUCHER EUGEN / AEBI-MÜLLER REGINA E., Berner Kommentar, Die natürlichen Personen, Art. 11–19 d ZGB, 2. Aufl., Bern 2017 (zit. BK-Bearbeiter, Art. XX ZGB N X)

BÜCHLER ANDREA / HÄFELI CHRISTOPH / LEUBA AUDREY / STETTLER MARTIN (Hrsg.), Kommentar zum Familienrecht – Erwachsenenschutzrecht, Bern 2013 (zit. FamKomm-Bearbeiter, Art. XX ZGB N X)

BÜCHLER ANDREA / JAKOB DOMINIQUE (Hrsg.), Kurzkommentar ZGB, 2. Aufl., Basel 2017 (zit. KuKo-Bearbeiter, Art. XX ZGB N X)

BÜCHLER ANDREA / MICHEL MARGOT, Medizin – Mensch – Recht, 2. Aufl., Zürich 2020 (zit. Medizin – Mensch – Recht)

CANDILIS PHILIP J., Distinguishing Law and Ethics: A Challenge for the Modern Practitioner, in: Psychiatric Times, Vol 19 No 12, Dez. 2002, abrufbar unter https://www.psychiatrictimes.com/view/distinguishing-law-and-ethics-challenge-modern-practitioner (zuletzt geprüft am 8.8.2023)

CHATAGNY NOËLLE, Droits et devoirs de porteurs/euses de mandats tutélaires en cas d'atteinte à l'intégrité corporelle (interventions médicales), in: ZVW 2003, 61 ff.

CHILDRESS JAMES F. / CHILDRESS MARCIA D., What Does the Evolution From Informed Consent to Shared Decision Making Teach Us About Authority in Health Care? In: AMA Journal of Ethics, May 2020, Volume 22, Number 5, 423 ff.

COHON RACHEL, «Hume's Moral Philosophy», in: EDWARD N. ZALTA (ed.), The Stanford Encyclopedia of Philosophy (Fall 2018 Edition), abrufbar unter https://plato.stanford.edu/archives/fall2018/entries/hume-moral (zuletzt geprüft am 8.8.2023)

CONNORS ALFRED F. / DAWSON NEAL V. / DESBIENS NORMAN A. / FULKERSON WILLIAM J. / GOLDMAN LEE / KNAUS WILLIAM A. / LYNN JOANNE / OYE ROBERT K. / BERGNER MARILYN / DAMIANO ANNE / HAKIM ROSEMARIE / MURPHY DONALD J. / TENO JOAN / VIRNIG BETH / WAGNER DOUGLAS P. / WU ALBERT W. / YASUI YUTAKA / ROBINSON DETRA K. / KRELING BARBARA, A controlled trial to improve care for seriously ill hospitalized patients. The study to understand prognoses and preferences for outcomes and risks of treatments (SUPPORT), in: JAMA. 1995, 274(20), 1591 ff.

DONNELLY MARRY, From Autonomy to Dignity: Treatment for Mental Disorders and the Focus for Patient Rights, in: Law in Context 37–61, May 14, 2008, 1 ff., abrufbar unter https://ssrn.com/abstract=2189546 (zuletzt geprüft am 8.8.2023)

DRUCKER ERNEST / ANDERSON KENNETH / HAEMMIG ROBERT / HEIMER ROBERT / SMALL DAN / WALLEY ALEX / WOOD EVAN / VAN BEEK INGRID, Treating Addictions: Harm Reduction in Clinical Care and Prevention, in: Bioethical Inquiry, 2016, 13, 239 ff.

DÜWELL MARCUS, Wofür braucht die Medizinethik empirische Methoden? Eine normativ-ethische Untersuchung, in: Ethik in der Medizin 2009, 21, 201 ff.

ETCHELLS EDWARD / DARZINS PETERIS / SILBERFELD MICHEL / SINGER PETER A. / MCKENNY JULIA / NAGLIE GARY / KATZ MARK / GUYATT GORDON H. / MOLLOY D. WILLIAM / STRANG DAVIS, Assessment of Patient Capacity to Consent to Treatment, in: Journal of General Internal Medicine, 1999, Vol. 14 (1), 27 ff.

FANKHAUSER ROLAND / FISCHER NADJA, Die Stellung nahestehender Personen im Kindes- und Erwachsenenschutzrecht, in: SCHWENZER INGEBORG / BÜCHLER ANDREA / COTTIER MICHELLE (Hrsg.), Die Praxis des Familienrechts, FamPra.ch 2019, 1069 ff. (zit. FamPra 2019)

FANKHAUSER ROLAND, Die gesetzliche Vertretungsbefugnis bei Urteilsunfähigen nach den Bestimmungen des neuen Erwachsenenschutzrechts, in: BJM 2010, 240 ff. (zit. BJM 2010)

FASSBIND PATRICK, Erwachsenenschutz, Zürich 2012

FRIESEN PHOEBE / GLIGOROV NADA, Surrogate decision making for unrepresented patients: Proposing a harm reduction interpretation of the best interest standard, in: Clinical Ethics 2020, Vol. 15(2), 57 ff.

GANZINI LINDA / VOLICER LADISLAV / NELSON WILLIAM / DERSE ARTHUR, Pitfalls in Assessment of Decision-Making Capacity, in: Psychosomatics 2003, 44:3, 237 ff.

GEISER THOMAS / FOUNTOULAKIS CHRISTIANA (Hrsg.), Basler Kommentar, Zivilgesetzbuch I, 6. Aufl., Basel 2018 (zit. BSK-Bearbeiter, Art. XX ZGB N X)

GERBER MICHELLE / KRAFT ESTHER / BOSSHARD CHRISTOPH, Shared Decision Making – Arzt und Patient entscheiden gemeinsam, in: Schweizerische Ärztezeitung 2014; 95: 50, 1883 ff.

GETH CHRISTOPHER / MONA MARTINO, Widersprüche bei der Regelung der Patientenverfügung im neuen Erwachsenenschutzrecht – Verbindlichkeit, mutmasslicher Wille oder objektive Interessen?, in: ZSR 2009, 157 ff.

GRISSO THOMAS / APPELBAUM PAUL S. / HILL-FOROUHI CAROLYN, The MacCAT-T: A Clinical Tool to Assess Patients' Capacities to Make Treatment Decisions, in: Psychiatric Services 1997, Nov., Vol. 48 No.11, 1415 ff.

GUILLOD OLIVIER / HELLE NOÉMI, Traitement forcé: des dispositions schizophrènes?, in: ZVW 2004, 347 ff.

HAUSHEER HEINZ / AEBI-MÜLLER REGINA E., Urteilsfähigkeit und Zwangsmassnahmen, in: WIEGAND WOLFGANG / KOLLER THOMAS / WALTER HANS (Hrsg.), Tradition mit Weitsicht – Festschrift für EUGEN BUCHER zum 80. Geburtstag, Zürich, Bern 2009, 237 ff. (zit. FS BUCHER 2017)

HAUSHEER HEINZ / GEISER THOMAS / AEBI-MÜLLER REGINA E., Das neue Erwachsenenschutzrecht, 2. Aufl., Bern 2014 (zit. Erwachsenenschutzrecht)

HAUSHEER HEINZ / AEBI-MÜLLER REGINA E., Das Personenrecht des Schweizerischen Zivilgesetzbuches, 5. Aufl., Bern 2020 (zit. Personenrecht)

HAUSSENER STEFANIE, Selbstbestimmung am Lebensende: Realität oder Illusion? Eine kritische Analyse von Rechtslage und medizinischer Praxis, in: SCHMID JÖRG (Hrsg.) Luzerner Beiträge zur Rechtswissenschaft, 2017, 149 ff.

HERMANN HELENA / TRACHSEL MANUEL / MITCHELL CHRISTINE / BILLER-ANDORNO, Nikola, Medical decision-making capacity: knowledge, attitudes, and assessment practices of physicians in Switzerland, in: Swiss Medical Weekly 2014, 144: w14039, 1 ff.

HOTZ SANDRA, Selbstbestimmung im Vertragsrecht – Unter besonderer Berücksichtigung von Verträgen zu «Liebe», Sex und Fortpflanzung, Rechtliche und kulturelle (Schweiz, Deutschland, Japan) sowie theoretische Perspektiven zu den Grenzen der Autonomie, Bern 2018

HRUBESCH-MILLAUER STEPHANIE / BRUGGISSER DAVID, Gedanken zu pflegerischen Anordnungen in einer Patientenverfügung, in: Pflegerecht 2014, 16 ff.

HUME DAVID, A Treatise of Human Nature, Buch III, Teil I, Kapitel I

JOSEPH-WILLIAMS NATALIE / ELWYN GLYN / EDWARDS ADRIAN, Knowledge is not power for patients: A systematic review and thematic synthesis of patient-reported barriers and facilitators to shared decision making, in: Patient Education and Counseling, Vol. 94, Issue 3, 2014, 291 ff.

JOX RALF J. / ACH JOHANN S. / SCHÖNE-SEIFERT BETTINA, Der «natürliche Wille» und seine ethische Einordnung, in: Deutsches Ärzteblatt, Jg. 111, Heft 10, 7. März 2014, 394 ff.

KALB HERBERT / WALLNER JÜRGEN, Grundzüge der Rechtsphilosophie, 2. Aufl., Wien 2017

KREN KOSTKIEWICZ JOLANTA / WOLF STEFAN / AMSTUTZ MARC / FANKHAUSER ROLAND (Hrsg.), Schweizerisches Zivilgesetzbuch, 4. Aufl., Zürich 2021 (zit. OFK-Bearbeiter, Art. XX N X)

KUHN RENÉ, Palliative Sedation: ein möglicher Weg für ein besseres Sterben, in: Ars Medici Special Palliativmedizin, 2019, 19 ff.

LAMONT SCOTT / JEON YUN-HEE / CHIARELLA MARY, Assessing patient capacity to consent to treatment: an integrative review of instruments and tools, in: Journal of Clinical Nursing, 22, 2013, 2387 ff.

LENHERR GABRIEL / MEYER-ZEHNDER BARBARA / KRESSIG RETO W. / REITER-THEIL, STELLA, To speak, or not to speak – do clinicians speak about dying and death with geriatric patients at the end of life?, in: Swiss Medical Weekly 2012, 142:w13563, 1 ff.

LEVEN KARL-HEINZ, The Invention of Hippocrates: Oath, Letters and Hippocratic Corpus, in: TRÖHLER ULRICH / HERYCH ECKHARD / REITER-THEIL STELLA (Hrsg.), Ethics codes in medicine: foundations and achievements of codification since 1947, Aldershot, Brookfield 1998, 1 ff.

MEIER PHILIPPE / LUKIC SUZANNA, Introduction au nouveau droit de la protection de l'adulte, Zürich 2011

MONSCH ANDREAS U., Die Beurteilung der Urteilsfähigkeit, insbesondere bei Menschen mit Demenz, in: WOLF STEPHAN (Hrsg.), Das neue Erwachsenenschutzrecht – insbesondere Urteilsfähigkeit und ihre Prüfung durch die Urkundsperson, Schriften INR: Vol. 13, Bern 2012, 1 ff.

MONTAGUTI ELENA / SCHÜRMANN JAN / WETTERAUER CHARLOTTE / PICOZZI MARIO / REITER-THEIL STELLA, Reflecting on the Reasons Pros and Cons Coercive Measures for Patients in Psychiatric and Somatic Care: The Role of Clinical Ethics Consultation. A Pilot Study, in: Frontiers in Psychiatry, 2019, 10: 441, 1 ff.

NAEF JUDITH / BAUMANN-HÖLZLE RUTH / RITZENTHALER-SPIELMANN DANIELA, Patientenverfügungen in der Schweiz, Basiswissen Recht, Ethik und Medizin für Fachpersonen aus dem Gesundheitswesen, Zürich 2012

NOSER WALTER / ROSCH DANIEL, Erwachsenenschutz, 4. Aufl., Zürich 2018

POST STEPHEN G., Encyclopedia of Bioethics, 3. Aufl., New York 2004

REHBINDER MANFRED, Rechtssoziologie, 7. Aufl., München 2009

REITER-THEIL STELLA, Does Empirical research make bioethics more relevant? «The embedded researcher» as a methodological approach, in: Medicine, Healthcare and Philosophy 2004, 7(1), 17 ff. (zit. Medicine, Healthcare and Philosophy 2004)

REITER-THEIL STELLA, Klinische Ethikkonsultation – eine methodische Orientierung zur ethischen Beratung am Krankenbett, in: Schweizerische Ärztezeitung 2005, 86: Nr. 6, 346 ff. (zit. Schweizerische Ärztezeitung 2005)

REITER-THEIL STELLA, Dealing with the normative dimension in clinical ethics consultation, in: Camb Q Healthc Ethics 2009;18(4), 347 ff. (zit. Camb Q Healthc Ethics 2009)

REITER-THEIL STELLA, What Does Empirical Research Contribute to Medical Ethics? A Methodological Discussion Using Exemplary Studies, in: Cambridge Q. Healthcare Ethics 2012, 21, 425 ff. (zit. Camb Q Healthc Ethics 2012)

REITER-THEIL STELLA / SCHÜRMANN JAN, The «Big Five» in 100 Clinical Ethics Consultation Cases, in: Bioethica Forum 2016, Vol. 9 No 2, 60 ff. (zit. Bioethica Forum 2016)

REITER-THEIL STELLA / WETTERAUER CHARLOTTE, Ethics of the therapeutic alliance, shared decision making and consensus on therapy goals, in: TRACHSEL MANUEL / GAAB JENS / BILLER-ANDORNO NIKOLA / TEKIN SERIFE / SADLER JOHN Z. (Hrsg.), The Oxford Handbook of Psychotherapy Ethics, Oxford 2021, 271 ff.

ROSCH DANIEL, Die fürsorgerische Unterbringung im revidierten Kindes- und Erwachsenenschutzrecht, in: RUSCH ARNOLD F. (Hrsg.), Aktuelle Juristische Praxis, AJP 2011, 505 ff. (zit. AJP 2011)

ROSCH DANIEL, Die Selbstbestimmung im revidierten Erwachsenenschutzrecht, ZKE 2015, 215 ff. (Zit. ZKE 2015)

ROSCH DANIEL / BÜCHLER ANDREA / JAKOB DOMINIQUE (Hrsg.), Erwachsenenschutzrecht – Einführung und Kommentar zu Art. 360 ff. ZGB, 2. Aufl., Basel 2015 (zit. ESR Komm ZGB-Bearbeiter, Art. XX N X)

ROSCH DANIEL / FOUNTOULAKIS CHRISTIANA / HECK CHRISTOPH (Hrsg.), Handbuch Kindes- und Erwachsenenschutz – Recht und Methodik für Fachleute, 2. Aufl., Bern 2018 (zit. Handbuch ESR-Bearbeiter, N X)

ROSCH DANIEL, Erwachsenenschutz zwischen Selbstbestimmung, Supported Decision Making und Substitute Decision Making, in: SCHWENZER INGEBORG / BÜCHLER ANDREA / COTTIER MICHELLE (Hrsg.), Die Praxis des Familienrechts, FamPra.ch 2019, 105 ff. (zit. FamPra 2019)

SCHILDMANN JAN / GORDON JOHN-STEWART / VOLLMANN JOCHEN, Introduction – Clinical Ethics Consultation – A Brief Introduction, in: SCHILDMANN JAN / GORDON JOHN-STEWART / VOLLMANN JOCHEN (Hrsg.), Clinical Ethics Consultation, Farnham, Burlington 2010, 1 ff. (zit. Clinical Ethics Consultation)

SCHILDMANN JAN / NADOLNY STEPHAN / HALTAUFDERHEIDE JOSCHKA / GYSELS MARJOLEIN / VOLLMANN JOCHEN / BRAUSEWEIN CLAUDIA, Do we understand the intervention? What complex intervention research can teach us for the evaluation of clinical ethics support services (CESS), in: BMC Medical Ethics (2019) 20, 1 ff. (zit. BMC Medical Ethics 2019)

SCHMID JÖRG (Hrsg.), Zürcher Kommentar – Der Erwachsenenschutz, Art. 360–387 ZGB; Die eigene Vorsorge und Massnahmen von Gesetzes wegen, Zürich 2015 (zit. ZK-Bearbeiter, Art. XX ZGB N X)

SCHMID JÖRG (Hrsg.), Zürcher Kommentar – Der Erwachsenenschutz, Art. 388–404 ZGB; Die behördlichen Massnahmen. Allgemeine Bestimmungen – Die Beistandschaften, Zürich 2021 (zit. ZK-Bearbeiter, Art. XX ZGB N X)

SCHÜRMANN JAN / JÄHNE SEBASTIAN / WETTERAUER CHARLOTTE / REITER-THEIL STELLA, Ethikberatung in der Behandlung von Abhängigkeitserkrankungen, in: SUCHT 2019, 65, 191 ff.

SPRECHER FRANZISKA, Patientenrechte Urteilsunfähiger, Veto- und Partizipationsrechte Urteilsunfähiger in medizinischen Angelegenheiten und ihre (spezialgesetzliche) Regelung im schweizerischen Recht, in: SCHWENZER INGEBORG / BÜCHLER ANDREA / COTTIER MICHELLE (Hrsg.), Die Praxis des Familienrechts, FamPra.ch 2011, 270 ff.

STEIGER PETER / KRONES TANJA, Forum Sucht und Spital / Ärztliche und ethische Perspektive, in: Pflegerecht 2019, 226 ff.

STEINAUER PAUL-HENRI / FOUNTOULAKIS CHRISTIANA, Droit des personnes physiques et de la protection de l'adulte, Bern 2014, in: Schweiz Med Forum 2014; 14 (11), 221 ff. (zit. Schweiz Med Forum 2014)

TRACHSEL MANUEL / HERMANN HELENA / BILLER-ANDORNO NIKOLA, Cognitive Fluctuations as a Challenge for the Assessment of Decision-Making Capacity in Patients with Dementia, in: American Journal of Alzheimer's Disease and Other Dementias 2015, 30(4), 360 ff. (zit. American Journal of Alzheimer's Disease and Other Dementias 2015)

TRACHSEL MANUEL / HERMANN HELENA / BILLER-ANDORNO NIKOLA, Mit zweierlei Maß: Die mangelnde Verbindlichkeit von Patientenverfügungen bei untergebrachten Personen mit psychischen Störungen in der Schweiz, Ethik in der Medizin, 28, 2016, 239 ff. (zit. Ethik in der Medizin 2016)

TUOR PETER / SCHNYDER BERNHARD / SCHMID JÖRG / JUNGO ALEXANDRA, Das Schweizerische Zivilgesetzbuch, 14. Aufl., Zürich, Basel, Genf 2015

VEATCH ROBERT M., Abandoning Informed Consent, in: The Hastings Center Report, Mar.–Apr. 1995, 5 ff.

VOSSKUHLE ANDREAS, in: HOFFMANN-RIEM WOLFGANG / SCHMIDT-ASSMANN EBERHARD / VOSSKUHLE ANDREAS (Hrsg.), Grundlagen des Verwaltungsrechts Bd. I, 2. Aufl., München 2012

WETTERAUER CHARLOTTE / REITER-THEIL STELLA, Ethisches Spannungsfeld – Freiheit und Schutz im Kontext der psychiatrischen Versorgung, in: RIEDEL ANNETTE / LEHMEIER SONJA (Hrsg.), Ethik im Gesundheitswesen, 1. Aufl., Berlin, Heidelberg 2022, abrufbar unter https://link.springer.com/content/pdf/10.1007 %2F978-3-662-58685-3_52-1.pdf, 1 ff. (zuletzt geprüft am 8.8.2023)

WIDMER BLUM CARMEN L., Urteilsunfähigkeit, Vertretung und Selbstbestimmung – insbesondere: Patientenverfügung und Vorsorgeauftrag, in: SCHMID JÖRG (Hrsg.) Luzerner Beiträge zur Rechtswissenschaft, Dissertation, Luzern 2010

ZIEGLER LENKA, Sterben in Würde – Wertekonflikt zwischen dem Recht auf Leben und dem Recht auf Sterben – Selbstbestimmungsrecht am Lebensende, in: VASELLA JUANA / MORAND ANNE-SOPHIE (Hrsg.), Werte im Recht – Das Recht als Wert, Junge Rechtswissenschaft Luzern, LBR Bd. 121, 2018, 79 ff.

Materialien

BASS-Studie: Projekt «Selbstbestimmung am Lebensende im Schweizer Recht: Eine kritische Auseinandersetzung mit der rechtlichen Pflicht, selber entscheiden zu müssen», im Rahmen des NFP 67 «Lebensende» an der Universität Luzern, abrufbar unter https://www.unilu.ch/fileadmin/fakultaeten/rf/aebi/dok/SNF_67_Lebensende/NFP_67_Schlussbericht.pdf (zuletzt geprüft am 8.8.2023) (zit. BASS-Studie)

Bericht zum Vorentwurf für eine Revision des Zivilgesetzbuchs (Erwachsenenschutz, Personen- und Kindesrecht), 2003 (zit. VE Erwachsenenschutz)

Betreuung und Behandlung von Menschen mit Demenz, Richtlinie der Schweizerischen Akademie der Medizinischen Wissenschaften (SAMW), 2017 (zit. SAMW Demenz)

Botschaft zur Änderung des Schweizerischen Zivilgesetzbuches (Erwachsenenschutz, Personenrecht und Kindesrecht), 2006, BBl 2006, 7001 ff. (zit. Botschaft Erwachsenenschutz)

Botschaft zur Genehmigung des Übereinkommens vom 13. Dezember 2006 über die Rechte von Menschen mit Behinderungen, BBl 2013, 661 ff. (zit. Botschaft BRK)

Ethikberatung in der Klinischen Medizin, Stellungnahme der Zentralen Kommission zur Wahrung ethischer Grundsätze in der Medizin und ihren Grenzgebieten (Zentrale Ethikkommission) bei der Bundesärztekammer, in: Deutsches Ärzteblatt, Jg. 103, Heft 24, 16. Juni 2006, 1703 ff. (zit. ZEKO)

Ethische Unterstützung in der Medizin, Richtlinie der Schweizerischen Akademie der Medizinischen Wissenschaften (SAMW), 2012 (zit. SAMW Ethische Unterstützung)

Informed Consent and Shared Decision Making in Obstetrics and Gynecology, ACOG Committee Opinion Summary Number 819 in: Obstetrics & Gynecology, Vol. 137, No. 2, Februrary 2021, 34 ff. (zit. ACOG)

Patientenverfügungen, Richtlinie der Schweizerischen Akademie der Medizinischen Wissenschaften (SAMW), 2009, aktualisiert 2013 (zit. SAMW Patientenverfügungen)

Positionspapier der FMH zu Shared Decision Making, abrufbar unter https://www.fmh.ch/files/pdf17/12_2014_SharedDecisionMaking.pdf (zuletzt geprüft am 8.8.2023)

Rechtliche Grundlagen im medizinischen Alltag, Richtlinie der Schweizerischen Akademie der Medizinischen Wissenschaften (SAMW), 2013 (zit. SAMW Rechtliche Grundlagen)

Reglement Reanimationsentscheidungen USB, 2016, abrufbar unter https://www.unispital-basel.ch/dam/jcr:7760cbf0-1f90-4ed6-bfd5-6a9f44d6cd49/medizinische-direktion_klinischeEthik-reglementReanimationsentscheidung.pdf (zuletzt geprüft am 8.8.2023)

Standesordnung der Foederatio Medicorum Helveticorum (FMH), 1. Juli 1997, Revision vom 28.10.2020, abrufbar unter https://www.fmh.ch/files/pdf7/standesordnung-fmh.pdf (zuletzt geprüft am 8.8.2023)

Stellungnahme der FMH zur Vernehmlassung der SAMW-Richtlinie «Urteilsfähigkeit in der medizinischen Praxis», 2018, abrufbar unter https://www.fmh.ch/files/pdf21/180828_Vernehmlassungsantwort_SAMW_Urteilsfhigkeit.pdf (zuletzt geprüft am 8.8.2023) (zit. Stellungnahme FMH zur SAMW Richtlinie (Urteilsfähigkeit)

Stellungnahme «Patientenverfügung» der Nationalen Ethikkommission im Bereich Humanmedizin (NEK), 17/2011, abrufbar unter https://www.nek-cne.admin.ch/inhalte/Themen/Stellungnahmen/NEK-CNE_Patientenverfuegung.pdf (zuletzt geprüft am 8.8.2023)

Urteilsfähigkeit in der medizinischen Praxis, Richtlinie der Schweizerischen Akademie der Medizinischen Wissenschaften (SAMW), 2019 (zit. SAMW Urteilsfähigkeit)

Vernehmlassungen Vorentwurf für eine Revision des Zivilgesetzbuches (Erwachsenenschutz, Personenrecht und Kindesrecht), Oktober 2004 (zit. VE Erwachsenenschutz/Vernehmlassungen)

Tabellenverzeichnis

Abbildungsverzeichnis

Teil I: Einführung

1. Wissenschaftliche Fragestellung

Das im Jahr 2013 in Kraft getretene Erwachsenenschutzrecht (Art. 360 – 456 ZGB) regelt die rechtlichen Massnahmen zur Förderung der Selbstbestimmung und Stärkung des Schutzes hilfsbedürftiger Personen[1] und bewegt sich damit in einem Spannungsfeld zwischen Autonomie und Fürsorge. In der klinischen Praxis ist in diesem Spannungsfeld die entscheidende Frage, ob der Patient[2] in der Lage ist, selbst über die medizinische Massnahme zu entscheiden, oder ob der Bedarf nach einer erwachsenschutzrechtlichen Massnahme ausgelöst wird.[3] Die Entscheidung darüber steht und fällt mit der Urteilsfähigkeit des Patienten, weshalb diese auch als «Schlüssel zu sämtlichen persönlichkeitsbezogenen Patientenrechten»[4] gilt. Fehlt die Urteilsfähigkeit, so sieht das Gesetz die Anwendung einer Patientenverfügung nach Art. 370 ZGB oder in Ermangelung eigener Vorsorge die Hinzuziehung eines gesetzlich vorgesehenen Stellvertreters des Patienten für die Entscheidungsfindung nach seinem mutmasslichen Willen und seinen Interessen nach Art. 377 ff. ZGB vor. Was das Vorhandensein bzw. Fehlen der Urteilsfähigkeit betrifft, verlangt das Gesetz einen «Alles-oder-Nichts-Entscheid».[5] Das Erfordernis einer klaren Zuordnung der Urteilsfähigkeit in «gegeben» oder «nicht gegeben» kann sich in der medizinischen Praxis deutlich schwieriger darstellen, als es das Gesetz vermuten lässt.

Neben einer schwierigen Beurteilungssituation können in der medizinischen Praxis auch die Umsetzung der durch das Gesetz vorgesehenen Surrogate sowie unzureichende generelle Kenntnis und Beachtung der rechtlichen Vorgaben selbst, zur Herausforderung werden.

Der verantwortungsvolle Umgang mit (fraglich) urteils(un)fähigen Patienten stellt die medizinische Praxis häufig vor rechtliche, ethische und medizinische Herausforderungen.[6] Der intensive Lern- und Anpassungsprozess, der durch die Zunahme komplexer Krankheitsbilder und die durch das Gesetz in den Vorder-

---

1 Botschaft Erwachsenenschutz, 7008.

2 Sofern in den folgenden Ausführungen aus Gründen der Lesbarkeit die männliche Form verwendet wird, sind damit stets die Angehörigen aller Geschlechter gemeint.

3 Vgl. AEBI-MÜLLER, FHB Erwachsenenschutzrecht 2016, 31, 33, N 3.2.

4 SPRECHER, 270, 276.

5 AEBI-MÜLLER, Jusletter 22.9.2014, Rz. 100.

6 Statt vieler: APPELBAUM/GRISSO, N Engl J Med. 1988, 1635, 1636 ff.; ETCHELLS/DARZINS/SILBERFELD/SINGER/MCKENNY/NAGLIE/KATZ/GUYATT/MOLLOY/STRANG, 27, 31 ff.; GANZINI/VOLICER/NELSON/DERSE, 237, 240 ff.; REITER-THEIL/SCHÜRMANN, Bioethica Forum 2016, 60, 66; TRACHSEL/HERMANN/BILLER-ANDORNO, American Journal of Alzheimer's Disease and Other Dementias 2015, 360.

grund gerückte Förderung der Selbstbestimmung von der klinischen Praxis gefordert ist, wird in der Universitätsmedizin am Standort Basel durch ethische und rechtliche Beratung interdisziplinär begleitet. Einzelfälle werden unter ethischen Gesichtspunkten reflektiert, diskutiert und in einem partizipativen Verfahren beurteilt.[7] Mittels der hier folgenden Analyse der durch die Abteilung Klinische Ethik am Standort Basel durchgeführten Ethikkonsultationen im Untersuchungszeitraum April 2014 bis April 2020 soll untersucht werden, wo sich praktische Schwierigkeiten im Umgang mit der Urteils(un)fähigkeit von Patienten ergeben und wie die Umsetzung der rechtlichen Vorgaben nach Inkrafttreten des Erwachsenenschutzrechts gehandhabt wird. Auf der anderen Seite soll auch näher beleuchtet werden, inwiefern die juristischen Grundlagen den Bedürfnissen der klinischen Praxis gerecht werden und welchen Beitrag die Klinische Ethik zu einem verantwortungsvollen Umgang mit urteils(un)fähigen Patienten leisten kann.

Zur Beantwortung dieser Fragen sollen drei Schwerpunkte, die für eine patientenorientierte Medizin im Kontext der Urteils(un)fähigkeit der Patienten von besonderer Bedeutung sind, aufgezeigt und wissenschaftlich untersucht werden.[8]

Diese sind:

1. der Begriff und die Beurteilung der Urteilsfähigkeit,
2. Stellvertreterentscheide samt der Bedeutung und Ermittlung des mutmasslichen Willens und der Interessen des Patienten sowie das Partizipationsrecht urteilsunfähiger Patienten und
3. die eigene Vorsorge des Patienten in Form der Patientenverfügung.

---

[7] Reiter-Theil/Schürmann, Bioethica Forum 2016, 60 f.

[8] Das Kindesschutzrecht sowie die behördlichen Massnahmen stehen nicht im Fokus dieser Arbeit.

2. Vorgehen und Methode

2.1. Gang der Untersuchung

Zunächst wird einführend ein Überblick über die rechtlichen Regelungen des Erwachsenenschutzgesetzes sowie über Hintergrund und Funktion der Ethikkonsultation gegeben.

In einem weiteren Schritt werden zu den drei genannten Schwerpunkten rechtliche und medizinethische Aspekte dargestellt. Die interdisziplinäre Betrachtung der rechtlichen, medizinischen und ethischen Aspekte findet anhand einer Auswertung von 200 strukturierten Protokollen von Ethikkonsultationen statt, die im Untersuchungszeitraum zwischen April 2014 und April 2020 am Universitätsspital Basel (USB) und den Universitären Psychiatrischen Kliniken (UPK) durchgeführt wurden. Diese werden daraufhin untersucht, welche Relevanz die Urteilsfähigkeit in der Ethikkonsultation hat und wie sich die praktische Handhabung der rechtlichen Vorgaben gestaltet bzw. welche Herausforderungen und Schwierigkeiten sich im Umgang mit (fraglich) urteils(un)fähigen Patienten ergeben. Konkret gilt es herauszufinden, ob Unsicherheiten bei der Beurteilung der Urteilsfähigkeit aus Sicht der Behandelnden und/oder aus Sicht der Ethikkonsultation auftraten und wenn ja, welche. Weiter soll geprüft werden, ob eine Patientenverfügung zum Einsatz kam, ob ein Beistand oder Angehöriger für die Entscheidfindung herangezogen wurde, und ob bzw. welche Probleme hierbei auftraten. Die Auswertung der Protokolle der Ethikkonsultationen eignet sich in besonderer Weise, Erkenntnisse über den Umgang mit urteils(un)fähigen Patienten zu erlangen, da die Ethikkonsultation nach dem Basler Ansatz[9] einen Rahmen bietet, in dem der Respekt vor der Autonomie des Patienten einen hohen Stellenwert hat und die damit eng verknüpfte Beurteilung der Urteilsfähigkeit aus ethischer und juristischer Sicht konsequent angewendet wird. In dem strukturierten Verfahren der Ethikkonsultation werden die Urteilsfähigkeit des Patienten und damit etwaig einhergehende Probleme systematisch erfragt und eingeordnet, dies auch dank dem Vorzug, dass juristische Begleitung in Ethikkonsultationen in diesem Ansatz sehr häufig möglich ist. Aus den dokumentierten Einzelfällen können Erkenntnisse über Problemkonstellationen und den Umgang der Behandelnden mit diesen gewonnen werden. Die Untersuchung beider Institutionen ermöglicht es, einen Vergleich der somatischen und psychiatrischen Praxis vorzunehmen.

Weil es sich bei den Anfragen für Ethikkonsultationen aber nicht spezifisch um Anfragen zur Urteilsfähigkeit handelt und die Ethikkonsultation oftmals die «Spitze des Eisbergs» alltäglicher ethischer Probleme im klinischen Alltag abbildet, werden die Ergebnisse aus den Ethikkonsultationen zur weiteren Erkenntnis-

---

9 REITER-THEIL, Schweizerische Ärztezeitung 2005, 346, 348 ff.

gewinnung durch die Auswertung einer eigens für die Dissertation durchgeführten empirischen Umfrage zur Urteilsfähigkeit unter medizinischen Fachleuten in Basel ergänzt. In der Umfrage werden unter anderem die Relevanz von Urteils(un)fähigkeit in der alltäglichen Praxis, der Prozess der Beurteilung und die praktischen Konsequenzen erfragt. Zudem werden Ärzte des USB, der UPK sowie Basler Hausärzte zu Einschätzung der eigenen Kompetenz und über Bedarf und Meinung zu verschiedenen Möglichkeiten der Adressierung der Thematik befragt. Durch die Befragung von Ärzten aus der somatischen und psychiatrischen Universitätsmedizin sowie niedergelassenen Hausärzten soll ein fachlich (nicht statistisch) repräsentativer Querschnitt der lokalen Medizinlandschaft gewährleistet werden.

Zur vertieften Darstellung besonderer Problemkonstellationen aus der Praxis werden exemplarische Fälle aus den Ethikkonsultationen dargestellt und analysiert.

Im Anschluss wird unter Berücksichtigung der Ergebnisse aus den Ethikkonsultationen und der lokalen Befragung der Ärzte zum jeweiligen der drei Schwerpunkte untersucht, ob und wo es zu Versäumnissen im Alltag bei der Umsetzung der rechtlichen Regelungen kommen kann, worin diese gründen und welche ethische Relevanz dies hat.

Im Rahmen eines integrativen Ausblicks zu den rechtlichen, medizinischen und ethischen Überlegungen wird diskutiert, welche Rückschlüsse aus den gewonnenen Erkenntnissen gezogen werden können und wie sich die Praxis vor dem Hintergrund der Rechtslage und medizinethischen Überlegungen beurteilen lässt. Darüber hinaus soll überlegt werden, welche Anregungen oder Empfehlungen für die Praxis gegeben werden können und welchen Beitrag die Klinische Ethik hier als Brücke zwischen Theorie und Praxis leisten kann.

2.2. Datenmaterial und Auswertung / Methode

Die genannten Forschungsfragen werden anhand eines multiperspektivischen Mixed-Method-Designs untersucht.

Fragestellungen zu Rechtslage und der klinischen Praxis werden anhand einschlägiger Literatur bearbeitet. Hierfür werden relevante Literatur über die massgeblichen gesetzlichen Grundlagen, deren Kommentierungen und die Rechtsprechung, juristische und medizinethische Fachartikel sowie medizinethische Richtlinien herangezogen.

Für die Auswertung der Ethikkonsultationsprotokolle der Abteilung Klinische Ethik des Universitätsspitals Basel und der Universitären Psychiatrischen Kliniken werden Dokumentationen von 200 ausführlich protokollierten Ethikkonsultationen aus dem USB und den UPK zwischen April 2014 und April 2020 analysiert.

Die Datenanalyse basiert auf der Auswertung von standardisierten Ethikkonsultationsprotokollen: Jede Ethikkonsultation wird anhand eines strukturierten Dokuments[10], das zwischen fünf und zehn Seiten umfasst, protokolliert. Das Dokument enthält eine kurze Zusammenfassung, eine Übersicht der relevanten Perspektiven (Patient, Angehörige, Behandlungsteam, Institutionen), Angaben zu rechtlich einschlägigen Normen, eine systematische ethische Analyse mitsamt der Abwägung von Optionen zur Problemlösung sowie ein Ergebnis und ggf. offene Fragen und weitere Schritte (z.B. Re-Evaluierung). Vor der Finalisierung des Protokolls wird der Entwurf einem Vernehmlassungsverfahren unterzogen, bei dem die Teilnehmenden die Möglichkeit für Korrekturen und Ergänzungen haben.

Für die Auswertung der Protokolle wurden deskriptive Kategorien gebildet, die Aufschluss über die in dieser Arbeit aufgeworfenen Forschungsfragen geben sollen. Für die Auswertung wurden alle Protokolle im genannten Zeitraum analysiert, die einen Einzelfallbezug aufweisen und somit für die Auswertung geeignet sind.

Zur Erhebung genereller Daten aus der Ethikkonsultation (Alter und Prognose des Patienten, ethische Fragestellung und Ethikfokus) wurde die Basler SPSS-Datenbank der Abteilung Klinische Ethik, in welcher die Ethikkonsultationen dokumentiert sind, herangezogen.

Beispielsfälle, anhand derer besondere Problemkonstellationen vertieft dargestellt werden, wurden von der Autorin nach ihrer Relevanz ausgesucht; teilweise wohnte sie den ausgewählten Ethikkonsultationen bei.

Für den im Rahmen der Dissertation erstellten Fragebogen[11] wurden unter Hinzuziehung relevanter Literatur[12] Fragen erstellt, die Erkenntnisse zu den genannten Forschungsfragen liefern sollen. Der Fragebogen konnte sowohl online als auch in Papierform ausgefüllt werden. Die Teilnehmer wurden von den Anfragenden entweder mit der Bitte angesprochen, den Fragebogen handschriftlich auszufüllen oder sie wurden per E-Mail mit der Bitte angeschrieben, den Fragebogen online auszufüllen. Teilweise wurde der Fragebogen in Papierform auch durch andere Mitarbeitende an Teilnehmende weitergegeben. Hausärzte wurde nur mittels Zustellung des Links angefragt. Alle Angaben erfolgten anonym.

Angefragt wurden 92 Ärzte aus dem USB, 67 aus den UPK und 95 Hausärzte. Die Rückmeldung umfasste insgesamt 121 Antworten, davon waren 69 der Befragten aus dem USB, 32 aus den UPK und 20 Hausärzte. Zwei Personen gaben an, so-

---

10 Siehe für die Protokollvorlage Anhang 1.

11 Siehe für den Fragebogen Anhang 2. Der Fragebogen wurde in Kooperation mit Frau Laura Winkler, diplomierte Ärztin, im Rahmen ihrer Dissertation an der Medizinische Fakultät der Universität Basel entwickelt. Die Datenerhebung fand gemeinsam, die Auswertung unabhängig voneinander statt.

12 Z.B. TRACHSEL/HERMANN/BILLER-ANDORNO, Schweiz Med Forum 2014, 221 ff.

wohl für das USB als auch die UPK zuständig zu sein. Die Rücklaufquote betrug insgesamt 47,64 %. Der relativ hohe Rücklauf, insbesondere aus dem USB, lässt sich damit erklären, dass die Mitarbeitenden überwiegend persönlich angefragt und dadurch motiviert wurden.

2.3. Empirische Forschung für die rechtswissenschaftliche und die medizinethische Erkenntnisgewinnung

In dieser Arbeit sollen Erkenntnisse über die oben aufgeworfenen Forschungsfragen vorwiegend anhand einer inhaltlichen Analyse von Ethikkonsultationsprotokollen sowie der Auswertung der Umfrage erlangt werden. Die Schlussfolgerungen der Arbeit basieren auf Erkenntnissen aus der Praxis und stellen damit eine empirische Vorgehensweise dar: Empirische Wissenschaft gewinnt ihre Sätze nicht durch rein deduktives Vorgehen aus Hypothesen, sondern durch auf Beobachtung gegründete Erfahrung und die Überprüfung der daraus abgeleiteten Hypothesen.[13]

Empirische Forschung ist sowohl in den Rechtswissenschaften als auch der Medizinethik nicht unumstritten. Allgemeine Kritik an empirischer Forschung ist die Gefahr, bei ihrer Anwendung epistemologische Fehler zu begehen, z.B. vom «Sein» auf ein «Sollen» zu schliessen.[14] Zur Vermeidung des sogenannten «Sein-Sollen-Fehlschlusses» nach DAVID HUME[15] darf die normative Schlussfolgerung nicht ausschliesslich aus deskriptiven Sätzen bzw. Prämissen abgeleitet werden, sondern muss auch normative Prämissen berücksichtigen, um Anspruch auf Gültigkeit zu erheben.[16]

In den Rechtswissenschaften ist die Kritik an empirischer Forschung besonders stark, da Empirie nicht die gleiche Rolle wie in anderen Wissenschaften spielt (mit Ausnahme der Rechtssoziologie) und deshalb allgemein nicht auf einen breiten Erfahrungsschatz im Umgang mit empirischen Ansätzen zurückgegriffen werden kann.[17] Das Risiko «methodischer Unbekümmertheit»[18], sprich die Verwendung empirischer Ansätze, ohne die ausreichende fachliche Kenntnis zu haben, ist deshalb besonders gross. Dies kann zur Folge haben, dass wissenschaftlich nicht fun-

---

13 Vgl. ARNDT, 4 f.

14 Vgl. DÜWELL, 201, 202.

15 Beschrieben in seinem Werk «A Treatise of Human Nature» von 1739–40.

16 Siehe hierzu COHON, Stanford Encyclopedia of Philosophy Archive, 5 «Is and Ougth».

17 ARNDT, 84.

18 VOSSKUHLE, § 1 Rn. 29.

dierte Ergebnisse als solche ausgegeben und durch ihre Verwertung fehlerhafte Schlussfolgerungen auf die Realität gezogen werden.[19]

Trotz aller Kritik hat die Empirie dennoch ihren Stellenwert in den Rechtswissenschaften und der Medizinethik. Dabei ist es in den Rechtswissenschaften hauptsächlich der Entwicklung der Rechtssoziologie zu verdanken, dass empirische Ansätze vermehrt genutzt werden. Ihr Stellenwert ist vor allem in der Bestandsaufnahme von Erfahrungsgegebenheiten und deren Beschreibung als Grundlage juristischen, nicht selten legislativen Handelns zu sehen.[20]

In der Medizinethik hat sich der Wert empirischer Forschung in Ergänzung zu theoretischen Ansätzen durchgesetzt. Gerade bei medizinisch-klinischen Themen mit Praxisbezug sind Annahmen und Aussagen zu faktischen Zusammenhängen unvermeidlich; ohne eine Fundierung durch empirische Forschung würden solche demnach auf spekulativer Basis erfolgen, statt auf methodisch soliden Studien aufzubauen.[21] Gleichwohl bleibt es eine anspruchsvolle Aufgabe, medizinethische Empirie mit Werten und Normen in Beziehung zu setzen und die Komponenten wertender und normativ-ethischer Reflexion transparent auszuweisen.[22]

---

19 Vgl. ARNDT, 43 f. u. 52.

20 REHBINDER, 8 ff.

21 Z.B. REITER-THEIL, Medicine, Healthcare and Philosophy 2004, 17, 18 ff.

22 REITER-THEIL, Camb Q Healthc Ethics 2012, 425, 426.

3. Theorie

3.1. Das Erwachsenenschutzgesetz – Hintergrund und Neuregelung

Im Bereich der Medizin ist in der Schweiz bereits seit der zweiten Hälfte des 20. Jahrhunderts ein Wandel hin zu mehr Selbstbestimmung erkennbar: Das ehemals als Standard betrachtete paternalistische Beziehungsmodell zwischen Arzt und Patient fand zunehmend mit dem Wandel einer modernen Gesellschaft immer weniger Akzeptanz.[23] Heute wird für den Schutz der Persönlichkeitsrechte von Patienten das Selbstbestimmungsrecht, welches sich als Ausfluss der verfassungsrechtlich in Art. 7 BV verankerten Menschenwürde und insbesondere des Grundrechts auf körperliche und geistige Unversehrtheit nach Art. 10 Abs. 2 BV zeigt, als zentral angesehen.[24] Es ist das Recht des Patienten, über einen allfälligen Eingriff in seine Integrität nach seinem freien Willen zu entscheiden.[25]

Im Zuge dieser Entwicklung konnte das Vormundschaftsrecht der «individualisierten Gesellschaft und der von einer solchen erwarteten Eigenverantwortung, Selbstbestimmung, Selbständigkeit, Subsidiarität und Verhältnismässigkeit staatlichen Handelns bzw. den Bedürfnissen des Individuums nach Achtung seiner Würde und Persönlichkeitsrechte»[26] immer weniger gerecht werden, zumal es im Verlauf der Zeit lediglich hinsichtlich der fürsorgerischen Freiheitsentziehung angepasst worden war.[27] Seinen Defiziten, etwa die mangelhaft berücksichtigte Selbstbestimmung oder der mangelhaft ausgebildete Schutz von urteilsunfähigen Personen, sollte durch seine Revision Abhilfe geleistet werden.[28] So löste das im Jahr 2013 in Kraft getretene Erwachsenenschutzrecht (Art. 360 – 456 ZGB) das Vormundschaftsrecht ab und beinhaltet nunmehr als Leitmotiv den Schutz von Personen, die aufgrund eines Schwächezustandes hilfs- und schutzbedürftig geworden sind sowie die Wahrung und Förderung der Selbstbestimmung (vgl. Art. 388 ZGB).[29]

---

[23] NAEF/BAUMANN-HÖLZLE/RITZENTHALER-SPIELMANN, 18.

[24] AEBI-MÜLLER, ZBJV 2013, 150; ESR Komm ZGB-ROSCH, Grundlagen N 1.9 u. N 2.6.

[25] BGE 124 IV, E. 2, S. 260; SPRECHER, 270, 274.

[26] FASSBIND, I N 2.

[27] Botschaft Erwachsenenschutz, 7008; siehe auch TUOR/SCHNYDER/SCHMID/JUNGO, § 49 N 2.

[28] FASSBIND, I N 2; ZIEGLER, 79, 89.

[29] BSK-REUSSER, Vor Art. 360–456 ZGB N 7 ff.

Zur Übersicht des Erwachsenenschutzrechts folgt eine tabellarische Darstellung der verschiedenen Rechtsinstitute[30]:

	Massnahmen / Rechtsinstitute		Artikel ZGB
Nichtbehördliche Massnahmen	Eigene Vorsorge	Vorsorgeauftrag	360 ff.
		Patientenverfügung	370 ff.
	Gesetzliche Massnahmen	Vertretung durch Ehegatten oder eingetragene Partner	374 ff.
Behördliche Massnahmen	Amtsgebundene Massnahmen: Beistandschaften	Begleitbeistandschaft	393
		Vertretungsbeistandschaft	394
		Vermögensverwaltungsbeistandschaft	395
		Mitwirkungsbeistandschaft	396
		Kombinierte Beistandschaft	397
		Umfassende Beistandschaft	398
	Nicht amtsgebundene Massnahmen	Erforderliche Vorkehren der Erwachsenenschutzbehörde	392
		Fürsorgerische Unterbringung	426 ff.

Tabelle 1: Massnahmen / Rechtsinstitute Erwachsenenschutz

Im Folgenden wird eine kurze Einführung in die für die Dissertation gegenständlichen Massnahmen / Rechtsinstitute des Erwachsenenschutzrechts gegeben (oben in der Tabelle farblich gekennzeichnet). Dies sind im Rahmen der nichtbehördlichen Massnahmen die eigene Vorsorge in Form der Patientenverfügung, Art. 370 ff. ZGB, und im Rahmen der nichtbehördlichen, gesetzlichen Massnahmen die Vertretung bei medizinischen Massnahmen, Art. 377 ff. ZGB.

Durch das Instrument der Patientenverfügung können für den Fall einer eigenen, in Zukunft eintretenden Urteilsunfähigkeit Vorkehrungen getroffen und allfällige behördliche Intervention ausgeschlossen bzw. auf ein Minimum reduziert werden.[31] Indem eine urteilsfähige Person zum Zeitpunkt der Errichtung einer Patientenverfügung bestimmt, wie sie im Fall der eigenen Urteilsunfähigkeit behandelt werden möchte, sprich welchen medizinischen Massnahmen sie zustimmt

30 Bearbeitet übernommen aus HAUSHEER/GEISER/AEBI-MÜLLER, Erwachsenenschutzrecht, § 1 N 1.25.

31 ROSCH, ZKE 2015, 215, 218.

oder nicht zustimmt[32], wird das verfassungsrechtlich geschützte Recht auf Selbstbestimmung über den Eintritt der Urteilsunfähigkeit hinaus gestärkt.[33]

Wird bei einer urteilsunfähigen Person eine medizinische Behandlung erforderlich, regelt Art. 377 Abs. 1 ZGB den Entscheidfindungsprozess der Behandlung. Dabei wird der Beachtung einer Patientenverfügung im Einklang mit den Art. 370 Abs. 2 und Art. 372 Abs. 2 ZGB klare Priorität eingeräumt.[34] Ohne Patientenverfügung erstellt der Arzt zusammen mit der gemäss Art. 378 ZGB zur Vertretung des Patienten berechtigten Person, die nach dem mutmasslichen Willen und den Interessen des Patienten zu entscheiden hat, einen Behandlungsplan. Art. 378 ZGB regelt die von Gesetzes wegen zur Vertretung bei medizinischen Massnahmen berechtigten Personen in einer siebenstufigen Kaskade.

3.2. Klinische Ethik: Die Ethikkonsultation (EK)

3.2.1. Allgemein

Aufgabe der Klinischen Ethik ist es, ethische Fragen und Probleme in der medizinischen Praxis zu identifizieren, zu reflektieren und zu klären und damit Behandelnde, Patienten und deren Angehörige bei der ethischen Entscheidungsfindung zu unterstützen.[35] Am Universitätsspital Basel und den Universitären Psychiatrischen Kliniken Basel kommt dabei unter anderem die Ethikkonsultation als strukturierte Unterstützungsmöglichkeit zur Anwendung.

3.2.2. Ablauf und Ziel der Ethikkonsultation

Unter den verschiedenen Ansätzen der Ethikunterstützung ist die Ethikkonsultation der wohl am meisten etablierte Ansatz mit der grössten internationalen Bekanntheit.[36] Sie ist auch Gegenstand nationaler Empfehlungen.[37] Anhand ethischer Überlegungen wird den Anfragenden beim Erarbeiten einer Lösung geholfen. Dabei geht es zumeist nicht darum, die einzig richtige Lösung zu finden,

---

32 Botschaft Erwachsenenschutz, 7012 u. 7030; FamKomm-BÜCHLER/MICHEL, Art. 370 ZGB N 3; BSK-WYSS, Art. 370 ZGB N 3.

33 Botschaft Erwachsenenschutz, 7011 f.; BÜCHLER/MICHEL, Medizin – Mensch – Recht, 129; KuKo-GASSMANN, Art. 370 ZGB N 2; BSK-REUSSER, Vor Art. 360–456 ZGB N 8.

34 FamKomm-GUILLOD/HERTIG PEA, Art. 377 ZGB N 12.

35 SCHILDMANN/NADOLNY/HALTAUFDERHEIDE/GYSELS/VOLLMANN/BRAUSEWEIN, BMC Medical Ethics 2019, 1 m.w.H.

36 SCHILDMANN/GORDON/VOLLMANN, Clinical Ethics Consultation, 1; WETTERAUER/REITER-THEIL, 1, 2 m.w.H.

37 Z.B. SAMW (Ethische Unterstützung), 1 ff.; für Deutschland: ZEKO, 1703, 1707.

sondern vielmehr aus verschiedenen Optionen zu wählen, welche nach Abwägen von Pro und Contra am besten vertretbar ist.[38] Die ethische Fragestellung wird bei der Ethikkonsultation zunächst durch die Anfragenden formuliert und kann sich z.B. auf Unsicherheiten in der ethischen Beurteilung einer therapeutischen Entscheidung oder die Wahrnehmung eines Konfliktes zwischen ethischen Verpflichtungen beziehen. Im Verlauf der Beratung kann diese Frage weiter vertieft oder präzisiert werden.[39] Dabei wird zwischen einer ethischen Hauptfrage und weiteren ethischen Nebenfragen unterschieden, dies, um die ethischen Probleme, die primär behandelt werden sollen, zu identifizieren und zu priorisieren aber auch, um das Gespräch zu strukturieren und zu leiten.[40] Der vereinbarte Ethikfokus kann sich von der ursprünglichen Anfrage, wie sie durch den Anfragenden im Vorfeld formuliert wurde, unterscheiden.[41]

Die Ethikkonsultation profitiert von einer interdisziplinären Zusammensetzung durch Teilnehmende verschiedener Berufe und Fachrichtungen. Neben den involvierten Fachpersonen verschiedener Bereiche wird der Einbezug weiterer, für die Entscheidungsfindung relevanter Fachpersonen, z.B. aus Seelsorge, Sozialdienst oder Rechtsdienst, begrüsst. Durch die interdisziplinäre Zusammensetzung wird die Beschränkung auf die Perspektive einer einzelnen Person vermieden. Nach dem Basler Ansatz der Ethikberatung wird meist von Ethikkonsultation gesprochen, da der Begriff der Konsultation eher auf ein partizipatives Gespräch verweist und damit weniger als eine direktive Beratung mit autoritären Vorgaben missverstanden werden kann. Der moderierende Ethikberater gibt am Ende der Konsultation jedoch zumeist eine Empfehlung ab, die im Idealfall auf einer konsensuellen Lösungsfindung basiert.[42]

3.2.3. Systematischer Perspektivenwechsel und Vier-Prinzipien-Ansatz

Inhaltlich orientiert sich die Ethikkonsultation nach dem Basler Ansatz vor allem am Vier-Prinzipien-Ansatz von BEAUCHAMP und CHILDRESS[43] und am Systematischen Perspektivenwechsel.[44] Der systematische Perspektivenwechsel setzt die Fähigkeit voraus, unterschiedliche Ebenen der Betrachtung einzuneh-

---

38 REITER-THEIL, Schweizerische Ärztezeitung 2005, 346, 347.

39 REITER-THEIL/SCHÜRMANN, Bioethica Forum 2016, 60, 63.

40 REITER-THEIL, Camb Q Healthc Ethics 2009, 348 ff.; REITER-THEIL/SCHÜRMANN, Bioethica Forum 2016, 60, 61 u. 63.

41 REITER-THEIL/SCHÜRMANN, Bioethica Forum 2016, 60, 63.

42 REITER-THEIL, Schweizerische Ärztezeitung 2005, 346, 347 f.; REITER-THEIL/SCHÜRMANN, Bioethica Forum 2016, 60, 61.

43 BEAUCHAMP/CHILDRESS, 101 ff.

44 REITER-THEIL/SCHÜRMANN, Bioethica Forum 2016, 60, 61.

men und zu kombinieren, was weit darüber hinausgeht, die Perspektive eines einzelnen anderen Menschen einzunehmen. Er soll die Beachtung der relevanten Bedürfnisse, Rechte und Pflichten der Beteiligten sicherstellen. Er hilft darüber hinaus, aus der Befangenheit der eigenen Sichtweise herauszutreten und so zu einer umfassenderen und ausgewogeneren Einschätzung der Gesamtsituation zu gelangen.[45] Der Vier-Prinzipien-Ansatz beschreibt in «Principles of Biomedical Ethics»[46] jene vier Prinzipien, die sich in der Medizinethik international durchgesetzt haben: Respect for Autonomy, Nonmaleficence, Beneficence and Justice (Respekt vor der Patientenautonomie, Nichtschaden, Hilfeleistung und Gerechtigkeit).

Durch die bewusste Orientierung am *Respekt vor der Patientenautonomie* soll einem paternalistischen Rollenverständnis entgegengewirkt werden.[47] Historisch wurde die Rolle des Arztes so verstanden, dass dieser autoritär in Fürsorge für den Patienten über Fragen entschied, die dieser selbst nicht treffen konnte.[48]

Auch die Ursprungsversion des Hippokratischen Eids ging noch von diesem Rollenverständnis aus: Hier war keinerlei Aussage über die Einwilligung oder eine andere Form der Patientenbeteiligung an der Entscheidungsfindung verankert.[49] Die Bedeutung der Patienteneinwilligung in eine ärztliche Massnahme ist erst eine Errungenschaft der modernen Medizinethik des 20. Jahrhunderts[50] und geschah im Wesentlichen als Reaktion auf gravierenden Missbrauch der ärztlichen Autorität in der Patientenbehandlung und medizinischen Forschung.[51] Breite Anerkennung, dem Einverständnis des Patienten in eine medizinische Massnahme Bedeutung zuzumessen, entstand anfänglich in der Forschung am Menschen und auch der Nürnberger Kodex räumte dem Einwilligungserfordernis einen hohen Stellenwert ein, indem er festlegte, dass «die freiwillige Zustimmung der Versuchsperson unbedingt erforderlich (ist)».[52] Das ethische *Prinzip des Respekts vor der Autonomie* des Patienten bedeutet jedoch nicht, dass dem Wunsch des Patienten ohne jegliche ethische Reflexion oder Beratung nachgekommen wird: Der Patient hat kein Anrecht auf medizinisch aussichtslose oder nicht indizierte Behandlungen (siehe hierzu ausführlich *Kapitel II B 1.1.2. «mutmasslicher Wille»* und *Kapitel II C 1.2. «Rechtswirkung»*).[53] Daneben findet die Beachtung der Autonomie des Patienten ihre Grenze in der Abwägung mit den anderen

---

45 Reiter-Theil, Schweizerische Ärztezeitung 2005, 346, 348 f.; Wetterauer/Reiter-Theil, 1, 4.

46 Beauchamp/Childress, 101 ff.

47 Beauchamp/Childress, 214 ff.

48 Z.B. Gerber/Kraft/Bosshard, 1883; Beauchamp/Childress, 214 f.

49 Vgl. Veatch, 5.

50 Veatch, 5 f.

51 Kalb/Wallner, 181 f.

52 Vgl. Leven, 1, 3 ff.

53 Vgl. Hausheer/Geiser/Aebi-Müller, Erwachsenenschutzrecht, N 2.77; Büchler/Michel, Medizin – Mensch – Recht, 83.

ethischen Prinzipien. So kann im Einzelfall die Vermeidung von Schaden oder Hilfeleistung höher zu gewichten sein als die Respektierung der Autonomie des Patienten. Das ethische *Prinzip des Nichtschadens* verbietet es, anderen an Leib und Leben Schaden zuzufügen, wohingegen das ethische *Prinzip der Hilfeleistung* die positive Verpflichtung zur Fürsorge, sprich dem Patienten Gutes zu tun, statuiert.[54] Häufig kommt das *Prinzip des Nichtschadens* in der klinischen Medizin mit dem *Prinzip der Hilfeleistung* in Konflikt, obwohl beide Prinzipien philosophisch-ethisch demselben Ziel entspringen. In der Patientenbehandlung ist man aber mit komplexen Wirkungen konfrontiert, die zugleich helfen und schaden können: Schaden und Nutzen einer Behandlung oder Massnahme müssen jeweils gegeneinander abgewogen werden, wobei der Nutzen für den Patienten die eingegangenen Risiken stets überwiegen sollte.[55] Das *Prinzip der Gerechtigkeit* lässt sich in formale und materiale Gerechtigkeitsaspekte einteilen. Der formale Aspekt beinhaltet, dass Gleiche(s) gleich und Ungleiche(s) ungleich behandelt werden soll(en), der materiale Aspekt, dass bedarfsorientiert eine faire Verteilung bzw. Zuteilung von Gesundheitsleistungen vorgenommen werden soll.[56]

Die vier ethischen Prinzipien nach BEAUCHAMP und CHILDRESS folgen keiner hierarchischen Prioritätenordnung. Bei praktischen Entscheidungen fordern sie den Benutzer auf, sich jedes Mal neu zu orientieren, welches Prinzip in der Abwägung Vorrang haben soll und wie bei einem Prinzipienkonflikt zu entscheiden ist.[57]

3.3. Die Berücksichtigung der Selbstbestimmung des Patienten in der Praxis

3.3.1. Informed Consent

Zur Sicherstellung des Respekts vor der Selbstbestimmung des Patienten hat sich im medizinrechtlichen Schrifttum für die «Einwilligung nach Aufklärung» die Bezeichnung «Informed Consent» im Sinne einer informierten und freien Einwilligung etabliert.[58] Im Grundsatz bedeutet der Informed Consent, dass eine medizinische Behandlung nur auf Basis der Zustimmung eines Patienten, der über die Massnahme und deren Folgen aufgeklärt wurde, durchgeführt werden darf.[59] Zur Aufklärung gehören alle entscheidungsrelevanten Informatio-

---

54 BEAUCHAMP/CHILDRESS, 150 ff. u. 202 ff.

55 WETTERAUER/REITER-THEIL, 1, 3.

56 BEAUCHAMP/CHILDRESS, 249 ff.

57 BEAUCHAMP/CHILDRESS, 101 ff.; siehe hierzu auch WETTERAUER/REITER-THEIL, 1, 4.

58 SPRECHER, 270, 274.

59 Z.B. SPRECHER, 270, 274 m.w.H.; SAMW (Rechtliche Grundlagen), 36 f.; FamKomm-BÜCHLER/MICHEL, Art. 370 ZGB N 28; KALB/WALLNER, 182 f.

nen, sprich Informationen über Chancen und Risiken der Behandlung sowie über die Konsequenzen eines Behandlungsverzichts.[60] Der Grundsatz des Informed Consent ist gesetzlich vielfach verankert, z.B. in der grundrechtlichen Gewährleistung durch Art. 8 Abs. 1 EMRK und Art. 3 Abs. 1 und 2 EU-Grundrechtecharta.

3.3.2. Shared decision-making

In der Medizinethik wird in der Weiterentwicklung des Informed Consent für einen Prozess der gemeinsamen Entscheidungsfindung zwischen Arzt und Patient plädiert, dem sogenannten shared decision-making.[61] Durch die weitreichende Mitwirkung an der Entscheidungsfindung soll die Berücksichtigung der Wünsche, Ziele und individuellen Wertvorstellungen des Patienten sichergestellt werden.[62] Auf der anderen Seite bedeutet das Verständnis der gemeinsamen Entscheidungsfindung aber auch, dass den Ärzten die Verpflichtung zukommt, über die blosse Aufklärung hinaus für einen gemeinsamen Entscheidungsprozess zu sorgen. Aus medizinethischer Sicht kann ein gemeinsamer Entscheidungsfindungsprozess damit anspruchsvoller sein als die Einwilligung nach Aufklärung und über das rein rechtliche Erfordernis derselben hinausgehen.[63]

Aus rechtlicher Perspektive kann in dem Erfordernis einer gemeinsamen Entscheidungsfindung im Sinne des shared decision-making das Risiko erhöhter Einflussnahme auf den Patienten und die Verschiebung von Verantwortlichkeiten gesehen werden. Diese Befürchtung ist unter zwei Aspekten zu beleuchten:

Einerseits betrifft sie die Stellung des Patienten. Während das Gesetz gewissermassen von einem Ideal ausgeht, einem Patienten, der sein Recht auf Selbstbestimmung kennt und seine Wünsche und Präferenzen bei der Ausübung dieses Rechts selbst einbringt, scheint dies für die medizinethischen Überlegungen nicht im selben Ausmass zuzutreffen. Die Praxis zeigt, dass sich viele Patienten der Empfehlung ihres Arztes ohne weitere (eigene) Überlegungen anschliessen. Dabei sind vielfältige Beweggründe möglich, etwa weil der Patient dem Arzt vertraut, sein Recht auf Selbstbestimmung nicht kennt, eigene Überlegungen zu mühsam sind, weil er zu wenig fachliches Verständnis mitbringt oder es schlicht nicht

---

60 BGE 116 II 519, E. 3b), S. 521; BGE 117 Ib 197, E. 3b), S. 204: Allgemein gilt, dass der Arzt den Patienten bei gewöhnlich mit grossen Risiken verbundenen Operationen, die schwerwiegende Folgen haben können, ausführlicher aufklären und informieren muss, als wenn es sich um einen im allgemeinen unproblematischen Eingriff handelt.

61 Siehe zum Ganzen etwa GERBER/KRAFT/BOSSHARD, 1883 ff. m.w.H.; HOTZ, 481, 500 f.; HAUSSENER, 149, 162 f.; Positionspapier der FMH zu Shared Decision Making; CHILDRESS/CHILDRESS, 423, 424 ff.

62 BEAUCHAMP/CHILDRESS, 101 ff., insb. 114 ff.; REITER-THEIL/WETTERAUER, 271, 279 ff.

63 CHILDRESS/CHILDRESS, 423, 424 f.

wagt, mit dem Arzt in das Gespräch zu treten z.B., weil er «ein guter Patient» sein und ihn nicht stören möchte oder Angst davor hat, unangenehm aufzufallen.[64] Aus medizinethischer Sicht fliesst in die Überlegung des shared decision-making ein, dass der Patient dieser Idealvorstellung des autonomen Entscheidungsträgers nicht immer entspricht und oftmals überhaupt erst durch seine aktive Einbeziehung durch den Arzt die Möglichkeit bekommt, Teil des Entscheidungsfindungsprozesses zu werden. Die voranschreitenden medizinischen Möglichkeiten machen die Reflexion eigener Vorstellungen, z.B. über die Priorisierung von Lebenszeit versus Lebensqualität aber immer wichtiger.[65] Die maximale oder aus medizinischer Sicht optimale Behandlung muss nicht unbedingt mit dem Lebensentwurf und den Wertvorstellungen des Patienten übereinstimmen. Hier setzt das Konzept des shared decision-making an: Es geht um das Aufzeigen verschiedener Optionen samt Vor- und Nachteilen durch den Arzt sowie die Rückmeldung des Patienten über das Verständnis derselben. Basierend darauf findet anhand der Präferenzen des Patienten die gemeinsame Behandlungsplanung statt.[66] So soll vermieden werden, dass der Patient in eine Behandlung einwilligt, welche er bei genauerer Betrachtung und Reflexion seiner eigenen Werte nicht bevorzugt hätte. Die Verpflichtung des Arztes, den Patienten bei der Behandlungsplanung einzubeziehen und seine persönlichen Werte einfliessen zu lassen, soll gerade keine Einflussnahme auf den Patienten darstellen, sondern im Gegenteil Bevormundung vermeiden; durch seine Partizipation soll die Möglichkeit eröffnet werden, den Patienten in seinen Wünschen ernst zu nehmen, seine Selbstbestimmung zu fördern und damit einem paternalistischen Rollenverständnis entgegenzuwirken.[67] Der gemeinsame Entscheidungsfindungsprozess, den man aus rechtlicher Sicht als Risiko betrachten kann, wird in der Medizinethik gerade als Chance zur Stärkung der Patientenautonomie gesehen.

Der zweite Aspekt betrifft die eigentliche Einwilligung in die Behandlung. Denn das Konzept des Informed Consent findet nach hier und im medizinethischen Schrifttum überwiegend vertretener Auffassung sowie nach der in der Basler Ethikkonsultation praktizierten Methode auch im Rahmen des shared decision-making Beachtung. Das Konzept des shared decision-making betrifft danach vor allem den Prozess hin zur Entscheidung – welche ihren Abschluss weiterhin in Form des Informed Consent findet.[68] Auch wenn an der Erarbeitung hin zu einem stimmigen Ergebnis sowohl Patient als auch Arzt mitgewirkt haben, ist die Einwilligung des Patienten in die Behandlung keineswegs entbehrlich. Das Konzept des Informed Consent stellt nach wie vor in letzter Konsequenz die Umset-

---

64 JOSEPH-WILLIAMS/ELWYN/EDWARDS, 291, 293 u. 307 m.w.H.; GERBER/KRAFT/BOSSHARD, 1883, 1884 m.w.H.; CHILDRESS/CHILDRESS, 423, 426 m.w.H.

65 GERBER/KRAFT/BOSSHARD, 1883, 1884.

66 GERBER/KRAFT/BOSSHARD, 1883 ff. m.w.H.

67 CHILDRESS/CHILDRESS, 423, 425.

68 Z.B. CHILDRESS/CHILDRESS, 423, 424 f.; STEIGER/KRONES, 226, 227 f.; ACOG, 36.

zung des Selbstbestimmungsrechts sicher, und zwar durch den Schlussakt, der Einwilligung. Eine Interpretation[69] des shared decision-making, nach welcher Patient und Arzt durch die Verpflichtung einer gemeinsamen Entscheidung der Einschränkung unterworfen wären, dass der Patient nicht allein entscheiden könne, ist im Hinblick auf das Selbstbestimmungsrecht des Patienten und aus den oben genannten rechtlichen Bedenken abzulehnen.

Im Vernehmlassungsverfahren zum neuen Erwachsenenschutzrecht wurde aus ärztlicher Sicht empfohlen, im Hinblick auf die Behandlungsplanung bei einem urteilsunfähigen Patienten das Konzept des shared decision-making zwischen Ärzten und Angehörigen mit Vertretungsrecht explizit ins Gesetz aufzunehmen.[70] Mit der Einführung des Art. 377 ZGB wurde dieses Anliegen insoweit umgesetzt, dass die Ärzte die Verantwortung für die Planung der erforderlichen Behandlung tragen (siehe hierzu *Kapitel II B 1.1. «Behandlungsplan und vertretungsberechtigte Person, Art. 377 und Art. 378 ZGB»*), weshalb ihnen im Gegensatz zur blossen Informationspflicht eine aktivere Rolle zugesprochen wird.[71] Die Einwilligung für den ärztlichen Eingriff bedarf aber in Konformität mit § 6 Abs. 3 des Übereinkommens über Menschenrechte und Biomedizin des Europarates (ÜMB)[72] einer Einwilligung, die der vertretungsberechtigten Person nach Art. 378 ZGB zusteht und nicht etwa dem behandelnden Arzt oder gemeinsam vorgenommen wird.[73]

3.3.3. Substitute decision making / supported decision making

In der juristischen Literatur wird diskutiert, ob dem Erfordernis nach vermehrter Selbstbestimmung, wie sie durch die UN-Behindertenrechtkonvention[74] vorgesehen ist, mit den Regelungen des Erwachsenschutzes ausreichend

---

69 So vereinzelt in amerikanischer Literatur vertreten.

70 VE Erwachsenenschutz/Vernehmlassungen, 335; vgl. BSK-Eichenberger/Kohler, Art. 377 ZGB N 5.

71 BSK-Eichenberger/Kohler, Art. 377 ZGB N 6.

72 Übereinkommen vom 4. April 1997 zum Schutz der Menschenrechte und der Menschenwürde im Hinblick auf die Anwendung von Biologie und Medizin. Die Schweiz hat die Biomedizin-Konvention am 24. Juli 2008 ratifiziert und am 1. November 2008 in Kraft gesetzt.

73 BSK-Eichenberger/Kohler, Art. 377 ZGB N 6; ZK-Boente, Art. 377 ZGB N 37.

74 Durch Art. 12 der UN- Behindertenrechtskonvention sollen Ungleichbehandlungen derjenigen vermindert werden, die aufgrund einer Behinderung keine rechtlich wirksamen Erklärungen abgeben können und damit im Vergleich zu nicht behinderten Menschen ungleich behandelt werden. Die Schweiz hat Art. 12 BRK vorbehaltlos übernommen. Siehe hierzu ausführlich Rosch, FamPra 2019, 105, 106 f.

nachgekommen wird.[75] Konkret geht es um die Frage, ob Einschränkungen der Handlungsfähigkeit durch erwachsenenschutzrechtliche Massnahmen, insbesondere das Rechtsinstitut der (umfassenden) Beistandschaft, den Vorgaben des Art. 12 BRK widersprechen.[76] Vor diesem Hintergrund wird teilweise (primär in ausländischer Literatur) die rein unterstützte Entscheidungsfindung «supported decision making» befürwortet und als einzig zulässig erachtet, während eine eigentliche Vertretung «substituted decision making» konventionswidrig sei.[77] Eine derart enge Interpretation scheint jedoch den unterschiedlichen Fähigkeiten der Betroffenen kaum gerecht zu werden.[78] Für Personen, die trotz intensivster Begleitung und Unterstützung nicht in der Lage sind, eigene Entscheidungen zu treffen oder zu äussern, etwa weil sie bewusstlos sind oder an einer schwersten geistigen Behinderung leiden, scheint die einzige Möglichkeit der Teilhabe am Rechtsverkehr gerade in einer Vertreterlösung zu liegen.[79] In bestimmten Fällen scheint daher aus Gründen der Rechtssicherheit der Entzug der Handlungsfähigkeit dem Schutzbedürfnis dieser Personen besser nachzukommen, wobei angesichts der Bestimmungen von Art. 19 – 19c ZGB selbst eine umfassende Beistandschaft im Ergebnis nicht unbedingt ein vollständiges Entfallen der Handlungsfähigkeit zur Folge hat, sondern, sofern ausnahmsweise Urteilsfähigkeit vorhanden ist, zahlreiche Entscheidungen dem Betroffenen überlässt (Relativität der Urteilsfähigkeit).[80] Die umfassende Beistandschaft knüpft dabei gerade nicht an eine vorliegende Behinderung an, sondern bei den konkreten, für die Urteilsfähigkeit oder einen anderen Schwächezustand relevanten persönlichen Fähigkeiten des Betroffenen.[81] Im Einklang mit der Behindertenrechtskonvention muss jedoch vorrangig die Möglichkeit eines «supported decision making» angestrebt werden.[82] Für Personen, die zwar in der Lage sind, eigene Entscheidungen zu treffen, jedoch einem milderen Schwächezustand unterliegen, müssen Hilfen bereitgestellt werden, damit sie ihre Selbstbestimmung tatsächlich und dauerhaft ausüben können, ohne dass die Handlungsfähigkeit eingeschränkt wird. Jedoch muss hierbei genau darauf geachtet werden, neben der Wahrung der grösstmöglichen Freiheit gleichzeitig auch dem Schutzbedürfnis der Betroffenen nachzukommen. Andernfalls würden schutzbedürftige Personen der Gefahr ausgesetzt, Opfer von Ausbeutung oder von langfristig erheblich schädlichen Fehlentscheidungen zu

---

75 Siehe zu dieser Diskussion mit weiteren Hinweisen BOENTE, FamPra 2018, 110 ff; BK-BUCHER/AEBI-MÜLLER, Art. 17 ZGB N 10 ff.

76 Siehe ROSCH, FamPra 2019, 105 ff.; ZK-MEIER, Art. 388 ZGB N 63; BOENTE, FamPra 2018, 110, 123; BK-BUCHER/AEBI-MÜLLER, Art. 17 ZGB N 10 f.

77 Siehe für weitere Hinweise BK-BUCHER/AEBI-MÜLLER, Art. 17 ZGB N 11.

78 Vgl. BK-BUCHER/AEBI-MÜLLER, Art. 17 ZGB N 12.

79 Vgl. BK-BUCHER/AEBI-MÜLLER, Art. 17 ZGB N 12.

80 Vgl. ZK-MEIER, Art. 388 ZGB N 72 u. 80; BK-BUCHER/AEBI-MÜLLER, Art. 17 ZGB N 13; siehe zur Relativität der Urteilsfähigkeit und ihren Folgen auch BSK-FANKHAUSER, Art. 16 ZGB N 5.

81 Vgl. BK-BUCHER/AEBI-MÜLLER, Art. 17 ZGB N 13.

82 Vgl. ZK-MEIER, Art. 388 ZGB N 81.

werden.[83] Zudem ist für eine erforderliche Vertretung zu bedenken, dass diese sich nach dem mutmasslichen Willen des Betroffenen richtet und dadurch seine Selbstbestimmung, wenn immer möglich, gewahrt und seine Wünsche und Vorstellungen von Bedeutung bleiben.[84] Dabei hat auch stets die familiäre Unterstützung bzw. Vertretung Vorrang (vgl. Art. 389 ZGB).[85] Sodann gewährleisten massgeschneiderte Beistandschaften durch ihre Abstufungen jeweils so wenig Eingriff wie möglich in die Handlungsfähigkeit des Betroffenen.[86]

Anlässlich der Ratifikation der Behindertenrechtkonvention durch die Schweiz wurde die Auffassung vertreten, das neue Erwachsenenschutzrecht entspreche vollumfänglich den Vorgaben der Konvention.[87]

3.4. Verhältnis von Rechtswissenschaft und Ethik in der Medizin

Schwierige klinische Entscheidungen stehen im medizinischen Alltag auf der Tagesordnung. Bei der Suche nach Lösungen sind nicht nur medizinische, sondern auch rechtliche und moralische Erwägungen relevant.

Das Handeln des Arztes ist stark von moralischen Anforderungen geprägt. Die Orientierung an ethischen Kodizes, etwa dem Hippokratischen Eid, dem daraus entwickelten Genfer Gelöbnis oder dem Schweizer Eid, spielt seit jeher eine bedeutende Rolle, auch wenn angehende Ärzte in der Schweiz nicht zwingend einen Eid schwören. Besonders hervorzuheben ist dabei die Pflicht, das Wohl des Patienten als vorrangig anzusehen und jeden vermeidbaren Schaden von ihm abzuwenden.[88] Die moralischen Anforderungen bilden das medizinische Ethos: Es stellt die Summe an moralischen Anforderungen dar, die für die Praxis der Medizin gelten sollen.[89] In der Praxis können ethische Richtlinien, etwa Standesordnungen der Ärzte oder die Richtlinien der Schweizerischen Akademie der Medizinischen Wissenschaften (SAMW), für die Behandelnden eine ähnliche Handlungsanleitung erlangen wie geltendes Recht, vor allem dort, wo gesetzliche Regelungen nicht in der nötigen Konkretisierung vorliegen. Auch können solche Richtlinien in der Regel rascher erarbeitet und angepasst werden als Gesetze, was dem sich schnell wandelnden Praxisfeld Medizin Rechnung trägt. Zwar kommt

---

83 Vgl. BK-BUCHER/AEBI-MÜLLER, Art. 17 ZGB N 12.

84 Vgl. BK-BUCHER/AEBI-MÜLLER, Art. 17 ZGB N 12; ROSCH, FamPra 2019, 105, 115.

85 Vgl. ZK-MEIER, Art. 388 ZGB N 74.

86 Vgl. BSK-REUSSER, Vor Art. 360–456 ZGB N 12; ZK-MEIER, Art. 388 ZGB N 78.

87 Siehe Botschaft BRK, 661, 671.

88 Schweizer Eid abrufbar unter https://www.dialog-ethik.ch/projekte/schweizer-eid (zuletzt geprüft am 8.8.2023).

89 KALB/WALLNER, 169.

den medizinisch-ethischen Richtlinien der SAMW als Empfehlungen einer privaten Organisation an ihre Mitglieder grundsätzlich keine rechtliche Bindungswirkung zu, dennoch bieten sie für Praxis, Rechtsprechung und Gesetzgebung wichtige Orientierung.[90] Eine wichtige Rolle spielen sie in der Rechtsauslegung, indem sie beispielsweise vom Bundesgericht als Massstab für den Stand der medizinischen Wissenschaften herangezogen werden.[91] Indem die Foederatio Medicorum Helveticorum (FMH) fast alle Richtlinien der SAMW in ihre Standesordnung aufnimmt, werden sie auf die Stufe des Standesrechts erhoben und erhalten so für die überwiegende Zahl von Ärzten unmittelbare vereinsrechtliche Verbindlichkeit.[92] Zudem können die Parlamente auf Bundes- und Kantonsebene Richtlinien für verbindlich erklären.[93]

In Rahmen von Ethikkonsultationen werden regelmässig Fragen an der Schnittstelle von Medizin, Ethik und Recht interdisziplinär und lösungssuchend behandelt. Dabei spielt auch die Auseinandersetzung damit, welches Verhältnis die Fachrichtungen haben, eine Rolle. Ein leitender Aspekt für das Verhältnis von Medizin und Recht und die ethische Auseinandersetzung damit, ist sicher die zunehmende Verrechtlichung medizinischen Handelns.[94] Rechtliche Regelungen beeinflussen nicht zuletzt aufgrund ihrer Konsequenzen den Arzt in seinem medizinischen Wirken, sie bilden auch für die interdisziplinär verstandene Ethikkonsultation die Rahmenbedingungen der ethischen Analyse und Überlegungen. Durch die Ethikkonsultation soll nicht nur eine ethisch gerechtfertigte, sondern auch eine für die Behandelnden gangbare Lösung (ohne die Befürchtung rechtlicher Konsequenzen) gefunden werden. Praktisch besteht aus Sicht der Ethikkonsultation in dieser Beziehung eine Überordnung des Rechts. Dies lässt sich zusätzlich damit rechtfertigen, da rechtliche Regelungen aus einem gesellschaftlichen Diskurs entstehen und durch sie in der Regel diejenigen Rechtsgüter geschützt werden, wie sie auch Gegenstand der ethischen Analyse im Rahmen der Ethikkonsultation sind, somit gleiche Schutzgedanken im Vordergrund stehen. Dies bedeutet jedoch nicht, dass nicht auch Konstellationen auftreten, in denen andere Lösungsmöglichkeiten ethisch ebenso vertretbar oder sogar zu bevorzugen wären, ihre Grenzen jedoch in den rechtlichen Bestimmungen finden. Die Feststellung solcher Situationen auferlegt der Medizinethik als wissenschaftliche Disziplin – über die praktische Ethikkonsultation hinaus – die Aufgabe, das Recht für die Ethik zu sensibilisieren. Da die Medizinethik als Disziplin bei diesem Prozess moralische Vorstellungen im Hinblick auf rechtliche Rahmenbedingungen hin-

---

90 Vgl. SAMW (Rechtliche Grundlagen), 10 f.

91 Vgl. SAMW (Rechtliche Grundlagen), 11: z.B. BGE 119 Ia 460, E. 4. c) cc), S. 470 f.; BGE 121 V 289, E. 7c), S. 301.

92 Standesordnung der FMH, Art. 18 und Anhang 1; SAMW (Rechtliche Grundlagen), 11.

93 Vgl. SAMW (Rechtliche Grundlagen), 11.

94 Vgl. KALB/WALLNER, 170 f.

terfragt und kritisch reflektiert[95], kann auch von «Rechtsethik in der Medizin»[96] gesprochen werden. Die Rechtsethik kann damit für das Recht insbesondere Bedeutung bei der Rechtssetzung (sie stellen leitende Gesichtspunkte für den rechtspolitischen Diskurs und die medizinrechtliche Normensetzung dar), der Rechtsanwendung (sie tragen dazu bei, rechtliche Ermessensspielräume vernünftig zu nutzen, z.B. hinsichtlich der Schaden Nutzen-Abwägung) und der Rechtsprechung (sie können leitende Gesichtspunkte bei unbestimmten Rechtsbegriffen, z.B. «vernunftgemäss», sein) haben.[97]

Zur Bewältigung von Fragen und Problemen werden in der Medizinethik und damit auch in der Rechtsethik vor allem die bereits oben erläuterten vier ethischen Prinzipien (Respekt vor der Patientenautonomie, Nichtschaden, Hilfeleistung und Gerechtigkeit) herangezogen, die eine Mittelstellung zwischen umfassenden Theorien und konkreten Fällen einnehmen.[98] Neben den oben erwähnten Aufgaben der Rechtsethik in der Medizin profitiert der prinzipienbasierte Ansatz der Rechtsethik auch durch die juristische Methodik. Regelorientierte Spezifizierungen und begründete Abwägungen sind zum einen das Handwerk der Rechtswissenschaft und zum anderen kann das Recht dabei helfen, auftretende Fragen, Spannungen und Konflikte mit bereits bestehenden Instrumenten aus anderen Rechtsbereichen zu bewältigen.[99]

Gerade im Erwachsenenschutz werden wechselseitigen Beziehungen der Disziplinen besonders deutlich: Ethische Maximen wie die Sicherstellung des Wohls und des Schutzes hilfebedürftiger Personen sowie die Erhaltung und Förderung der Selbstbestimmung stellen ebenso die Leitmotive des Erwachsenenschutzes dar (vgl. Art. 388 ZGB). Und auch die zentrale Frage nach der Urteilsfähigkeit im Erwachsenenschutz ist als notwendige Voraussetzung für eine rechtswirksame Einwilligung des Patienten in eine medizinische Massnahme unmittelbar mit dem ethischen Prinzip des Respekts der Autonomie des Patienten verbunden.[100]

---

95 Vgl. CANDILIS.

96 Vgl. KALB/WALLNER, 169.

97 Vgl. KALB/WALLNER, 177.

98 KALB/WALLNER, 177.

99 KALB/WALLNER, 177.

100 Vgl. TRACHSEL/HERMANN/BILLER-ANDORNO, Schweiz Med Forum 2014, 221.

Teil II: Interdisziplinäre Vertiefungen einzelner Schwerpunkte zu Urteils(un)fähigkeit und Selbstbestimmung in der Patientenbehandlung

A. Begriff und Beurteilung der Urteilsfähigkeit

1. Urteils(un)fähigkeit in der Patientenversorgung

Rechtlich gesehen stellt die medizinische Behandlung einen Eingriff in die durch Art. 28 ZGB geschützten Persönlichkeitsrechte dar.[101] Ein Eingriff in die körperliche Integrität und das Selbstbestimmungsrecht eines Patienten erfolgt erst dann rechtmässig, wenn er auf einem die Widerrechtlichkeit ausschliessenden Rechtfertigungsgrund beruht.[102] Wichtigster Rechtfertigungsgrund ist die Einwilligung des Betroffenen nach vorheriger Aufklärung.[103] Nur ein urteilsfähiger Patient kann seine Patientenrechte selbst wahrnehmen, im Falle von Urteilsunfähigkeit können seine Handlungen, unter Vorbehalt der gesetzlichen Ausnahmen, rechtlich keinerlei Wirkung entfalten (Art. 18 ZGB).[104] Dies gilt für die dauernde oder nur vorübergehende Urteilsunfähigkeit gleichermassen.[105] Da der Urteilsunfähige nicht in der Lage ist, sich einen eigenen, vernünftigen Willen zu bilden und diesen umzusetzen, darf seine gewissermassen mangelhafte Willensbildung oder Ausübung nicht dazu führen, dass er für die entsprechenden Handlungen wie ein Urteilsfähiger rechtlich verantwortlich ist.[106] Nach Art. 19 lit. c Abs. 2 ZGB handelt für urteilsunfähige Personen der gesetzliche Vertreter, sofern nicht ein Recht so eng mit der Persönlichkeit verbunden ist, dass jede Vertretung ausgeschlossen ist (sog. absolut höchstpersönliche Rechte).[107] Ärztliche Heil-

---

101 Z.B. HRUBESCH-MILLAUER/BRUGGISSER, 16, 18; KUKO-GASSMANN, Art. 377/378 ZGB N 3; BSK-WYSS, Art. 370 ZGB N 1.

102 BGE 117 Ib 197, E. 2a), S. 200; SPRECHER 270, 273 f.

103 BSK-WYSS, Art. 370 ZGB N 1; SPRECHER, 270, 274 m.w.H.; AEBI-MÜLLER, ZBJV 2013, 150, 151.

104 BSK-FANKHAUSER, Art. 16 ZGB N 44.

105 BSK-FANKHAUSER, Art. 16 ZGB N 5a; SPRECHER, 270, 275.

106 AEBI-MÜLLER, FS GEISER 2017, 1, 12.

107 BSK-FANKHAUSER, Art. 19c ZGB N 4 m.w.H.

eingriffe gelten grundsätzlich als relativ höchstpersönliche Rechte, womit eine Vertretung im Falle der Urteilsunfähigkeit zulässig ist.[108]

In der medizinischen Praxis wird für den Begriff der Urteilsfähigkeit teilweise der Begriff der «Entscheidungsfähigkeit» synonym verwendet.

1.1. Die Urteilsfähigkeit als Entscheidungskriterium für Selbst- oder Fremdbestimmung

Der Begriff der Urteilsfähigkeit könnte als sogenannte Schwelle zwischen Selbstbestimmung und Fremdbestimmung für die Rechte des Patienten nicht bedeutender sein (siehe zur Aufweichung dieser Schwelle durch Heranziehen des mutmasslichen Willens des Patienten bei Urteilsunfähigkeit *Kapitel II B «Stellvertretung»*).[109] Die Urteilsfähigkeit ist Kriterium dafür, ob der Patient selbst über seine Therapie oder den Therapieverzicht entscheiden kann, oder ob der Bedarf nach einer erwachsenschutzrechtlichen Massnahme ausgelöst wird.[110] Die Evaluation der Urteilsfähigkeit ist ein höchst sensibler Vorgang und ihr Absprechen stellt einen schwerwiegenden Eingriff dar, der massive Auswirkungen auf das Selbstverständnis der Person, auf die Beziehung zu den Behandelnden sowie auf das weitere Beziehungsgefüge des Patienten haben kann.[111] Das Gesetz setzt bei der Beurteilung der Urteilsfähigkeit für die konkrete medizinische Massnahme eine eindeutige Zuordnung in die Kategorien «urteilsfähig» oder «nicht urteilsfähig» voraus, was in der Praxis von erheblicher Schwierigkeit sein kann (siehe *Kapitel II A 3.3. «Probleme bei der Beurteilung»*).[112]

1.2. Rechtliche Begriffsbestimmung der Urteilsfähigkeit

Bei der Urteilsfähigkeit handelt es sich nicht um einen medizinischen, sondern um einen gesetzlich vorgegebenen Rechtsbegriff.[113] Da sich im Erwachsenenschutz keine Definition der Urteils(un)fähigkeit findet, gilt vielmehr die im

---

108 BGE 114 Ia 350, E. 7a), S. 360; BSK-FANKHAUSER, Art. 19c ZGB N 7; BSK-EICHENBERGER/KOHLER, Art. 377 ZGB N 14; KuKo-GASSMANN, Art. 377/378 ZGB N 11; WIDMER BLUM, 84.

109 SPRECHER, 270, 276 m.w.H.

110 Siehe Fn. 3.

111 SAMW (Urteilsfähigkeit), 5.

112 Vgl. OFK-FANKHAUSER/BLEICHENBACHER, Art. 16 ZGB N 3.

113 Z.B. MONSCH, 1, 13; SAMW (Urteilsfähigkeit), 5.

Handlungsfähigkeitsrecht, nämlich in Art. 16 ZGB verankerte Begriffsbestimmung.[114] Urteilsfähig in diesem Sinne ist jede Person, der nicht wegen ihres Kindesalters, infolge geistiger Behinderung, psychischer Störung, Rausch oder ähnlicher Zustände die Fähigkeit mangelt, vernunftgemäss zu handeln.

Aus der Negativumschreibung ergibt sich, dass üblicherweise von Urteilsfähigkeit ausgegangen wird.[115]

1.2.1. Kriterien für die Beurteilung der Urteilsfähigkeit

Die Beurteilung der Urteilsfähigkeit unterteilt sich in subjektive und objektive Kriterien.[116]

a. Subjektive Voraussetzungen der Urteilsfähigkeit

Für das Vorliegen der Urteilsfähigkeit werden in der Rechtsprechung und Literatur zwei Fähigkeiten gefordert, welche kumulativ vorliegen müssen: (1) die intellektuelle Fähigkeit, sich einen eigenen vernünftigen Willen zu bilden (Willensbildungsfähigkeit) und (2) die willentliche Fähigkeit, entsprechend diesem Willen zu handeln (Willensumsetzungsmöglichkeit).[117]

aa. Willensbildungsfähigkeit

Für die Willensbildungsfähigkeit kommt es für die praktische Beurteilung auf die abstrakte Fähigkeit zu vernünftigem Handeln an, nicht, ob das in Frage stehende Verhalten vernünftig war.[118] Es geht um die Fähigkeit zur richtigen Einschätzung der konkreten Lage.[119] Dabei wird zumindest vorausgesetzt, dass man verschiedene Optionen gegeneinander abwägen kann und in der Lage ist, Gründe dafür angeben zu können, warum man sich bei verschiedenen

---

[114] AEBI-MÜLLER, FHB Erwachsenenschutzrecht 2016, 31, 35, N 3.6.

[115] Vgl. BGE 24 III 5, E. 1b), S. 8; HAUSHEER/AEBI-MÜLLER, Personenrecht, Rz. 153; CHK-BREITSCHMID/KAMP, Art. 370 ZGB N 15.

[116] Z.B. BK-BUCHER/AEBI-MÜLLER, Art. 16 ZGB N 45 u. 47; WIDMER BLUM, 39; AEBI-MÜLLER, FHB Erwachsenenschutzrecht 2016, 31, 36, N 3.7.

[117] Exemplarisch BGE 117 II 231, E. 2 a), S. 232; BGE 134 II 235, E. 4.3.2, S. 239; BGE 127 I 6, E. 7 b cc), S. 22; MONSCH, 1, 15; WIDMER BLUM, 40; BK-BUCHER/AEBI-MÜLLER, Art. 16 ZGB N 45.

[118] Z.B. BK-BUCHER/AEBI-MÜLLER, Art. 16 ZGB N 78; WIDMER BLUM, 43 f.; siehe hierzu auch Fallbeispiel 2.

[119] BGE 127 I 6, E. 7 b aa), S. 19; BSK-FANKHAUSER, Art. 16 ZGB N 7; CHK-BREITSCHMID, Art. 16 ZGB N 3; OFK-FANKHAUSER/BLEICHENBACHER, Art. 16 ZGB N 6.

Handlungsalternativen gerade für diese und nicht für eine andere Variante entschieden hat.[120]

bb. Willensumsetzungsmöglichkeit

Für das Bejahen der Willensumsetzungsmöglichkeit ist es notwendig, dass die Person auch in der Lage ist, ihren eigenen Willen nach aussen verbindlich zu vertreten. Dies erfordert, dass die Person autonom, d.h. ohne übermässige Einflussnahme durch Drittpersonen, handeln können muss.[121] Einflüsse von Drittpersonen müssen so weit abgewehrt werden, dass ihnen gegenüber der eigene Willensentschluss durchgesetzt werden kann.[122] Die Willensumsetzungsmöglichkeit ist dann zu verneinen, wenn ein fremder Willenseinfluss so dominant wird, dass die konkrete Willensäusserung nicht mehr persönlichkeitsadäquat erscheint.[123]

b. Objektive Ursachen der Urteilsunfähigkeit

Eine Urteilsunfähigkeit im Sinne des Art. 16 ZGB setzt voraus, dass diese zumindest teilweise auf objektivierbaren Ursachen beruht, nämlich auf Kindesalter[124], geistiger Behinderung, psychischer Störung, Rausch oder ähnlichen Zuständen.[125] Mangelt es einer Person aus anderen als den in Art. 16 ZGB aufgezählten Gründen, vernunftgemäss zu handeln, ist sie nicht urteilsunfähig im Sinne des Gesetzes, denn das Fehlen der Fähigkeit, vernunftgemäss zu handeln, und das Vorliegen eines in Art. 16 ZGB genannten Schwächezustandes sind kumulative Voraussetzungen.[126]

Bei der «geistigen Behinderung» handelt es sich nicht um eine Krankheit im eigentlichen Sinne, sondern um eine angeborene oder unfallbedingte Schwäche der

---

120 BSK-FANKHAUSER, Art. 16 ZGB N 3 u. 7.

121 OFK-FANKHAUSER/BLEICHENBACHER, Art. 16 ZGB N 7.

122 CHK-BREITSCHMID, Art. 16 ZGB N 4; OFK-FANKHAUSER/BLEICHENBACHER, Art. 16 ZGB N 7.

123 BGE 77 II 97, S. 100; BSK-FANKHAUSER, Art. 16 ZGB N 12; AEBI-MÜLLER, FHB Erwachsenenschutzrecht 2016, 31, 39, N 3.17.

124 Auf weitere Ausführungen zum Kriterium «Kindesalter» wird mangels Relevanz im Kontext dieser Arbeit verzichtet.

125 BSK-FANKHAUSER, Art. 16 ZGB N 4 f.

126 OFK-FANKHAUSER/BLEICHENBACHER, Art. 16 ZGB N 2.

geistigen Fähigkeiten und der Urteilskraft.[127] Die Abgrenzung zur psychischen Störung ist teilweise unscharf.[128]

Die «psychische Störung» umfasst anerkannte psychiatrische Krankheitsbilder der Psychiatrie, insbesondere Psychosen und Psychopathien, wie auch Demenz- und Suchterkrankungen.[129] Für die Frage der Urteilsfähigkeit eines Patienten ist allerdings nicht das nachgewiesene Vorliegen eines bestimmten Krankheitsbildes entscheidend, sondern es kommt darauf an, ob und inwiefern sich die Erkrankung auf die Fähigkeit zur Willensbildung und- umsetzung ausgewirkt hat.[130]

Bei der Ursache «Rausch» ist an einen Alkohol- oder Drogenrausch zu denken, wie auch eine Medikamentensucht sowie sonstige medikamentöse Beeinträchtigungen, wie etwa bei der Verabreichung starker Schmerzmittel.[131] Es geht dabei nicht zwingend um einen Dauerzustand.[132]

Unter «ähnliche Zustände» können etwa ein Aufregungs- und Schockzustand, ein Fieberdelirium, Bewusstlosigkeit, Hypnose, ein epileptischer Anfall oder Schlafwandel fallen.[133] Auch ein sehr hohes Alter (ohne eine zusätzliche demenzielle Erkrankung, welche unter die psychische Störung fallen würde) oder schwere physische Erkrankungen können unter Umständen die geistigen Fähigkeiten beeinträchtigen (vgl. hierzu *auch Kapitel II A 3.3.1.a.dd. «Exkurs: Teilweises Beruhen der Urteilsfähigkeit auf objektivierbaren Ursachen, Art. 16 ZGB»*).[134]

1.2.2. Relativität der Urteilsfähigkeit

Die Urteilsfähigkeit ist relativ zu verstehen, sie kann einer Person nicht allgemein und zu jedem Zeitpunkt zugeschrieben werden, sondern ist nur bezüglich eines bestimmten Rechtsgeschäfts und zum Zeitpunkt der Tätigung gegeben oder nicht.[135] Es liegt dann entweder gänzliche Urteilsfähigkeit oder vollständige Urteils-

---

127 AEBI-MÜLLER, FHB Erwachsenenschutzrecht 2016, 31, 39, N 3.20; HAUSHEER/AEBI-MÜLLER, Personenrecht, Rz. 187; BSK-FANKHAUSER, Art. 16 ZGB N 26.

128 WIDMER BLUM, 45.

129 Botschaft Erwachsenenschutz, 7043; BSK-FANKHAUSER, Art. 16 ZGB N 29; AEBI-MÜLLER, FHB Erwachsenenschutzrecht 2016, 31, 39, N 3.19; AEBI-MÜLLER, Jusletter 22.9.2014, Rz. 48; HAUSHEER/AEBI-MÜLLER, Personenrecht, Rz. 184.

130 BGE 117 II 231, E. 2 b), S. 233; AEBI-MÜLLER, FHB Erwachsenenschutzrecht 2016, 31, 39, N 3.20; CHK-BREITSCHMID, Art. 16 ZGB N 6.

131 AEBI-MÜLLER, FHB Erwachsenenschutzrecht 2016, 31, 40, N 3.21.

132 BSK-FANKHAUSER, Art. 16 ZGB N 31.

133 BSK-FANKHAUSER, Art. 16 ZGB N 33.

134 WIDMER BLUM, 46 m.w.H.; BK-BUCHER/AEBI-MÜLLER, Art. 16 ZGB N 108 f.; AEBI-MÜLLER, FHB Erwachsenenschutzrecht 2016, 31, 40, N 3.22.

135 BGE 118 Ia 236, E. 2b, S. 238; BGE 117 II 231, E. 2 a), S. 232; BGE 134 II 235, E. 4.3.2, S. 239; BGE 124 III 5, E. 1a, S. 8; aus der Literatur z.B. BSK-FANKHAUSER, Art. 16 ZGB N 34 u. 40; MONSCH, 1, 14; BK-BUCHER/AEBI-MÜLLER, Art. 16 ZGB N 112 ff.; CHK-BREITSCHMID, Art. 16 ZGB N 9.

unfähigkeit vor, Abstufungen gibt es nicht.[136] Es gilt das sog. Alles-oder-Nichts-Prinzip.[137] Die Urteilsfähigkeit ist somit immer auf ein konkretes Rechtsgeschäft (sachliche Relativität) zu einem konkreten Zeitpunkt (zeitliche Relativität) zu beurteilen.[138] Sofern Aufklärung und Behandlungsentscheid auseinanderfallen, muss die Urteilsfähigkeit des Patienten sowohl zum Zeitpunkt der Aufklärung als auch zum Zeitpunkt des Behandlungsentscheids vorhanden sein.[139] In sachlicher Hinsicht gilt bei der Prüfung der Urteilsfähigkeit der Verhältnismässigkeitsgrundsatz. Dieser besagt, dass an die Urteilsfähigkeit höhere Anforderungen zu stellen sind, je bedeutender die Auswirkungen einer Handlung sind.[140]

1.2.3. Bezugspunkt der Urteilsfähigkeit

Bezugspunkt der Urteilsfähigkeit der Art. 370 ff. und Art. 377 ff. ZGB ist die medizinische Massnahme als solche, das heisst die darüber vermittelte Persönlichkeitsverletzung.[141]

1.3. Beurteilung in der medizinischen Praxis

Über die Zuständigkeit der Beurteilung der Urteilsfähigkeit lässt sich in der juristischen Literatur oftmals keine Angabe finden. Sofern die Zuständigkeit thematisiert wird, obliegt diese nach fast einhelliger Ansicht dem (behandelnden) Arzt.[142] Die SAMW hingegen führt zur Zuständigkeit der Beurteilung in der von ihr erarbeiteten medizin-ethischen Richtlinie zur Urteilsfähigkeit[143] aus, dass nicht nur Ärzte, sondern auch weitere im medizinischen Bereich tätige Fachpersonen in ihrem klinischen Alltag mit der Evaluation der Urteilsfähigkeit von Patienten befasst sein können. Hiernach soll die zuständige medizinische Fachper-

---

136 BSK-Fankhauser, Art. 16 ZGB N 40; Sprecher, 270, 277.

137 Aebi-Müller, FHB Erwachsenenschutzrecht 2016, 107, 142, N 6.101; Sprecher, 270, 281; Widmer Blum, 38; vgl. auch Fn. 5.

138 Aebi-Müller, FHB Erwachsenenschutzrecht 2016, 31, 41, N 3.24 ff.; Aebi-Müller, Jusletter 22.9.2014, Rz. 26 u. 58 ff.

139 Aebi-Müller, Jusletter 22.9.2014, Rz. 57.

140 BSK-Fankhauser, Art. 16 ZGB N 35; Sprecher, 270, 277.

141 ZK-Boente, Art. 372 ZGB N 13 und Art. 377 ZGB N 11.

142 Z.B. BGE 114 Ia 350, E. 7a), S. 360; BGE 136 II 415, E. 2.3.2, S. 419 f.; Aebi-Müller, ZBJV 2013, 150, 156 f.; ZK-Boente, Art. 372 ZGB N 15; Büchler/Michel, Medizin – Mensch – Recht, 101 f.; Sprecher, 270, 277.

143 SAMW (Urteilsfähigkeit), 7 (diese Richtlinie wurde nicht in die Standesordnung der FMH aufgenommen, siehe Anhang 1 zur Standesordnung der FMH); in diese Richtung auch FamKomm-Guillod/Hertig Pea, Art. 377 ZGB N 10, wonach für die Zuständigkeit der Beurteilung von «Fachleuten der Gesundheit» ausgegangen wird.

son entsprechend ihren Kompetenzen für das Vorgehen und das Ergebnis der Evaluation verantwortlich sein (siehe hierzu *Kapitel II A 3.5.3.c. «Exkurs: Zuständige Person für die Beurteilung der Urteilsfähigkeit»*).[144]

Praktisch findet die Beurteilung bzw. das Feststellen der Urteils- bzw. Urteilsunfähigkeit meist als formloser Prozess implizit während des Patientengesprächs statt.[145] Eine systematische Beurteilung der Urteilsfähigkeit ist erforderlich, wenn der behandelnde Arzt aus bestimmten Gründen Zweifel am Vorliegen der Urteilsfähigkeit hat.[146]

Von zentraler Bedeutung für den Umgang mit dem Thema Urteilsfähigkeit in der medizinischen Praxis ist die eben erwähnte medizinisch-ethische Richtlinie der SAMW zur Urteilsfähigkeit. Neben grundsätzlichen medizinethischen Überlegungen über den verantwortungsvollen Umgang mit (fraglich) urteils(un)fähigen Personen soll sie dem Leser auch konkret aufzeigen, welche Grundsätze bei der Abklärung der Urteilsfähigkeit zu beachten sind und welche Fähigkeiten in welchem Ausmass vorliegen müssen, damit vom Vorliegen der Urteilsfähigkeit ausgegangen werden kann bzw. wann ein Fehlen der Urteilsfähigkeit anzunehmen ist.[147]

In der Richtlinie der SAMW werden für die Beurteilung und das Bejahen der Urteilsfähigkeit folgende vier Kriterien angeführt: Zunächst muss die Erkenntnisfähigkeit vorliegen, die verlangt, dass der Patient die für die Entscheidung relevanten Informationen zumindest in den Grundzügen erfasst. Darüber hinaus muss er die Fähigkeit besitzen, der Entscheidungssituation vor dem Hintergrund der verschiedenen Handlungsoptionen eine persönliche Bedeutung beizumessen, die sog. Wertungsfähigkeit. Weitere Voraussetzung ist die Willensbildungsfähigkeit, welche die Fähigkeit voraussetzt aufgrund der verfügbaren Informationen und eigener Erfahrungen, Motive und Wertvorstellungen einen Entscheid zu treffen. Zuletzt kommt es auf die Willensumsetzungsfähigkeit an, die Fähigkeit, den aufgrund der zuvor genannten Kriterien getroffenen Entscheid auch kommunizieren und vertreten zu können.[148]

Bei dem Vergleich der oben aufgeführten juristischen Kriterien zur Willensbildungsfähigkeit und Willensumsetzungsmöglichkeit und den für die medizinische Praxis entwickelten Kriterien ist zu erkennen, dass der Übergang zwischen der rechtlichen und medizinischen Betrachtung fliessend ist. Die medizinische Beurteilung anhand der für die Praxis entwickelten Kriterien ermöglicht letztlich erst die juristische Einschätzung. Hingegen lediglich juristische Kriterien anzuneh-

---

144 SAMW (Urteilsfähigkeit), 7.

145 HERMANN/TRACHSEL/MITCHELL/BILLER-ANDORNO, 1, 5 f.

146 SAMW (Urteilsfähigkeit), 7.

147 SAMW (Urteilsfähigkeit), 5.

148 SAMW (Urteilsfähigkeit), 8.

men, kann für die Praxis zu eng sein, da das Verhalten des Patienten, seine Motivbildung und auch seine gesamte Emotionalität sehr komplex ist.[149]

1.4. Probleme bei der Beurteilung der Urteilsfähigkeit in der medizinischen Praxis

1.4.1. Beurteilungsprozess

Der Beurteilungsprozess der Urteilsfähigkeit gestaltet sich in der Praxis bisweilen äusserst schwierig. Ärzte fühlen sich bei der Beurteilung oft unsicher, dies wird durch Studien[150] belegt. Grund für die Schwierigkeit der Beurteilung ist hauptsächlich in folgendem Punkt zu sehen: Der Evaluierende muss für die schwarz-weiss[151] Feststellung hinsichtlich des Vorliegens oder Nichtvorliegens der Urteilsfähigkeit eine Entscheidung darüber treffen, ob es dem Patienten aufgrund einer der in Art. 16 ZGB genannten Gründe nicht möglich ist, vernunftgemäss zu handeln. Wie oben dargestellt, sind für die Beurteilung der Urteilsfähigkeit verschiedene Kriterien entwickelt worden. Jedoch scheint gerade in der Zuordnung der (graduell verlaufenden) Fähigkeiten des Patienten zu diesen Kriterien die Schwierigkeit zu liegen.[152] Die Bewertung darüber, wieviel der Willensbildungsfähigkeit der Patient hat und wieviel er für das Bejahen der Urteilsfähigkeit haben muss, scheint ein schwieriges Unterfangen. Bildlich gesprochen geht es um die Frage, wenn die Urteilsfähigkeit auch graduell ist, wieviel ist dann ein Grad und welchen Grad der Skala muss der Patient erreichen, damit er als urteilsfähig eingestuft werden kann. Eine Wertetabelle existiert hierfür nicht, weshalb es vielmehr der Zuschreibung des Evaluierenden bedarf. Gerade dies kann Unsicherheiten und Schwierigkeiten bei der Beurteilung auslösen.

Hinzu kommt, dass sich die Feststellung der Urteilsfähigkeit nach dem Prinzip der Relativität der Urteilsfähigkeit auf einen ganz konkreten Entscheid bezieht. Die Urteilsfähigkeit kann daher zu einem bestimmten Zeitpunkt für einen Entscheid mit geringer Tragweite und Komplexität noch gegeben sein, für einen Entscheid mit höherer Tragweite und Komplexität hingegen nicht mehr.[153]

---

149 BSK-Fankhauser, Art. 16 ZGB N 6.

150 Z.B. Hermann/Trachsel/Mitchell/Biller-Andorno, 1, 3 ff.; Lamont/Jeon/Chiarella, 2387, 2388 m.w.H.; BASS-Studie, 71 ff.

151 Aebi-Müller, ZBJV 2013, 150, 155.

152 Vgl. Trachsel/Hermann/Biller-Andorno, Schweiz Med Forum 2014, 221; Hermann/Trachsel/Mitchell/Biller-Andorno, 1, 6.

153 Vgl. Trachsel/Hermann/Biller-Andorno, Schweiz Med Forum 2014, 221, 222; SAMW (Urteilsfähigkeit), 22.

In diesem Kontext ist auch zu überlegen, ob die Urteilsfähigkeit gerade an einem sehr strengen Massstab zu messen ist, da es um sehr bedeutsame Entscheidungen geht, oder gerade umgekehrt an einem sehr tiefen Massstab, damit der Patient möglichst selbst entscheiden kann.[154]

Besonders bei betagten Menschen kann die Zuordnung ein delikates Unterfangen sein.[155] Einerseits kann die Urteilsfähigkeit graduell nachlassen, andererseits kann es – insbesondere in der Palliative Care – zur Verminderung der Konzentrationsfähigkeit des Patienten kommen, Reflexionsfähigkeit und die Möglichkeit, sich auszudrücken, können schwanken. Schwankungen können etwa durch Verwirrtheit, aber auch Fatigue oder rasche Ermüdbarkeit ausgelöst werden.[156] Aber auch Patienten mit Demenz und anderen Hirnleistungsstörungen können typische Schwierigkeiten für die Beurteilung der Urteilsfähigkeit aufweisen. Zum einen können die Übergänge zwischen normalen, altersbedingten Veränderungen der geistigen Leistungsfähigkeit, einer «leichten kognitiven Beeinträchtigung» und einer «Demenz» fliessend sein, sie können aber auch fluktuieren.[157] Bei Patienten mit psychischen Störungen z.B. können je nach Art der psychischen Störung unterschiedliche mentale Fähigkeiten mehr oder weniger lang beeinträchtigt sein, sodass die Beurteilung dadurch erhebliche Schwierigkeiten bereiten kann.[158]

Zusätzlich kann bei der Beurteilung der Urteilsfähigkeit nicht nur die Urteilsfähigkeit des Patienten, sondern auch das Urteilsvermögen des Evaluierenden eingeschränkt sein.[159]

1.4.2. Beurteilungsinstrumente

In der wissenschaftlichen Literatur und klinischen Praxis existieren zahlreiche Ansätze, die Kompetenz im Beurteilungsprozess zu fördern, etwa transparente Kriterien zu schaffen, auf welche sich der Beurteilungsprozess stützen soll. Damit ist nicht etwa eine Formalisierung gemeint, die aufgrund rein objektiver Kriterien wie etwa dem Lebensalter oder einer bestimmten Diagnose auf Urteilsunfähigkeit schliessen lässt.[160] Ein wichtiger Grundsatz für die Beurteilung ist gerade, dass das Vorliegen psychischer Erkrankungen, geistiger Behinderungen, Rauschzustände, kognitive Performanz oder einzelne psychopathologische

---

154 Vgl. AEBI-MÜLLER, ZBJV 2013, 150, 157; AEBI-MÜLLER/FELLMANN/GÄCHTER/RÜTSCHE/TAG, Arztrecht, § 5 Rz. 55.

155 CHATAGNY, ZVW 2003, 61, 64; KuKo-GASSMANN, Art. 377/378 ZGB N 8.

156 SAMW (Urteilsfähigkeit), 18.

157 MONSCH, 1, 7.

158 SAMW (Urteilsfähigkeit), 16; APPELBAUM/GRISSO, N Engl J Med. 1988, 1635, 1637.

159 SAMW (Urteilsfähigkeit), 5.

160 Siehe SAMW (Urteilsfähigkeit), 7.

Symptome nicht «automatisch» bedeutet, dass ein Patient urteilsunfähig ist.[161] Vielmehr muss die Urteilsfähigkeit in jedem Einzelfall wertend ermittelt werden.[162] Hierfür stehen in der Praxis Instrumente, wie transparente Kriterienkataloge und Gesprächsleitfäden zur Verfügung.[163] Etablierte Instrumente zur Evaluation der Urteilsfähigkeit sind überwiegend auf das amerikanische Rechtssystem bezogen. In der Regel handelt es sich um strukturierte oder semistrukturierte Interviews. Dabei werden die Patienten zumeist mit ihrer eigenen Therapieentscheidung konfrontiert.[164] In der Praxis hat sich der Interviewleitfaden MacArthur Competence Assessment Tool for Treatment (MacCAT-T) international am weitesten durchgesetzt.[165] Hier werden die Fähigkeiten des Patienten erfasst und anhand einer vorgegebenen Ratingskala bewertet.[166] Wie oben ausgeführt, kann aber auch ein solches Instrument nur als ein Hilfsmittel für den Evaluationsprozess dienen und das klinische Urteil nicht ersetzen.[167]

In jüngster Zeit wurde am Institut für Biomedizinische Ethik und Medizingeschichte der Universität Zürich das U-Doc-Formular[168] entwickelt, das bei der Evaluation und Dokumentation der Urteilsfähigkeit helfen soll.[169] Hierbei wird versucht, den engen, überwiegend kognitiven Zugang zu überwinden, indem man statt eines Instruments zur Messung der für die Urteilsfähigkeit relevanten Fähigkeiten einen Kriterienkatalog für die Begründung der Zuschreibung von Urteilsunfähigkeit einsetzt.[170]

---

161 TRACHSEL/HERMANN/BILLER-ANDORNO, Schweiz Med Forum 2014, 221, 222.

162 BK-BUCHER/AEBI-MÜLLER, Art. 16 ZGB N 17; SAMW (Urteilsfähigkeit), 7.

163 Vgl. SAMW (Urteilsfähigkeit), 10 u. 25 f.

164 Vgl. LAMONT/JEON/CHIARELLA, 2387, 2398 f.; SAMW (Urteilsfähigkeit), 25.

165 Vgl. SAMW (Urteilsfähigkeit), 25.

166 Vgl. GRISSO/APPELBAUM/HILL-FOROUHI, 1415 ff.

167 Vgl. SAMW (Urteilsfähigkeit), 25 m.w.H.

168 Siehe für das U-Doc-Formular zur Evaluation und Dokumentation der Urteilsfähigkeit Anhang 3.

169 Der Dokumentationsbogen wurde als Teil des vom Schweizerischen Nationalfonds geförderten Forschungsprojekts «Assessing decision-making incapacity at the end of life» am Institut für Biomedizinische Ethik und Medizingeschichte der Universität Zürich entwickelt und evaluiert.

170 Vgl. SAMW (Urteilsfähigkeit), 26.

2. Erfahrungen aus der Praxis: Ethikkonsultation und Fragebogen

2.1. Auswertung von Ethikkonsultationen[171]

Vor dem Hintergrund der gesetzlichen Regelungen des Erwachsenenschutzes und den in der Literatur beschriebenen Schwierigkeiten im Hinblick auf das Thema Urteils(un)fähigkeit in der Patientenbehandlung soll die Auswertung der 200 Ethikkonsultationsprotokolle darüber Ausschluss geben,

- welche Relevanz die Urteilsfähigkeit in der Ethikkonsultation hat,
- ob Unsicherheiten bei der Beurteilung der Urteilsfähigkeit aus Sicht der Behandelnden und/oder aus Sicht der Ethikkonsultation auftraten und wenn ja, welche,
- wie sich die praktische Handhabung der rechtlichen Vorgaben gestaltet bzw. welche Herausforderungen und Schwierigkeiten sich im Umgang mit (fraglich) urteils(un)fähigen Patienten ergeben.

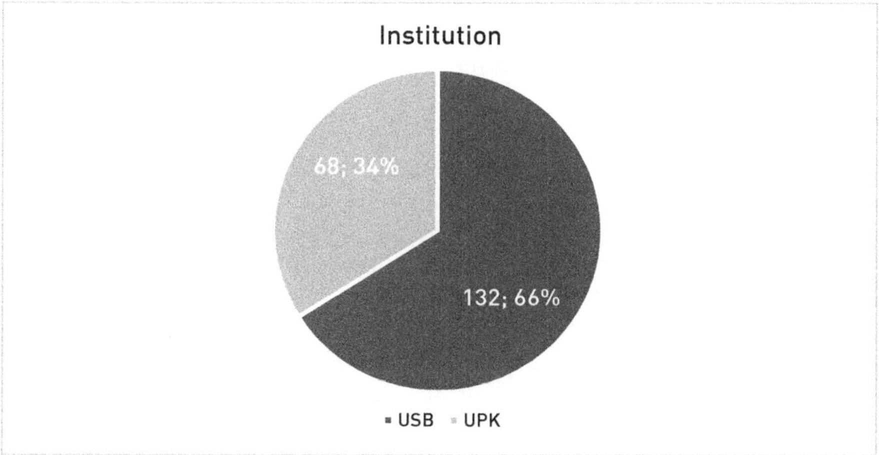

Abbildung 1: Institution

Von den zwischen April 2014 und April 2020 analysierten 200 Ethikkonsultationen fanden 132 am USB und 68 in den UPK statt. Gemessen an den Grössenver-

---

171 Die Prozentangaben wurden auf das nächste Prozent auf- bzw. abgerundet. Soweit die Zahlen nicht darüber hinaus auf- oder abgerundet wurden, wird auf die «ca.» Angabe verzichtet. Zur besseren Darstellung werden die Begriffe Ethikkonsultation (EK) und Urteilsfähigkeit (UF) in den Diagrammen abgekürzt.

hältnissen der beiden Häuser[172] – das USB verfügt über 773 Betten und die UPK über rund 300 Betten – entspricht dies einem im Verhältnis ähnlichen Anfrageaufkommen.

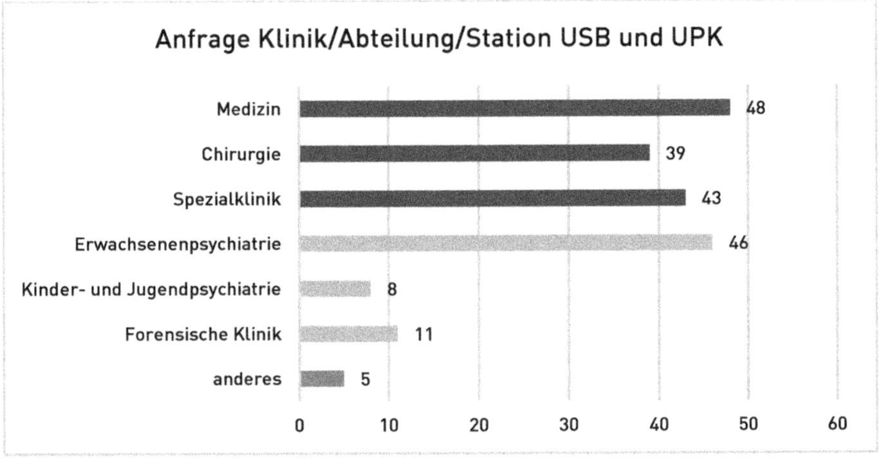

Abbildung 2: Anfrage Klinik/Abteilung/Station USB und UPK

Die Anfragen verteilten sich im USB überwiegend auf die Chirurgie, Medizin und die Spezialkliniken, in den UPK auf die Erwachsenenpsychiatrie, die Kinder- und Jugendpsychiatrie sowie die Forensische Psychiatrie.

Unter die anfragenden Abteilungen/Stationen der Medizin fielen die Allgemeine Innere Medizin, Neurologie, Intensivmedizin, Notfallstation, Akutgeriatrie, Nephrologie und die Hämatologie, unter die anfragenden Abteilungen/Stationen der Chirurgie die Herzchirurgie, Plastische Chirurgie, Viszeralchirurgie, Mund-Kiefer-Gesichtschirurgie, Neurochirurgie, Urologie, Orthopädie und die Chirurgische Intensivstation. Anfragende Abteilungen der Spezialkliniken umfassten die Frauenklinik, die Hals-Nasen-Ohrenklinik und die Dermatologie. Andere Anfragen wurden z.B. von der Radiologie oder dem Sozialdienst gestellt. Unter die Anfragenden der Erwachsenenpsychiatrie gehörten die Kliniken für Abhängigkeits- und Suchterkrankungen, die Alterspsychiatrie, das Zentrum für Diagnostik und Krisenintervention, das Zentrum für psychotische Erkrankungen sowie das Zentrum für Affektive-, Stress- und Schlafstörungen.

Das Durchschnittsalter der Patienten aus den Ethikkonsultationen dieser Stichprobe lag bei 49 Jahren, im USB bei 52 und in den UPK bei 42 Jahren.

172 Stand 2021.

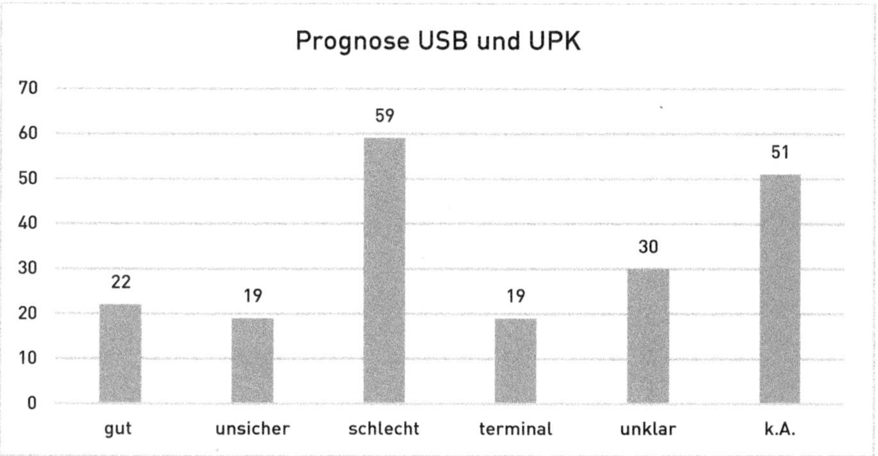

Abbildung 3: Prognose USB und UPK

Die Prognose der Patienten war in den meisten Fällen schlecht. Die Definition der Diagnose «unsicher» bedeutet, dass keine sichere Prognose gestellt werden konnte, wohingegen es bei der Diagnose «unklar» eine «50/50» Chance für ein Überleben gab.[173]

Die ethischen Fragestellungen wurden meist von Ärzten oder Pflegenden an die Abteilung Klinische Ethik herangetragen und umfassten ein breites Spektrum an Themen. Für die Kategorisierung der Ethikfokusse in der Basler SPSS-Datenbank dient als Grundlage die «Encyclopedia of bioethics».[174]

---

173 Siehe für die Definitionen der Prognoseskala der Basler SPSS-Datenbank der Abteilung Klinische Ethik Anhang 4.

174 POST, Encyclopedia of Bioethics.

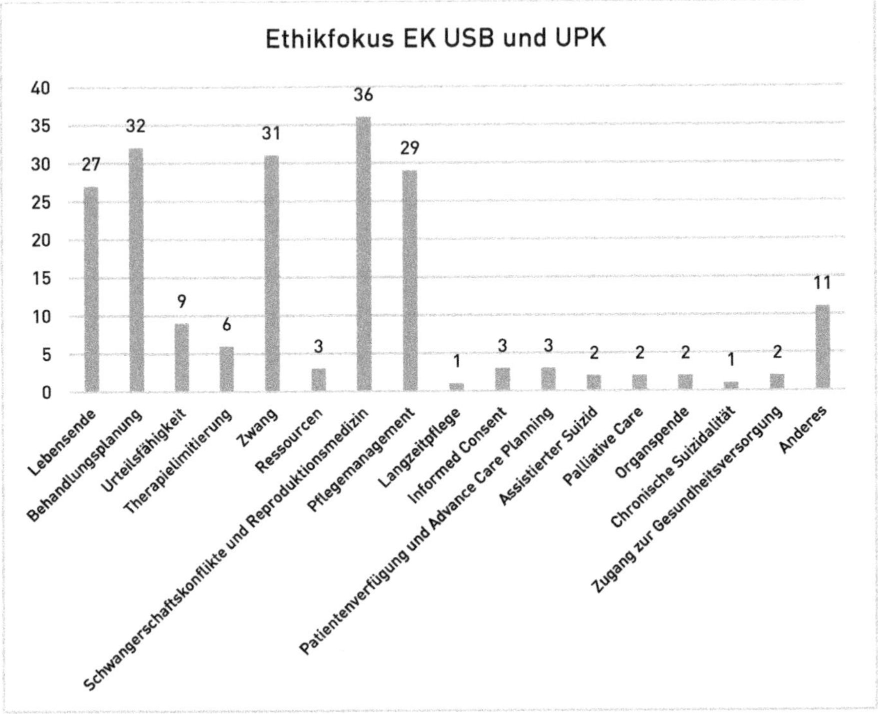

Abbildung 4: Ethikfokus EK USB und UPK

Die Auswertung der Basler SPSS-Datenbank der Abteilung Klinische Ethik zeigt, dass sich die fünf häufigsten ethischen Fragestellungen auf die Themen Schwangerschaftskonflikte und Reproduktionsmedizin, Behandlungsplanung, Zwangsmassnahmen, Pflegemanagement und Lebensende bezogen. Das Thema Urteilsfähigkeit bildete neun Mal den Ethikfokus der Ethikkonsultation.

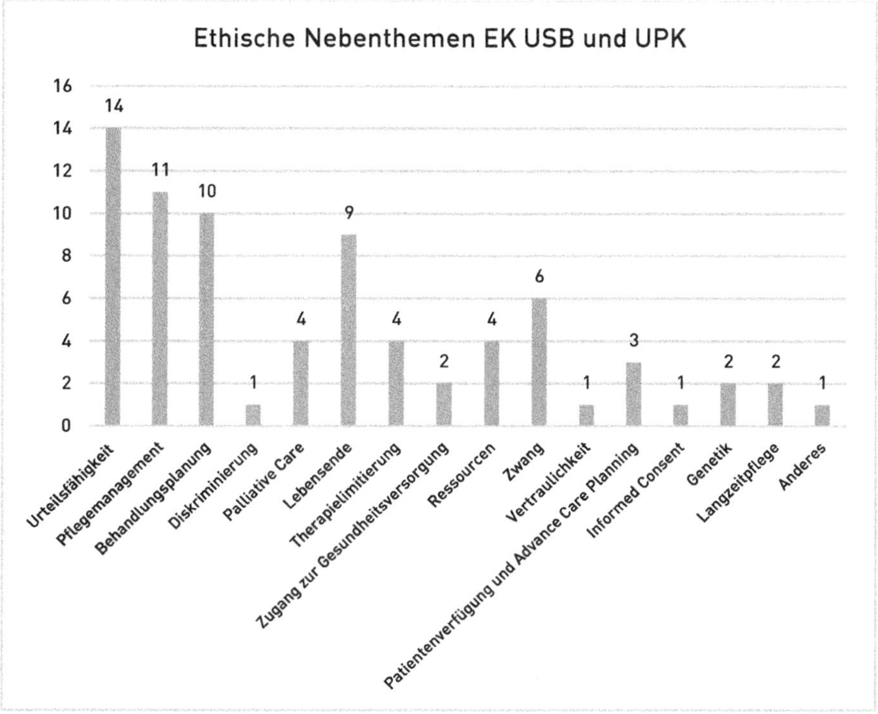

Abbildung 5: Ethische Nebenthemen EK USB und UPK

In 14 Fällen war das Thema Urteilsfähigkeit als ethisches Nebenthema aufgeführt.

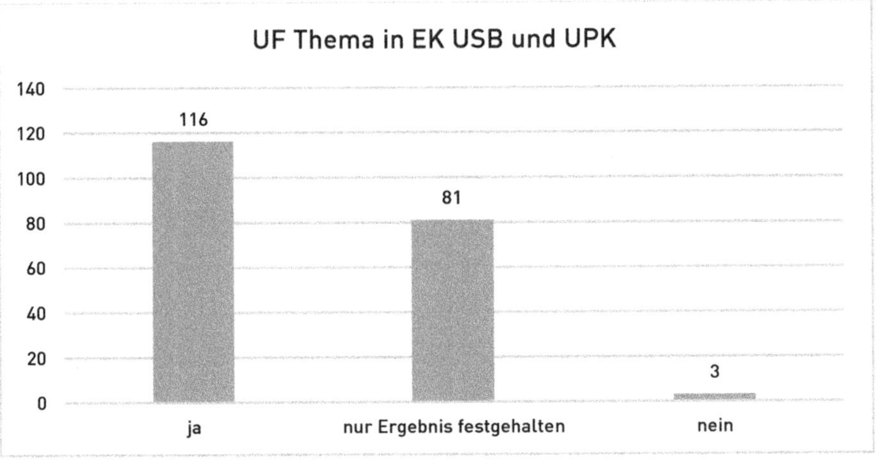

Abbildung 6: UF Thema in EK USB und UPK

Die vertiefte Auswertung der einzelnen 200 Protokolle der Ethikkonsultationen ergibt, dass die Urteilsfähigkeit in 116 Ethikkonsultationen thematisiert wurde. Thematisiert bedeutet dabei, dass die Urteilsfähigkeit Bestandteil der ethischen Besprechung war und nicht lediglich – weil offensichtlich kein Problem vorlag – als «gegeben» oder «nicht gegeben» im Protokoll festgehalten wurde, so wie es in 81 Ethikkonsultationen der Fall war. Bei der Auswertung, ob die Urteilsfähigkeit thematisiert wurde, geht es nicht nur um Probleme bei der «Beurteilung» der Urteilsfähigkeit, sondern generell um die Behandlung des Themas, also auch um Konsequenzen, die sich aus der Beurteilung ergeben, wie z.B. die Bestimmung des mutmasslichen Willens.

Nur in drei Fällen gab es im Protokoll keine ausdrücklichen Angaben zur Urteilsfähigkeit. Dass in diesen drei Fällen vom Nichtvorliegen der Urteilsfähigkeit auszugehen ist, konnte jedoch den Kontextangaben (Kindesalter) entnommen werden. Von den 116 Ethikkonsultationen, in denen die Urteilsfähigkeit Thema war, fielen 69 auf das USB und 47 auf die UPK. Im Verhältnis zu den Anfragen der jeweiligen Institution macht dies für das USB einen Anteil von 52 % und in den UPK von 69 % aus.

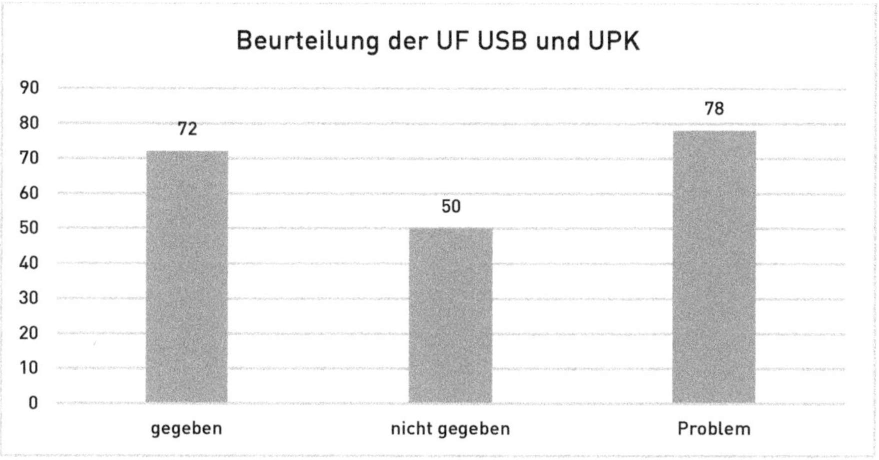

Abbildung 7: Beurteilung der UF USB und UPK

Zur konkreten Frage der Feststellung bzw. Beurteilung der Urteilsfähigkeit zeigt sich, dass diese in 72 Fällen für die in Frage stehende Massnahme «klar gegeben» und in 50 Fällen «klar nicht gegeben» war.

«Klar gegeben» bedeutet, dass das Vorliegen der Urteilsfähigkeit entweder implizit ohne zusätzliche Prüfung als gegeben angesehen wurde, da die Urteilsfähigkeit offensichtlich vorlag oder die Beurteilung eindeutig war. «Klar nicht gegeben» bedeutet, dass die Urteilsfähigkeit entweder implizit ohne zusätzliche Prüfung als nicht gegeben angesehen wurde, da sie offensichtlich nicht vorlag (etwa, weil der Patient nicht bei Bewusstsein war) oder die Beurteilung anderweitig eindeutig zum Absprechen der Urteilsfähigkeit führte. Die Beurteilung der Urteilsfähigkeit bereitete insgesamt in 78 Fällen «Probleme», wobei unter diese Kategorie zunächst diejenigen Fälle subsumiert werden, die nicht unter «klar gegeben» oder «klar nicht gegeben» fallen.

An dieser Stelle sei nochmals erwähnt, dass sich die hier genannten 78 Fälle lediglich auf Probleme bei der «Beurteilung» der Urteilsfähigkeit beziehen. Auch bei Konstellationen der problemlosen Zuordnung der Urteilsfähigkeit in «gegeben» oder «nicht gegeben» konnten Probleme im Zusammenhang mit der Urteilsfähigkeit auftreten, beispielsweise, wenn es um die Auslegung einer Patientenverfügung oder Errichtung einer Beistandschaft ging (siehe hierzu *Abbildung 6 «UF Thema in EK USB und UPK»* sowie die Ausführungen unter *B «Stellvertretung»* und *C «Patientenverfügung»*).

Die Auswertung der Fälle zur Beurteilung der Urteilsfähigkeit verhält sich zur Auswertung der vorherigen Frage, ob die Urteilsfähigkeit Thema in der Ethikkonsultation war, folgendermassen:

Verhältnis «Beurteilung der UF» und «UF Thema in EK»					
Thema «ja»	116	Thema «nur Ergebnis festgehalten»	81	Thema «nein»	3
Problem	76	Problem	2	Problem	0
gegeben	15	gegeben	56	gegeben	0
nicht gegeben	25	nicht gegeben	23	nicht gegeben	3

Tabelle 2: Verhältnis «Beurteilung der UF» und «UF Thema in EK»

Unter die 116 Fälle, in denen die Urteilsfähigkeit Thema war, fallen 76 Fälle, bei denen die Beurteilung ein Problem darstellte, 15, bei denen sie gegeben und 25 bei denen sie nicht gegeben war. Zu den 81 Fällen, in denen das Ergebnis der Urteilsfähigkeit lediglich festgehalten wurde, zählen zwei Fälle, in denen die Beurteilung ein Problem darstellte, 56, bei denen sie gegeben und 23 bei denen sie nicht gegeben war. In den drei Fällen, in denen die Urteilsfähigkeit kein Thema war, konnte aufgrund Kindesalter darauf geschlossen werden, dass diese nicht vorlag.

Die getrennte Betrachtung der beiden Institutionen zeigt einen Unterschied zwischen USB und UPK:

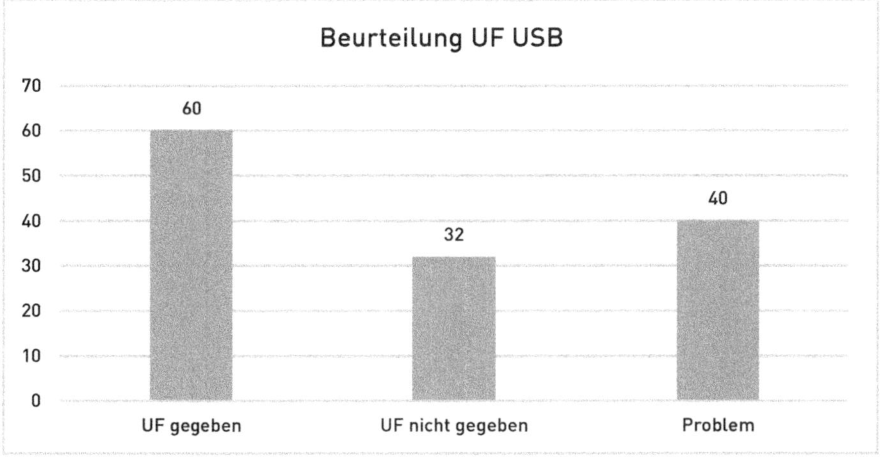

Abbildung 8: Beurteilung UF USB

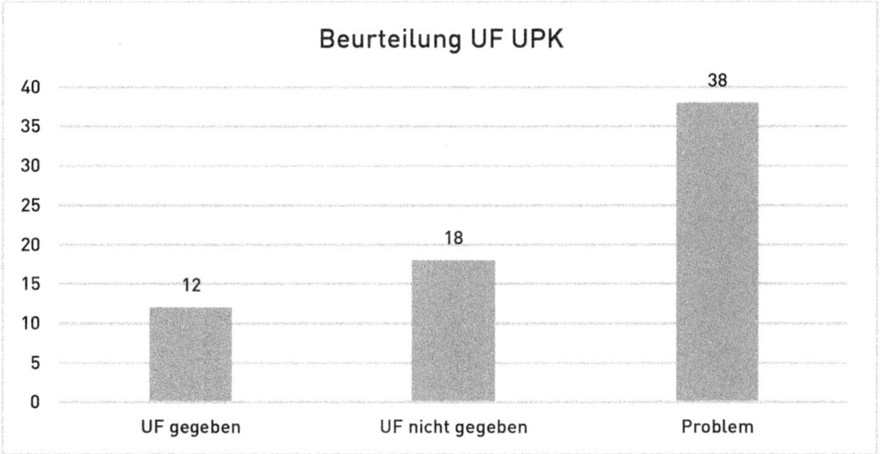

Abbildung 9: Beurteilung UF UPK

So gab es im USB verhältnismässig mehr Personen, die für die in Frage stehende Massnahme klar urteilsfähig waren, wohingegen in den UPK die Fälle dominierten, die Probleme bereiteten. Zu den Fällen klarer Urteilsunfähigkeit in den UPK zählten auch sieben Fälle aus der Kinder- und Jugendpsychiatrie, bei denen die Urteilsfähigkeit aufgrund Kindesalter nicht gegeben war.

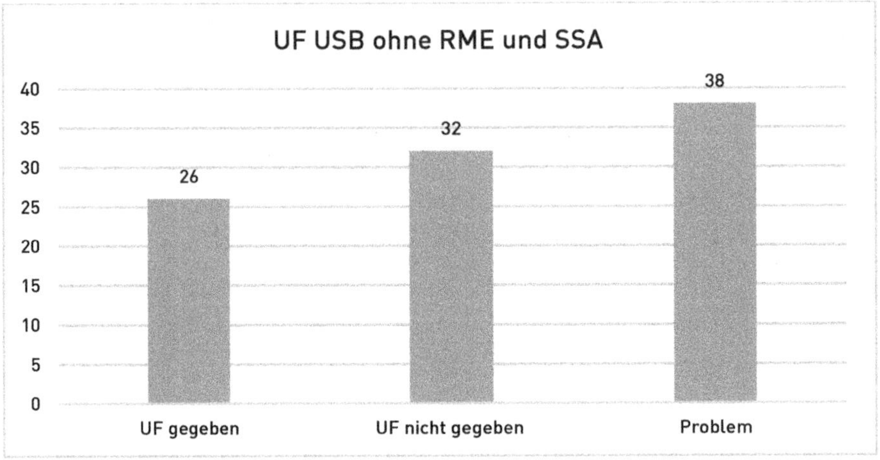

Abbildung 10: UF USB ohne RME und SSA

Wirft man einen Blick auf die Themengebiete im USB, lässt sich schnell feststellen, dass es insbesondere eine Anfragekonstellation gab, die häufig vorkam und üblicherweise nicht mit der Frage nach der Urteilsfähigkeit der Patienten einherging. Hierunter fallen ethische Fragen zur Anwendung von Reproduktionsmedizin (RME) oder dem Wunsch nach spätem Schwangerschaftsabbruch (SSA).

Betrachtet man das Diagramm ohne diese Anfragekonstellation (insgesamt 36 Fälle), fallen auch in der somatischen Behandlung die Mehrheit der Ethikkonsultationen im Hinblick auf die Beurteilung der Urteilsfähigkeit unter die Kategorie «Problem». Das Durchschnittsalter der Patienten im USB steigt ohne diese Fälle von 52 auf 59 Jahre.

Die getrennte Betrachtung der beiden Institutionen lässt zudem erkennen, dass die Zahl der Fälle, bei denen die Bestimmung der Urteilsfähigkeit unter die Kategorie «Problem» fällt, im USB und in den UPK annähernd gleich hoch ist (40 Fälle USB, 38 Fälle UPK), obwohl das Anfragevorkommen im USB deutlich höher ist (116 Fälle USB, 68 Fälle UPK). Dies kann darauf hindeuten, dass Probleme bei der Beurteilung der Urteilsfähigkeit in der psychiatrischen Praxis eine grössere Relevanz haben.

Anhand der Protokolle können verschiedene Gründe für Probleme bei der Beurteilung der Urteilsfähigkeit in den 78 einschlägigen Ethikkonsultationen identifiziert werden, die sich in drei Kategorien unterteilen lassen:

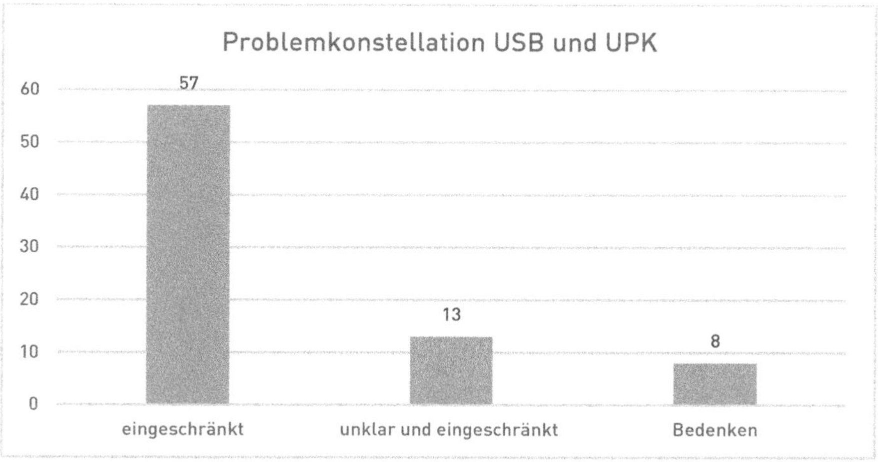

Abbildung 11: Problemkonstellation USB und UPK

Unter die erste Kategorie fallen 57 Fälle, in denen eine eindeutige Zuordnung der Urteilsfähigkeit für die Evaluierenden dadurch erschwert war, dass die Urteilsfähigkeit bzw. die hierfür relevanten Fähigkeiten als «eingeschränkt» bezeichnet wurden, z.B. durch Symptome einer psychiatrischen Erkrankung (zu den genauen Gründen der Einschränkung siehe *Abb. 14 «Einschränkungen: Erkrankungen/Diagnosen»*). Ob die Evaluierung der Urteilsfähigkeit dabei bereits vor der Konsultation stattfand oder erst in der Ethikkonsultation selbst, ist aus den Protokollen nicht eindeutig ersichtlich.

In 13 Fällen war zum Zeitpunkt der Ethikkonsultation (im Unterschied zur vorherigen Kategorie) explizit noch keine Beurteilung vorgenommen worden. In der Ethikkonsultation selbst, in der auf die Notwendigkeit der Feststellung der Urteilsfähigkeit hingewiesen wurde, konnte aufgrund von «Einschränkungen» keine klare Einordnung der Urteilsfähigkeit in «gegeben» oder «nicht gegeben» vorgenommen werden. Demnach lag in den Fällen der zweiten Kategorie das Problem der Beurteilung zum einen darin, dass explizit noch keine Beurteilung vorgenommen wurde; und zum anderen bereitete die Beurteilung aufgrund von Einschränkungen Schwierigkeiten.

Der dritten Kategorie lassen sich jene Fälle zuordnen, bei denen die Behandelnden zwar eine Beurteilung der Urteilsfähigkeit vornahmen, jedoch Bedenken – die nicht durch Einschränkungen der kognitiven Fähigkeiten des Patienten ausgelöst wurden – hatten, ob das Ergebnis «gegeben» bzw. «nicht gegeben» richtig war. Die acht hierunter zu subsumierenden Fälle bilden die Kategorie «Bedenken». Solche Bedenken konnten jedoch vereinzelt auch in den Fällen der ersten beiden Kategorien zusätzlich zu den Einschränkungen auftreten.

Die getrennte Betrachtung der beiden Institutionen zeigt, dass die Verteilung der drei Konstellationen einen Unterschied in der Kategorie «Bedenken» aufweist, ansonsten aber ähnlich ist:

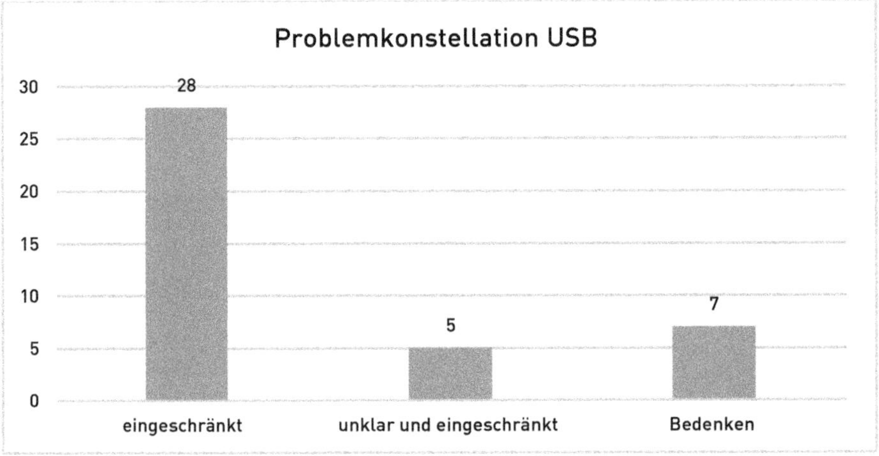

Abbildung 12: Problemkonstellation USB

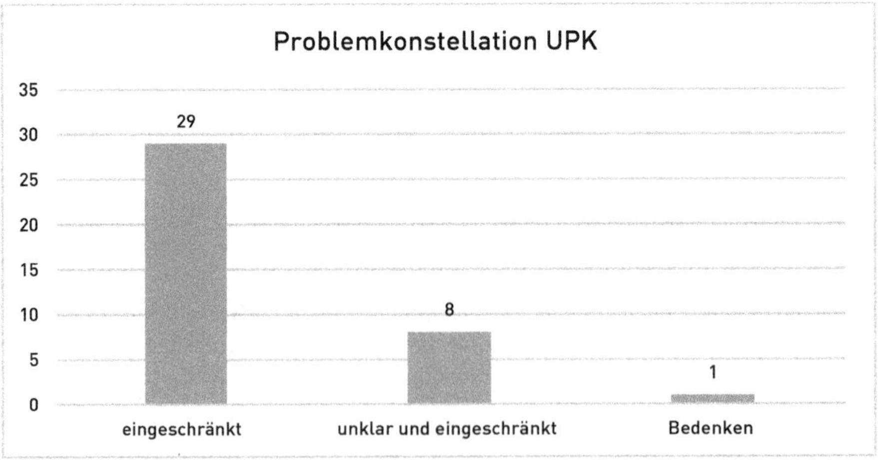

Abbildung 13: Problemkonstellation UPK

Dass die Zahlen trotz des unterschiedlichen Anfragevolumens der beiden Institutionen etwa gleich hoch sind, lässt sich darauf zurückführen, dass die Fälle aus den UPK, die unter «Beurteilung der Urteilsfähigkeit» und «Problem» fallen, zahlenmässig auch denen des USB entsprechen (siehe vorne zum Verhältnis der Fälle USB und UPK Abb. 8 «Beurteilung UF USB» und Abb. 9 «Beurteilung UF UPK»).

Sofern «Einschränkungen» als Schwierigkeit für die Beurteilung in den Protokollen dokumentiert wurden, handelte es sich dabei in fast allen Fällen um das Vorliegen einer Erkrankung bzw. einer Diagnose (tlw. Mehrfachnennungen):

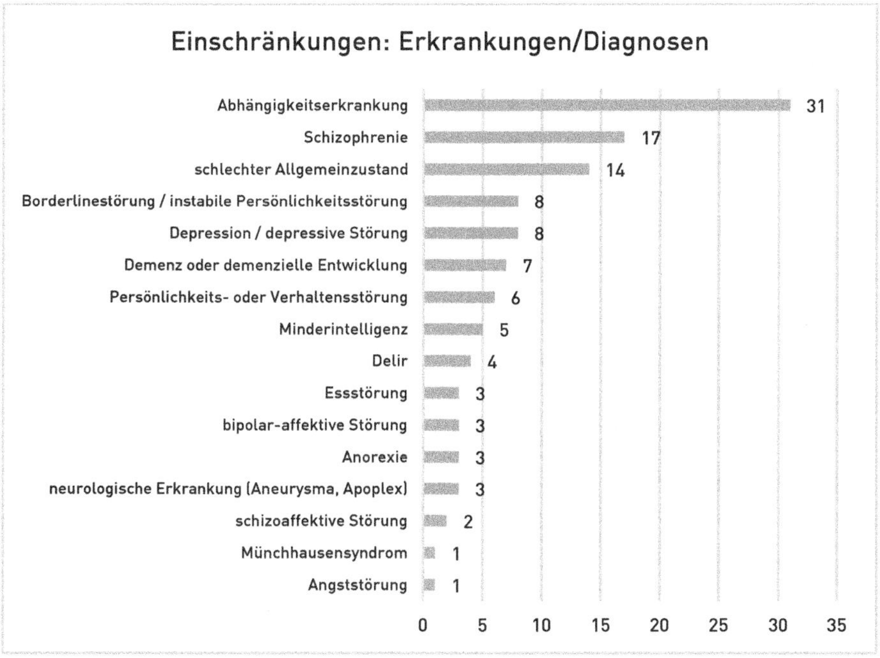

Abbildung 14: Einschränkungen: Erkrankungen/Diagnosen

Besonders häufig wurden Diagnosen dokumentiert, die nach der Internationalen statistischen Klassifikation der Krankheiten und verwandter Gesundheitsprobleme (ICD[175]) unter F-Diagnosen (psychiatrische Diagnosen) fallen. Hervorzuheben ist hier eine «Abhängigkeitserkrankung» oder «Schizophrenie»; bei den nicht unter eine psychiatrische Diagnose fallenden Erkrankungen ist es der «schlechte Allgemeinzustand».

175 International Statistical Classification of Diseases and Related Health Problems.

Teilweise wurden in den Protokollen die Umstände, die sich aus der Erkrankung ergaben und die Beurteilung beeinflussten, in Form von Symptomangaben konkretisiert:

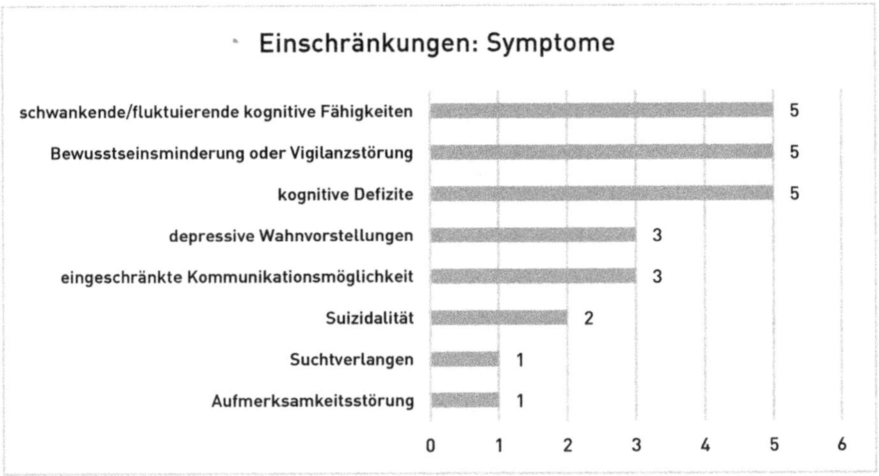

Abbildung 15: Einschränkungen: Symptome

Hierunter fallen vor allem «schwankende» bzw. «fluktuierende» kognitive Fähigkeiten, eine «Bewusstseinsminderung» oder «kognitive Defizite». Zu der Kategorie «eingeschränkte Kommunikationsmöglichkeit» gehören Fälle, bei denen Patienten aufgrund neurologischer Erkrankungen nur eingeschränkt in der Lage waren zu kommunizieren.

Zum Teil wurden auch Bedingungen für eine schwierige Beurteilung erfasst, die nicht unbedingt mit dem Vorliegen einer Erkrankung in Verbindung standen:

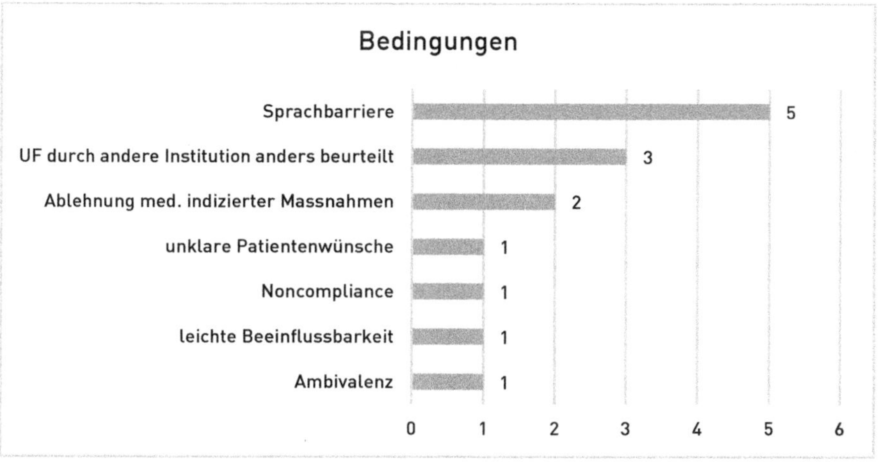

Abbildung 16: Bedingungen

Am häufigsten wurde eine «Sprachbarriere», die «anderslautende Einschätzung der Urteilsfähigkeit durch eine andere Institution» oder die «Ablehnung medizinisch indizierter Massnahmen durch den Patienten» genannt. Die hier genannten «Bedingungen» waren meist bei denjenigen Fällen relevant, die unter die Kategorie «Bedenken» fallen.

In den 78 Fällen, bei denen die Beurteilung der Urteilsfähigkeit Probleme bereitete, lässt sich für das festgestellte Ergebnis in der Ethikkonsultation Folgendes ableiten:

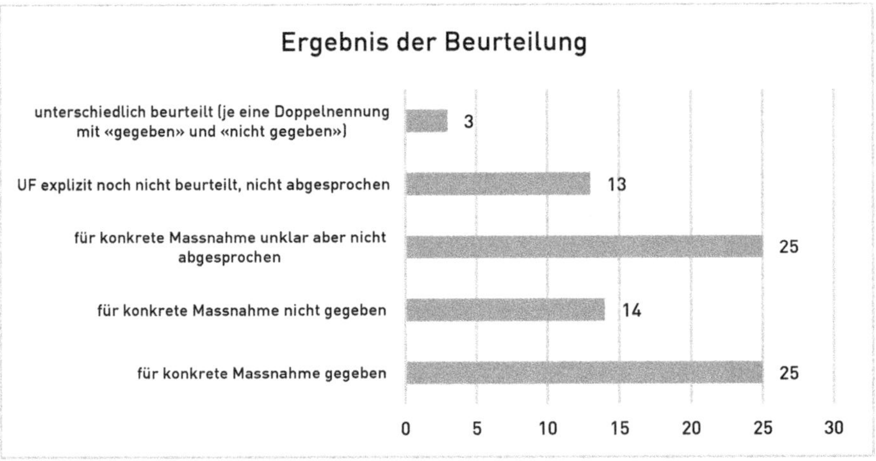

Abbildung 17: Ergebnis der Beurteilung

In drei Fällen wurde die Urteilsfähigkeit von Ärzten verschiedener involvierter Institutionen unterschiedlich beurteilt. Alle drei Fälle wurden aus den UPK angefragt.

In den 13 Fällen, in denen die Urteilsfähigkeit zum Zeitpunkt der Ethikkonsultation explizit noch nicht beurteilt worden war, konnte sie auch im Rahmen dieser nicht abschliessend beurteilt werden. Im Ergebnis wurde in den beschriebenen 13 Fällen die Urteilsfähigkeit für die konkrete Massnahme nicht abgesprochen (vorbehaltlich weiterer Abklärungen). Davon waren fünf Fälle aus dem USB und acht aus den UPK.

In 25 der 64 Fälle, in denen vor oder spätestens zum Zeitpunkt der Ethikkonsultation die Beurteilung der Urteilsfähigkeit von den Behandelnden vorgenommen wurde, konnte auch in der Ethikkonsultation keine klare Zuordnung zu den Kategorien «gegeben» oder «nicht gegeben» vorgenommen werden, z.B. weil Informationen über die kognitiven Fähigkeiten des Patienten fehlten oder die Behandelnden Mühe hatten, die bislang bekannten Fähigkeiten einzuordnen. Dadurch, dass die Zuordnung der Urteilsfähigkeit unklar blieb, wurde den Patienten auch in diesen Fällen die Urteilsfähigkeit für die konkrete Massnahme nicht abgesprochen (vorbehaltlich weiterer Abklärungen). Zwölf der 25 Fälle waren aus dem USB, 13 aus den UPK.

In 14 der 64 Fälle, in denen vor oder spätestens zum Zeitpunkt der Ethikkonsultation die Beurteilung der Urteilsfähigkeit von den Behandelnden vorgenommen wurde, wurde diese den Patienten aufgrund von Einschränkungen für die konkrete Massnahme abgesprochen. Davon waren acht Fälle aus dem USB und sechs aus den UPK.

In 25 der 64 Fälle, in denen vor oder spätestens zum Zeitpunkt der Ethikkonsultation die Beurteilung der Urteilsfähigkeit von den Behandelnden vorgenommen wurde, wurde diese den Patienten für die konkrete Massnahme zugesprochen. Davon waren 15 Fälle aus dem USB und zehn aus den UPK.

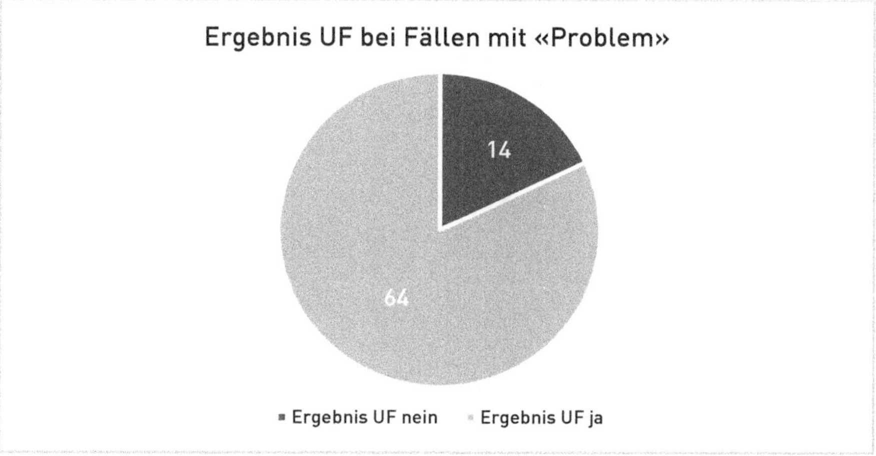

Abbildung 18: Ergebnis UF bei Fällen mit «Problem»

Im Ergebnis wurden damit in 82 % der 78 für die Beurteilung problematischen Fälle den Patienten die Urteilsfähigkeit für die konkrete Massnahme nicht abgesprochen.

Dies könnte einerseits ein Hinweis darauf sein, dass die Hürde, einem Patienten die Urteilsfähigkeit abzusprechen besonders hoch ist, andererseits aber auch, dass bis zum Zeitpunkt der Ethikkonsultation den Behandelnden die Bedeutung der Urteilsfähigkeit bzw. die Erforderlichkeit einer Beurteilung nicht hinreichend bekannt war, sodass bis dato fraglich urteilsfähige Patienten ohne jegliche Beurteilungsbestrebungen behandelt wurden. Dies könnte auch erklären, weshalb es oftmals in der Ethikkonsultation an differenziertem Wissen über die kognitiven Fähigkeiten der Patienten mangelte.

Um einen Hinweis auf die eben aufgeworfene Hypothese (dass das Bewusstsein einer erforderlichen Beurteilung erst in der Ethikkonsultation erkannt worden sein könnte) zu erlangen, wurde untersucht, wie sich die Begriffe «Urteilsfähigkeit/Urteilsunfähigkeit» bzw. «urteilsfähig/urteilsunfähig» zu den durch die Anfragenden formulierten Anfragetexte für eine Ethikkonsultation verhielten:

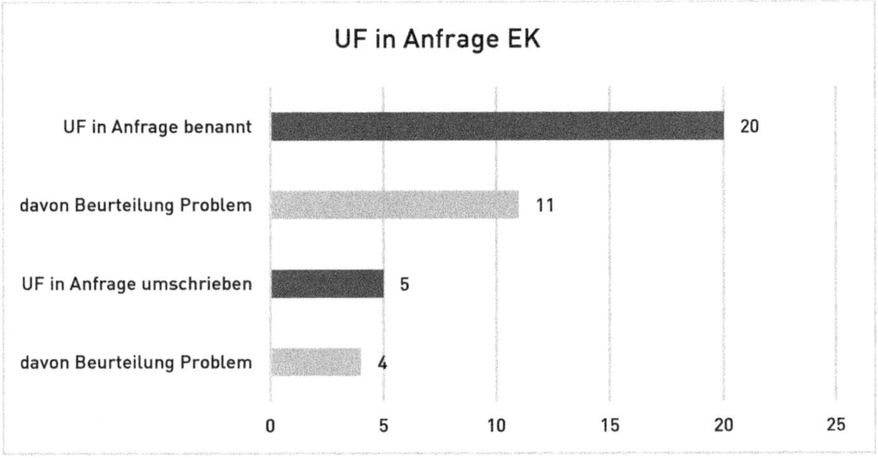

Abbildung 19: UF in Anfrage EK

In 20 der 200 Ethikkonsultationen wurden die Begriffe «Urteilsfähigkeit/Urteilsunfähigkeit» bzw. «urteilsfähig/urteilsunfähig» in der Anfrage für die Konsultation wörtlich benannt. Davon sind elf Ethikkonsultationen betroffen, bei denen die Beurteilung der Urteilsfähigkeit Probleme bereitete. In weiteren fünf Fällen wurde die Urteilsfähigkeit in der Anfrage umschrieben, wie z.B. «Ethische Fragestellung: Ist der Patient fähig, seine Lage und die Konsequenzen einer Maximaltherapie einzuschätzen und im Rahmen eines Informed Consent zu entscheiden?». In vier dieser fünf Fälle bereitete die Beurteilung der Urteilsfähigkeit Probleme.

Um noch weitere Hinweise darauf zu erhalten, welche Faktoren Einfluss auf das Thema Urteilsfähigkeit in den Ethikkonsultationen nahmen, wurde ein Blick auf die Diagnosestellung der Patienten geworfen:

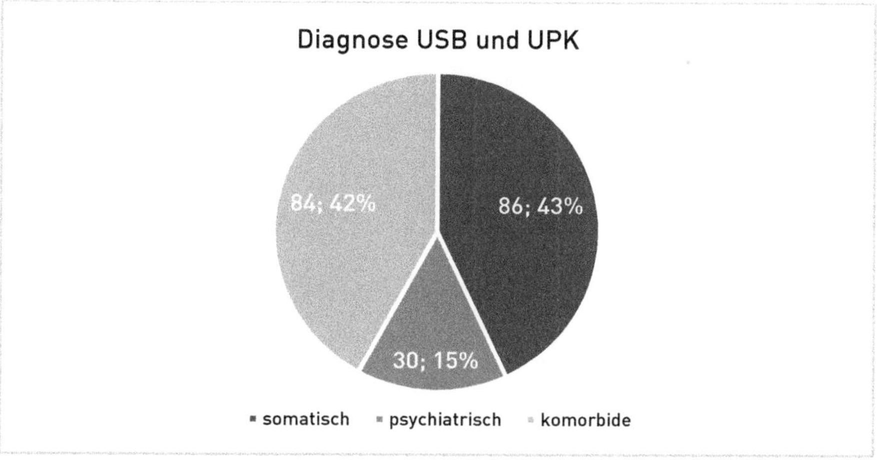

Abbildung 20: Diagnose USB und UPK

In 86 der 200 Ethikkonsultationen war die berichtete Diagnose eine somatische, wobei hierunter nur Patienten aus dem USB fielen. In 30 Fällen war die gestellte Diagnose eine psychiatrische; diese Konstellation traf nur auf Patienten aus den UPK zu. In 84 Fällen waren die Patienten in dem Sinne komorbide, dass sowohl eine oder mehrere somatische Erkrankungen als auch gleichzeitig eine oder mehrere psychiatrische Erkrankungen vorlagen.[176] Die Fälle verteilten sich auf 46 aus dem USB und 38 aus den UPK.

[176] Nach der hier verwendeten Definition müssen die Erkrankungen sich nicht gegenseitig bedingen, sondern können unabhängig voneinander auftreten.

Betrachtet man die Fälle komorbider Patienten, so sieht man, dass Probleme bei der Beurteilung der Urteilsfähigkeit am häufigsten bei dieser Patientengruppe auftraten:

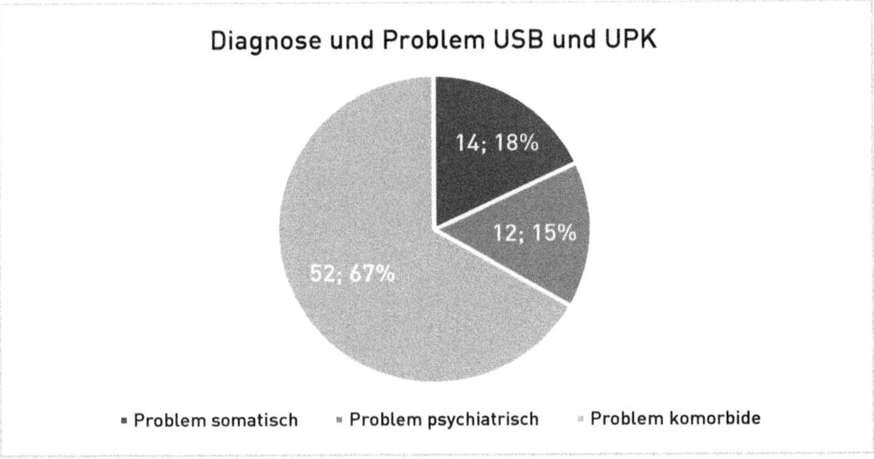

Abbildung 21: Diagnose und Problem USB und UPK

Probleme bei der Beurteilung der Urteilsfähigkeit und Komorbidität trafen auf 67 % der Fälle zu. Die Behandlung komorbider Patienten und damit das Vorliegen komplexer Krankheitssituationen scheinen einen erheblichen Einfluss auf die Beurteilung der Urteilsfähigkeit zu haben.

2.2. Auswertung des Fragebogens[177]

Die Auswertung des Fragebogens soll über die Ergebnisse der Analyse der Ethikkonsultationen hinaus Anhaltspunkte dafür liefern, wie der Umgang mit dem Thema Urteilsfähigkeit in der Patientenversorgung von behandelnden Ärzten allgemein gehandhabt und gesehen wird und wie die eigene Kompetenz und der Bedarf zu verschiedenen Möglichkeiten der Adressierung von Problemen eingeschätzt werden.

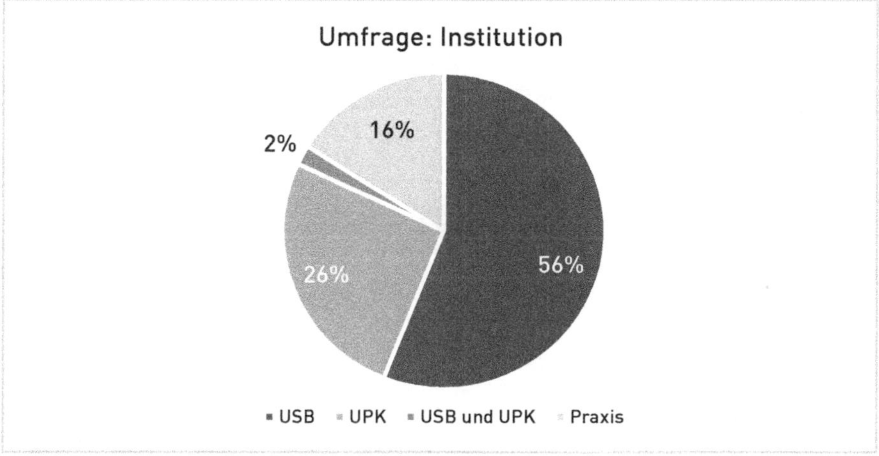

Abbildung 22: Umfrage: Institution

Insgesamt wurden 123 Antworten ausgewertet. 69 Befragte gaben an, für das USB, 32 für die UPK, zwei für USB und UPK sowie 20 als Hausärzte in einer Praxis tätig zu sein. 67 der Befragten waren männlich, 56 weiblich.

[177] Die Prozentangaben wurden auf das nächste Prozent auf- bzw. abgerundet. Soweit die Zahlen nicht darüber hinaus auf- oder abgerundet wurden, wird auf die «ca.» Angabe verzichtet.

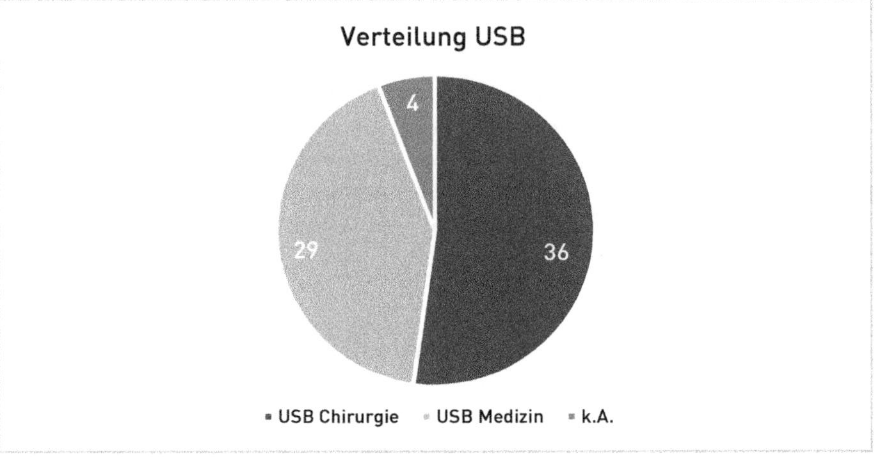

Abbildung 23: Verteilung USB

Die Antworten der Angefragten aus dem USB verteilten sich etwa hälftig auf die Chirurgie und die Medizin.

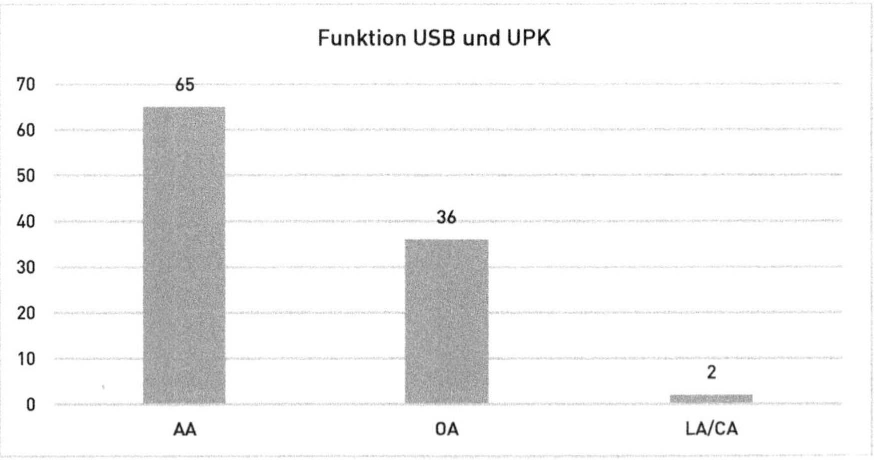

Abbildung 24: Funktion USB und UPK

65 der Befragten waren Assistenzärzte, davon 40 aus dem USB und 25 aus den UPK. Von den 36 teilnehmenden Oberärzten waren 29 aus dem USB und neun aus den UPK; hiervon jeweils zwei, die sowohl für das USB als auch für die UPK zuständig waren. Zwei Leitende bzw. Chefärzte nahmen aus dem USB teil.

Knapp 80 % der Assistenzärzte gaben eine Berufserfahrung von bis zu fünf Jahren an, die übrigen wiesen längere Erfahrung aus. Etwa 30 % der Oberärzte hatten

Berufserfahrung von fünf bis zehn Jahren, ca. 50 % von zehn bis fünfzehn Jahren, bei den übrigen Oberärzten lag die Erfahrung darüber.

Leitende Ärzte und Chefärzte hatten Berufserfahrung von 20 bis 25 Jahren bzw. von über 30 Jahren.

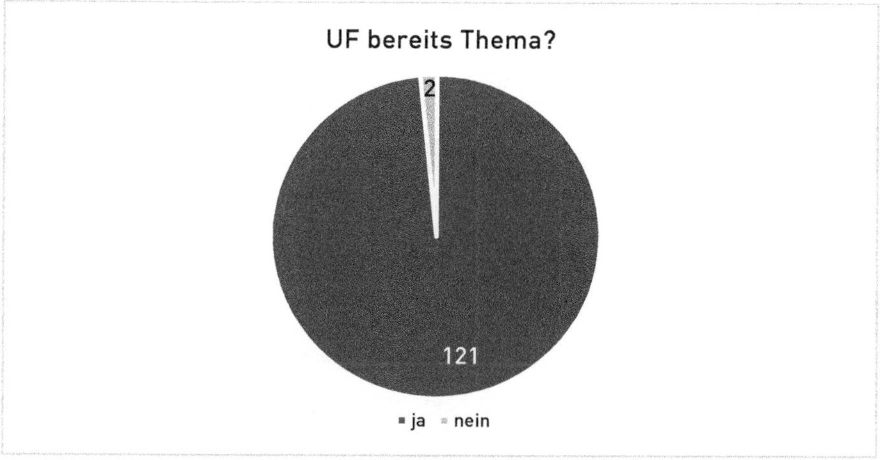

Abbildung 25: UF bereits Thema?

121 der Teilnehmenden gaben an, bereits mit Patienten zu tun gehabt zu haben, bei denen die Urteilsfähigkeit ein Thema war. Ein Hausarzt (HA) sowie ein Oberarzt aus dem USB verneinten die Frage.

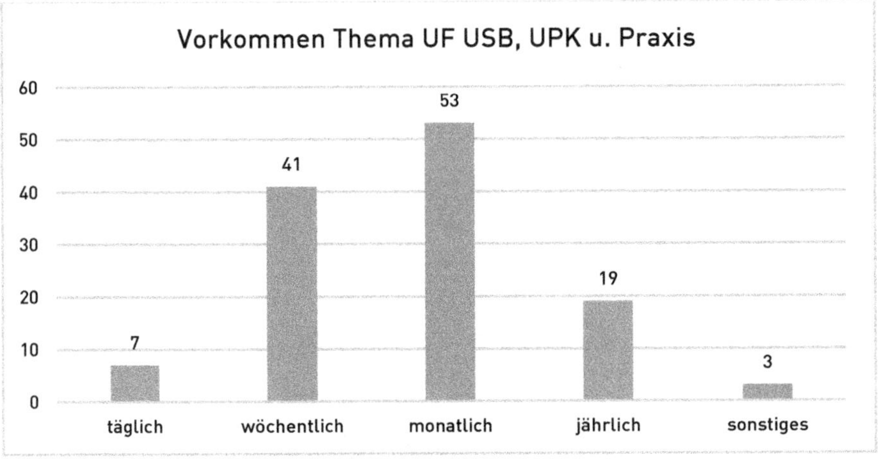

Abbildung 26: Vorkommen Thema UF USB, UPK u. Praxis

Die angefragten Ärzte gaben am häufigsten an, «monatlich» mit dem Thema Urteilsfähigkeit in der Patientenversorgung konfrontiert zu sein, gefolgt von «wöchentlich».

Die getrennte Betrachtung der einzelnen Beschäftigungsorte weist Unterschiede auf:

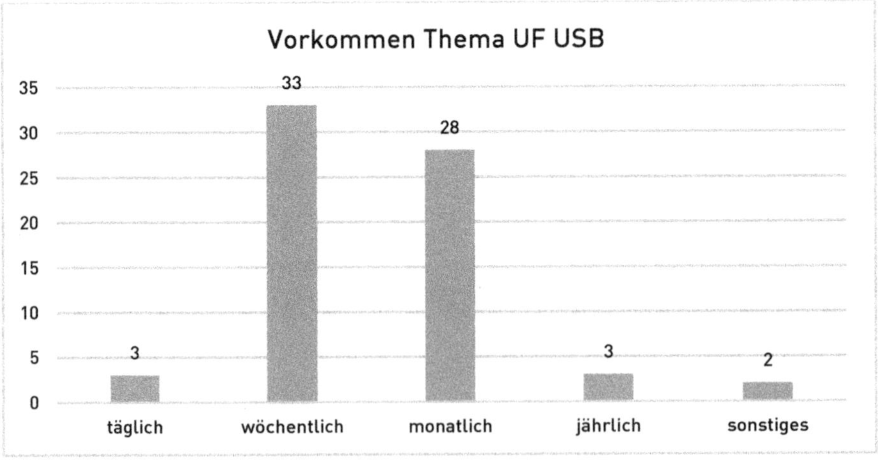

Abbildung 27: Vorkommen Thema UF USB

Im USB gaben die Ärzte am häufigsten an, «wöchentlich» mit dem Thema konfrontiert zu sein, gefolgt von «monatlich». Die anderen Zeiträume wie «täglich» oder «jährlich» spielten hingegen eine untergeordnete Rolle.

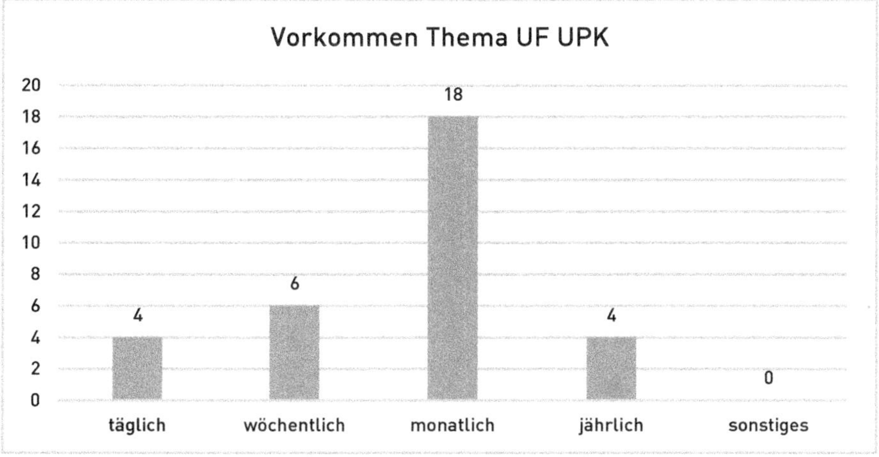

Abbildung 28: Vorkommen Thema UF UPK

In den UPK dagegen gaben die Angefragten mit deutlicher Mehrheit an, «monatlich» mit dem Thema zu tun zu haben.

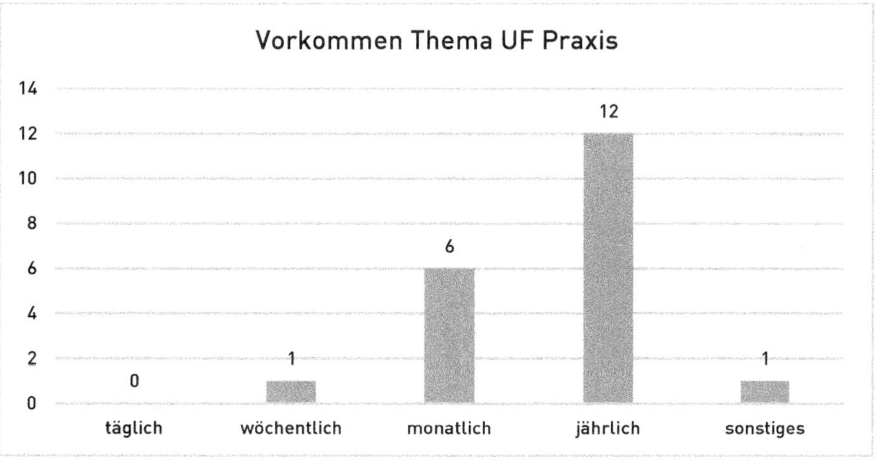

Abbildung 29: Vorkommen Thema UF Praxis

Bei den Hausärzten war die Antwort «jährlich» am häufigsten. Die beiden für USB und UPK zuständigen Ärzte machten Angaben von «wöchentlich» bzw. «monatlich».

Die Antwort darüber, wie viele ihrer Patienten sie für eine konkrete medizinische Massnahme als urteilsunfähig einschätzten, lag im Durchschnitt bei neun Prozent:

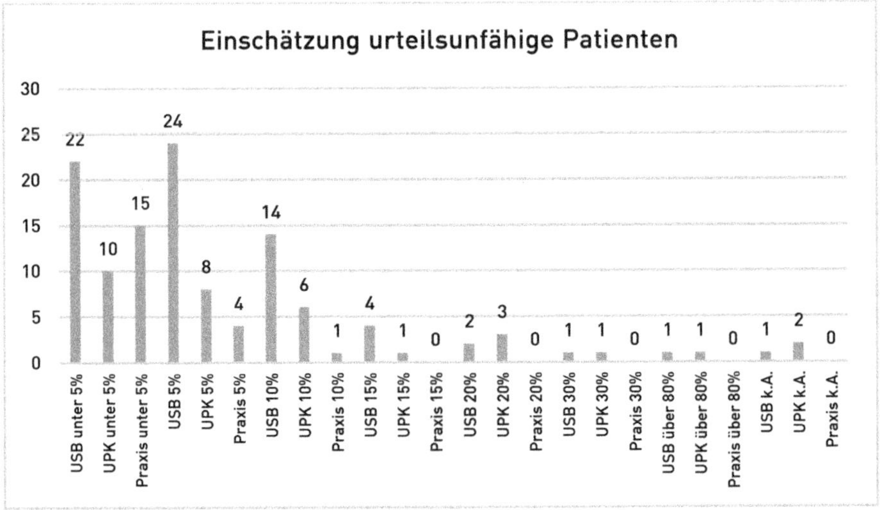

Abbildung 30: Einschätzung urteilsunfähige Patienten

Aus der kategorischen Darstellung ist ersichtlich, dass die meisten Angaben im Bereich bis zehn Prozent gemacht wurden, wobei in diesem Bereich ca. 45 % der Befragten angaben, dass es unter fünf Prozent seien, ca. 35 % meinten, es seien fünf Prozent und ca. 20 % gaben an, es seien zehn Prozent ihrer Patienten. Die beiden Mitarbeitenden, die sowohl für USB und UPK zuständig sind, gaben Werte unter fünf Prozent an. Diese Angaben wurde mangels Zuordnungsmöglichkeit zu einer der Institutionen nicht in der Grafik dargestellt.

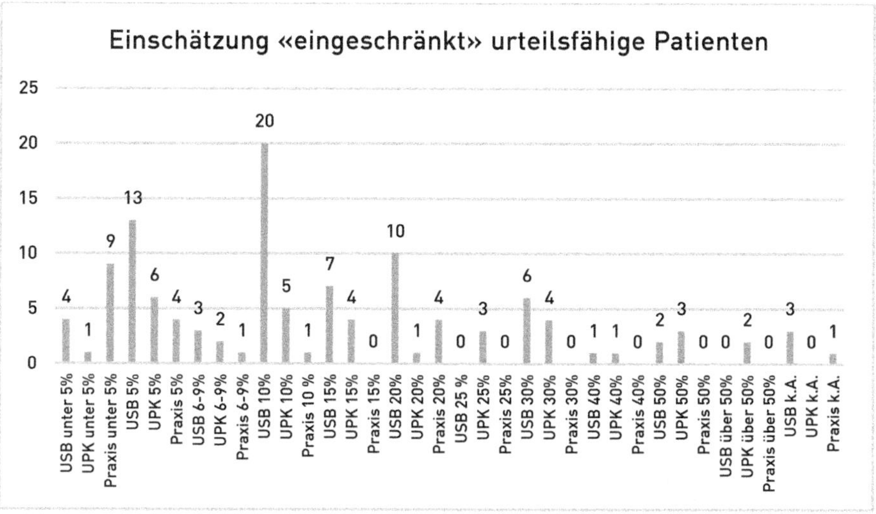

Abbildung 31: Einschätzung «eingeschränkt» urteilsfähige Patienten

Die Angaben darüber, wie viele ihrer Patienten sie für eine konkrete Massnahme als «eingeschränkt» urteilsfähig einschätzen, lagen im Durchschnitt bei 15 %. Die Einschätzungen hierüber verteilten sich deutlich breiter, als es bei der Einschätzung zu urteilsunfähigen Patienten der Fall war.

Die Ärzte wurden auch danach gefragt, ob sie für die Beurteilung der Urteilsfähigkeit zuständig seien:

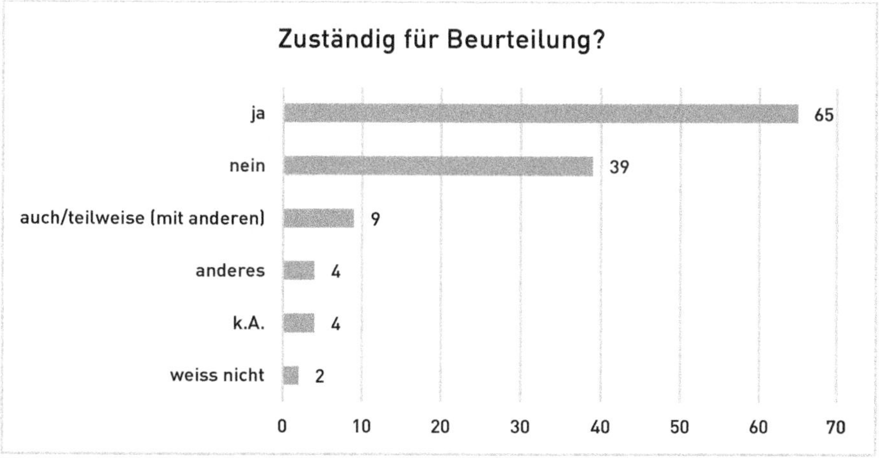

Abbildung 32: Zuständig für Beurteilung?

Dies bejahte etwa die Hälfte der Befragten (53 %), etwa ein Drittel (32 %) verneinte dies. Von den Befragten, die angaben, nicht zuständig zu sein, zählten 29 zum USB, sechs zu den UPK und vier zu den Hausärzten. Als Begründung wurde von einem Angefragten ausgeführt «ich bin ein operativ tätiger Kliniker». Neun machten Angaben, die sich unter die Kategorie «auch/teilweise» zusammenfassen lassen. Viermal wurde dabei «zusammen mit dem Oberarzt» genannt.

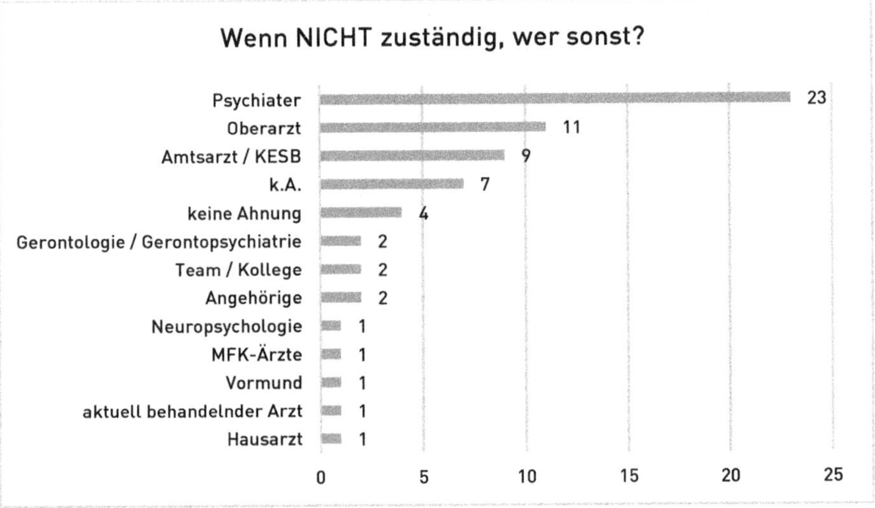

Abbildung 33: Wenn NICHT zuständig, wer sonst?

Die meisten, die sich selbst nicht für eine Beurteilung der Urteilsfähigkeit zuständig ansahen, hielten den «Psychiater» (17-mal) bzw. die «Psychiatrie» (sechsmal) für zuständig. 15-mal wurde die Antwort aus dem USB und sechsmal von Hausärzten genannt. Der «Oberarzt» wurde elfmal genannt, siebenmal aus den UPK und viermal aus dem USB. Der «Amtsarzt» bzw. die «KESB» wurden von je vier Personen aus dem USB und den UPK sowie einem Hausarzt angegeben. «Keine Angabe» machten fünf Personen aus dem USB und zwei aus den UPK. Dass sie «keine Ahnung hätten», antworteten vier Mitarbeitende aus dem USB. Die «Gerontologie» bzw. die «Gerontopsychiatrie» wurde zweimal aus dem USB genannt. «Das Team» bzw. «ein Kollege» wurden jeweils von einem Mitarbeiter aus dem USB sowie einem Hausarzt angegeben, ebenso wie die Antwort «Angehörige». Die «Neuropsychologie» nannte ein Mitarbeiter aus dem USB, «MFK-Ärzte», der «Vormund», der «aktuell behandelnde Arzt» und der «Hausarzt» wurden jeweils von einem Hausarzt angegeben, wobei mit «MFK-Ärzte» wohl Ärzte der Motor-Fahrzeug-Kontrolle gemeint sind. Teilweise gaben die Befragten mehrere Antworten an.

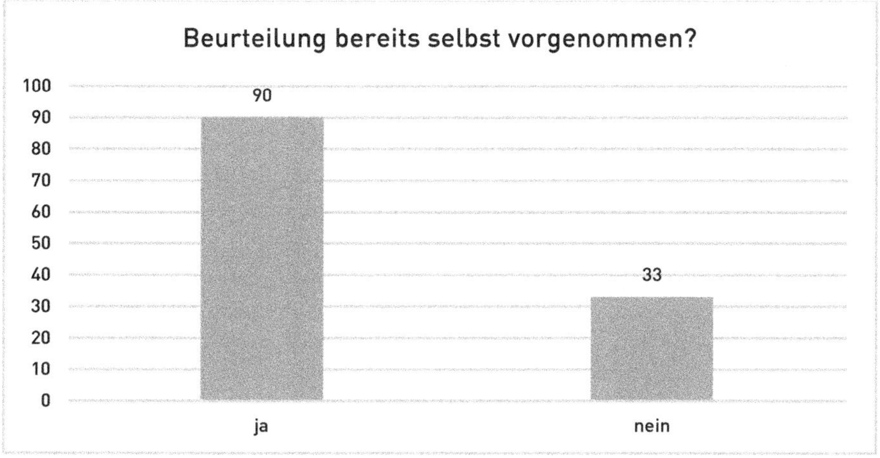

Abbildung 34: Beurteilung bereits selbst vorgenommen?

Den eigenen Angaben zufolge mussten 90 der 123 Teilnehmenden der Umfrage eine Beurteilung der Urteilsfähigkeit schon einmal selbst vornehmen.

Die Angaben darüber, welches Kriterien für eine Abklärung der Urteilsfähigkeit seien, lassen sich folgenden Kategorien zuordnen (tlw. Mehrfachnennungen):

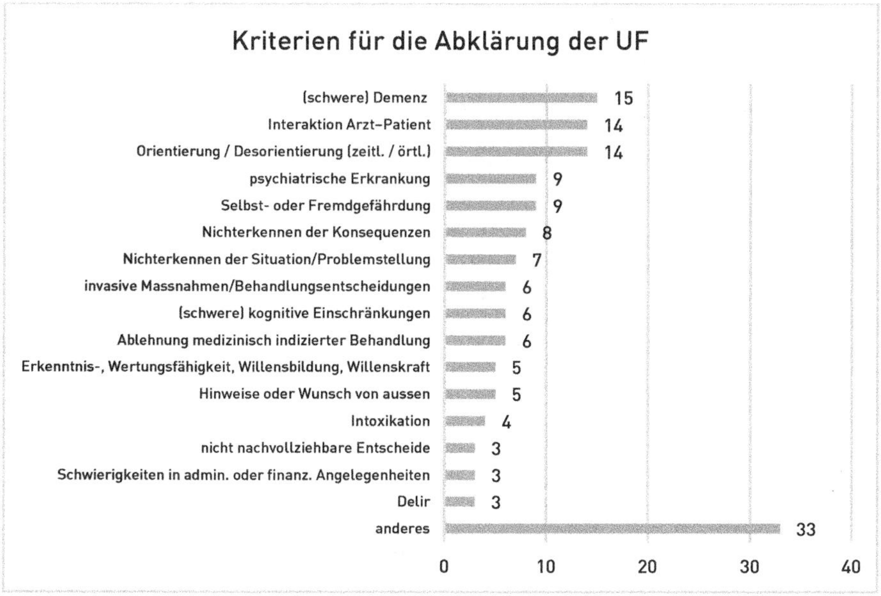

Abbildung 35: Kriterien für die Abklärung der UF

Am häufigsten wurden Angaben gemacht, die unter die Kategorien «(schwere) Demenz», die «Interaktion Arzt – Patient» sowie «Orientierung / Desorientierung (zeitl. / örtl.)» subsumiert werden können. Unter die Kategorie «Interaktion Arzt – Patient» fallen Angaben wie: «Wenn ich das Gefühl habe, dass die Person meinen Ausführungen nicht folgen kann», «keine adäquaten Antworten», «keine normale Konversation möglich», «unzusammenhängende Aussagen» oder, «wenn der Patient die Aufklärung nicht versteht, überfordert wirkt».

Ebenfalls häufig waren Angaben, die den Kategorien «psychiatrische Erkrankung», «Selbst- oder Fremdgefährdung» oder «Nichterkennen der Konsequenzen seines Handelns» und «Nichterkennen der Situation/Problemstellung» zugeordnet werden können. Unter die Kategorie «psychiatrische Erkrankungen» fallen Angaben wie eine «Psychose», «Depression» oder eine «Aufmerksamkeitsstörung».

Jeweils sechs Antworten bilden die Kategorien «invasive Massnahmen oder Behandlungsentscheide», «(schwere) kognitive Einschränkungen» und «Ablehnung medizinisch indizierter Massnahmen». Unter die Kategorie «invasive Massnahmen oder Behandlungsentscheide» fallen Angaben wie «OP-Einwilligung», «wichtige medizinische Entscheidungen» oder «REA/IPS Status».

Jeweils fünfmal wurden Angaben gemacht, für die die Kategorien «Erkenntnisfähigkeit, Wertungsfähigkeit, Willensbildung, Willenskraft» oder «Hinweise oder Wunsch von aussen» gebildet werden können. Letztere umfasst Hinweise oder den Wunsch von «Aussenstehenden», «Angehörigen» oder «Bezugspersonen».

Vier bzw. drei Angaben können jeweils den Kategorien «Intoxikation», «nicht nachvollziehbare Entscheide», «Schwierigkeiten in administrativen oder finanziellen Angelegenheiten» und «Delir» zugeordnet werden.

Weitere Angaben, die im Diagramm unter «anderes» aufgeführt sind, waren jeweils zwei Nennungen zu «Zuweisung in die psychiatrische stationäre Behandlung», «Unfähigkeit, Entscheidung zu treffen», «Alter des Patienten», «Mini Mental Test», «organische Hirnschäden (Schädel- Hirn Trauma, neurologische Erkrankung)», «Austritt gegen ärztlichen Rat», «Vigilanz», «bei jeglichen diagnostischen oder therapeutischen Massnahmen», «Suchtprobleme» und «Unfähigkeit der Alltagsbewältigung, soziale Dekompensation». Jeweils einmal genannt wurden «Testament, Vollmachterteilung», «Patient kann in eigenen Worten Krankheit/Situation beschreiben, Alternativen benennen», «Einsicht», «Realitätswahrnehmung», «MFK», «Wunsch des Patienten», «Frage nach Beistandschaft», «Bauchgefühl», «Eindruck beim Hausbesuch», «verbale/nonverbale Kommunikation möglich», «geistiger Zustand, geistige Behinderung», «Krankheitsverständnis» und «Vorerkrankung, aktuelle Erkrankung».

Die Angaben der Befragten darüber, wie oft die Abklärung der Urteilsfähigkeit schwierig sei, verteilten sich breit auf der Skala von null bis 100 %:

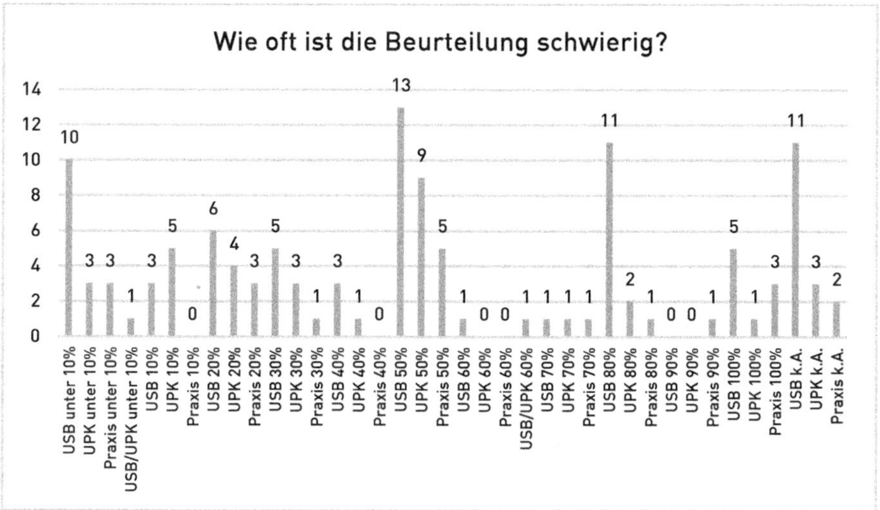

Abbildung 36: Wie oft ist die Beurteilung schwierig?

Den Angaben zufolge war eine Beurteilung im Durchschnitt bei ca. 46 % der Fälle schwierig. Bei den befragten Hausärzten lag der Durchschnitt der Angaben bei ca. 49,5 %, bei den Ärzten des USB bei ca. 47,5 % und bei den Ärzten der UPK bei ca. 41 %.

Aus den angegebenen Gründen für Schwierigkeiten bei der Beurteilung lassen sich folgende Kategorien bilden:

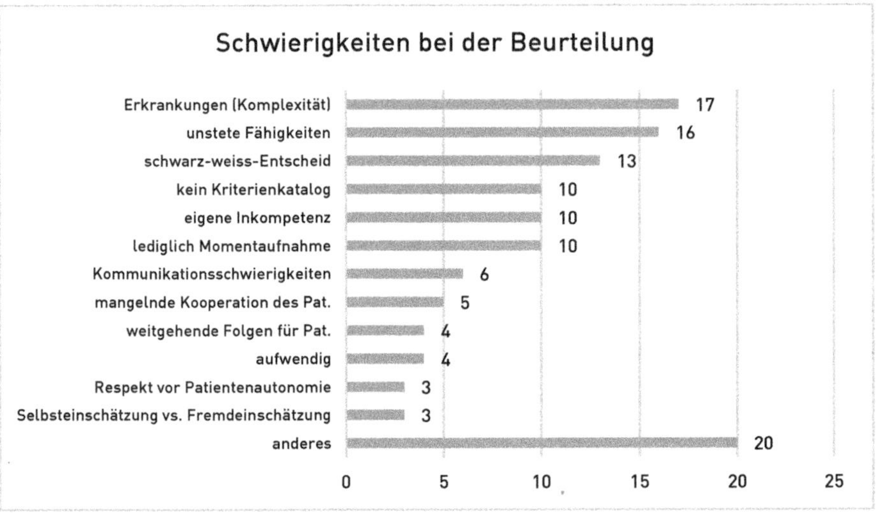

Abbildung 37: Schwierigkeiten bei der Beurteilung

17-mal und damit am häufigsten wurden Angaben gemacht, die Erkrankungen und / oder ihre Komplexität betrafen. Hierunter fallen Angaben wie z.B. «Demenz», «Delir», «Drogen», «Psychose», «Enzephalopathie» sowie die «Komplexität der Erkrankung» oder «komorbide».

16 Angaben lassen sich zur Kategorie «unstete Fähigkeiten» zusammenfassen. Hierzu zählen Angaben wie «fluktuierend», «schwankend» oder «situationsbedingt».

Eine weitere Kategorie bilden 13 Angaben, die unter die Kategorie «Schwarz-weiss-Entscheid» zusammengefasst werden können. Unter diese Kategorie zählen Angaben wie «keine eindeutige Entscheidung möglich», «unscharf und grenzwertig», «manchmal ist sie nur zum Teil eingeschränkt» oder «man macht keine generelle Abklärung».

Jeweils 10 Angaben fallen in die Kategorien «kein Kriterienkatalog», «eigene Inkompetenz» und «lediglich Momentaufnahme». Zur Kategorie «kein Kriterienkatalog» gehört etwa «kein allgemeingültiger Algorithmus», unter die «eigene Inkompetenz» z.B. «nicht spezifisch ausgebildet» und unter «lediglich Momentaufnahme» etwa «man weiss nicht, wie Pat. zuvor war».

Sechsmal wurden Angaben gemacht, die unter die Kategorie «Kommunikationsschwierigkeiten» zusammengefasst werden können, wie etwa «eingeschränktes Gehör» oder eine «Sprachbarriere».

Jeweils fünf bzw. viermal wurde «mangelnde Kooperation des Patienten», «weitgehende Folgen für den Patienten» und «aufwendig» genannt, worunter Angaben wie «sehr umständlich, v.a. zu Randzeiten», «zeitintensiv» und «kompliziert» fallen.

Kategorien, unter die jeweils drei Antworten fallen, sind «Respekt vor Patientenautonomie» wozu z.B. die Angabe «Respekt vor Entscheiden, die für mich nicht nachvollziehbar sind, für jemanden jedoch Sinn machen könnten» gehört und die Kategorie «Selbsteinschätzung versus Fremdeinschätzung».

Unter «anderes» fallen mit jeweils zwei Nennungen «Zeitmangel», «med. Dringlichkeit», «angespannte Situation, Patient sehr aufgeregt wegen klinischem Setting (oft per FU)», «Bildungsniveau des Pat.», «Notwendigkeit psych. Expertise» und «mangelnde Kooperation Institution (Entscheidungssituation ist nicht klar vorbereitet von somatischen Ärzten)».

Ebenso gehören zur Kategorie «anderes» mit jeweils einer Nennung «Ansprechpartner?», «subjektive Einschätzung des Evaluierenden», «Beziehung zu Patienten als Hausärztin», «sehr gute Patientenstrategien», «Organisatorisch», «oft Tabu-Thema», «Wirkung von Medikamenten/Intervention (eingetrübt)» und «divergente Aussagen».

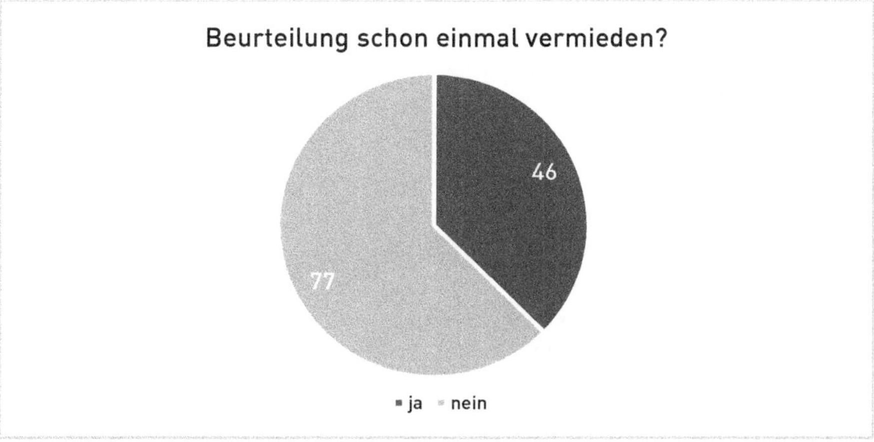

Abbildung 38: Beurteilung schon einmal vermieden?

37 % der Befragten gaben an, eine Beurteilung bereits vermieden zu haben. Beachtet man nur die Angaben derjenigen Befragten, die sich für eine Beurteilung auch für zuständig ansahen, sind es 43 %.

Als Begründung wurde neben den vorgegebenen Antworten «Zeitmangel» (12-mal), «medizinische Dringlichkeit» (15-mal), «die Beurteilung spielte für die Entscheidung keine Rolle» (13-mal) und «der Patient wäre mit dem geplanten

Vorgehen ohnehin einverstanden» (15-mal) unter anderem auch «unsicher», «schwierig», «Konflikte mit Angehörigen, mit anderen Behandelnden», «um den Patienten nicht zu benachteiligen», «der Pat. war nicht sorgfältig aufgeklärt» oder «fehlende Kompetenz» angegeben (tlw. Mehrfachnennungen).

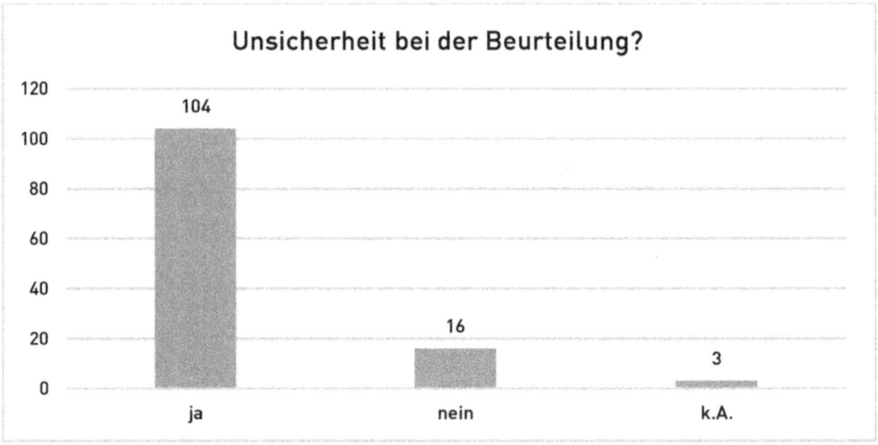

Abbildung 39: Unsicherheit bei der Beurteilung?

Rund 85 % der Befragten gaben an, bei der Beurteilung der Urteilsfähigkeit bereits unsicher gewesen zu sein. Zu den 16 Personen, die keine Unsicherheit bei der Beurteilung angaben, zählen auch zehn Ärzte, die sich nicht für die Beurteilung zuständig ansahen und auch noch keine Beurteilung durchgeführt hatten.

Ohne diese «unzuständigen» Teilnehmenden waren es sechs Personen, die keine Unsicherheit angaben. Hierzu gehörten zwei Hausärzte, ein Assistenz- und ein Oberarzt aus den UPK sowie zwei chirurgische Oberärzte aus dem USB.

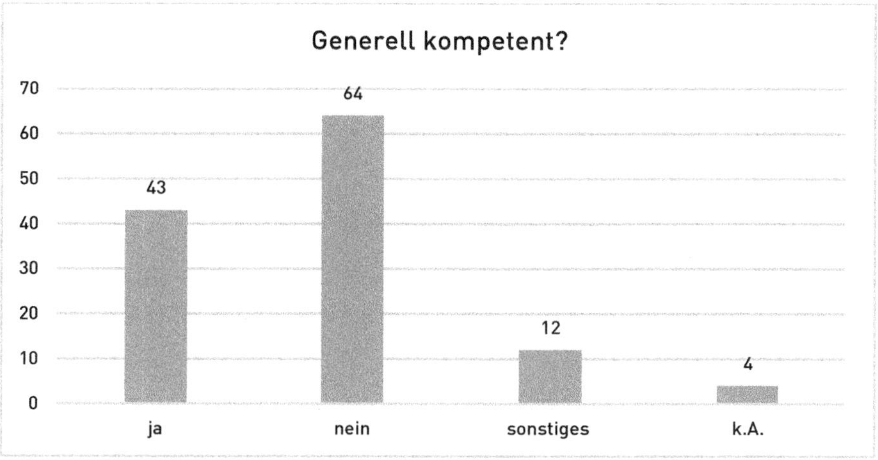

Abbildung 40: Generell kompetent?

Ob sich die Befragten generell in der Beurteilung der Urteilsfähigkeit kompetent fühlten, beantworteten ca. 35 % mit «ja». Mehr als die Hälfte der Angefragten verneinten dies. Unter «sonstiges» fallen Angaben, die zu den Kategorien «teilweise» oder «mit Hilfe» zusammenfassen lassen.

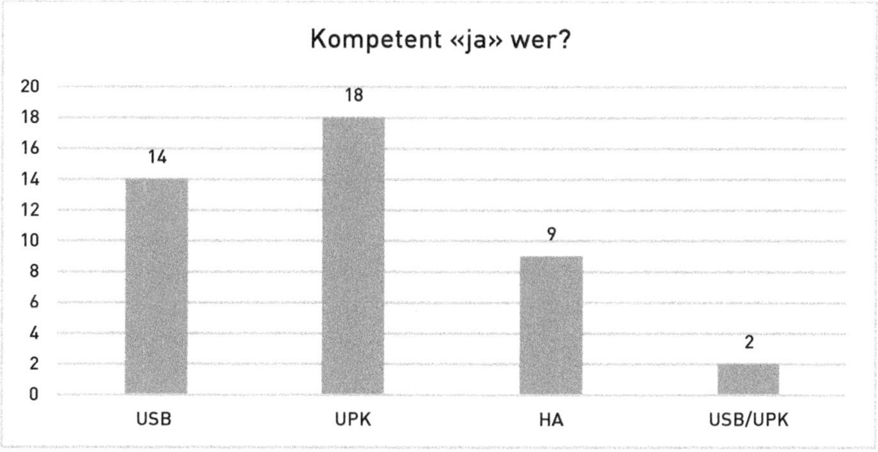

Abbildung 41: Kompetent «ja» wer?

Die Verteilung auf die drei Arbeitsorte zeigt, dass sich 18 Befragte aus den UPK «generell kompetent» bei der Beurteilung fühlten, was bei einer Teilnehmerzahl von 32 aus den UPK einem Anteil von ca. 56 % entspricht. Im USB waren es 14 Mitarbeitende, was bei 69 Teilnehmenden einem Anteil von ca. 20 % entspricht.

Neun Hausärzte gaben an, sich generell kompetent zu fühlen, dies entspricht bei 20 Teilnehmenden einem Anteil von 45 %. Beide Befragten, die sowohl für USB und UPK zuständig sind, gaben an, sich generell kompetent zu fühlen.

Auf die Frage, wie die Urteilsfähigkeit beurteilt werde, zeigt sich folgende Verteilung auf die vorgegebenen Antworten (tlw. Mehrfachnennungen):

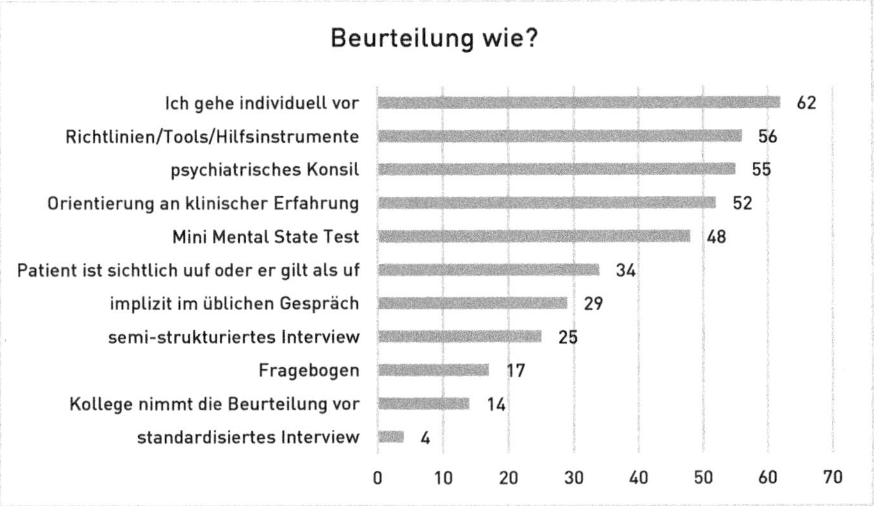

Abbildung 42: Beurteilung wie?

Die meisten der Befragten wählten die Antwort «ich gehe individuell vor» aus. Darüber hinaus wurden häufig «Richtlinien/Tools/Hilfsinstrumente», ein «psychiatrisches Konsil», die «Orientierung an klinischer Erfahrung» oder der «Mini Mental State Test» genannt. Weniger häufig wurden die Antworten «Pat. ist sichtlich uuf oder er gilt als uf», «implizit im üblichen Gespräch», «semi-strukturiertes Interview», «Fragebogen», «Kollege nimmt Beurteilung vor» und das «standardisierte Interview» ausgewählt.

Zusätzlich zu den vorgegebenen Antworten führten die Befragten zur Vornahme der Beurteilung der Urteilsfähigkeit an:

- «MoCA»
- «Ich befrage den Pat. zur indiz. Behandlung und lasse mir seinen Entschluss erklären»
- «Kollege mit mehr Erfahrung hinzuziehen»
- «Bestimmung der UF durch Amtsarzt/KESB»
- «Orientierung, Verankerung des Pat. in allgemein anerkannter Realität»

- «Konsil Memory Klinik»
- «Fremdanamnese durch Angehörige»
- «Ethikkonsil»
- «ich frage ihn, was er versteht»
- «Delirscreening»

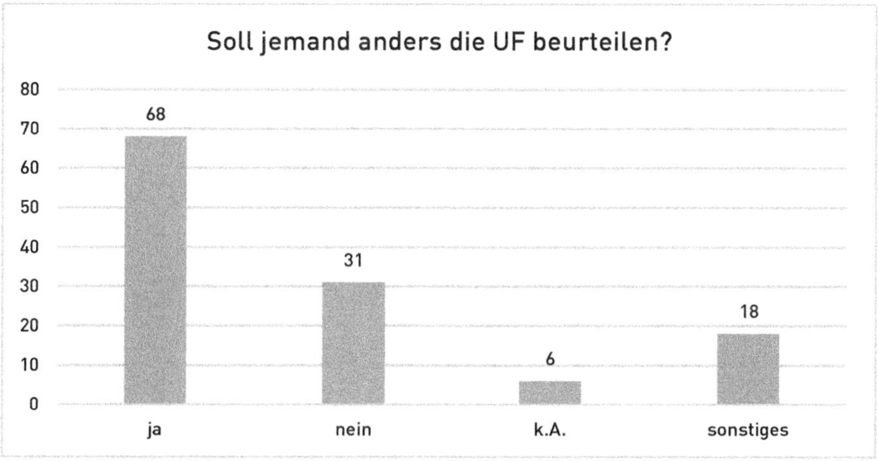

Abbildung 43: Soll jemand anders die UF beurteilen?

68 Ärzte und damit über die Hälfte der Angefragten (insgesamt 64 % der Teilnehmenden aus dem USB, 53 % aus den UPK und 55 % der Hausärzte) gaben an es zu befürworten, wenn jemand anders als der behandelnde Arzt die Urteilsfähigkeit des Patienten beurteilen würde. Darüber hinaus wurden 18 weitere Angaben gemacht, wie etwa:

- «Psychiater»
- «Beurteilung interdisziplinär»
- «Ethikkonsultation»
- «Amtsarzt»
- «Hausarzt»
- «Beurteilung zu zweit»
- «in Zusammenarbeit mit dem behandelnden Arzt»
- «es kommt auf die Konsequenzen der zu beurteilenden Handlung für den Betroffenen an»
- «unentschlossen»

- «in gewissen Fällen ist es hilfreich eine objektive zusätzliche Person miteinzubeziehen»
- «je nach Fragestellung»
- «bei unklarer Situation»

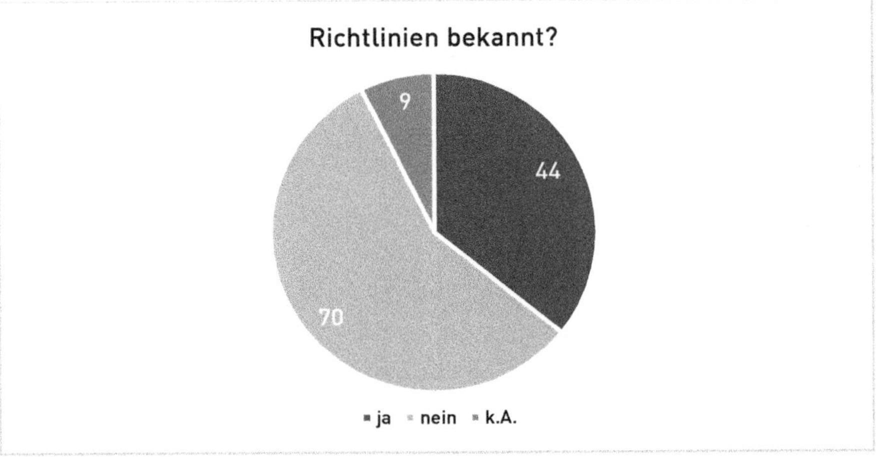

Abbildung 44: Richtlinien bekannt?

Danach gefragt, ob die Teilnehmenden Richtlinien zur Beurteilung der Urteilsfähigkeit kennen, verneinten dies rund 57 %, etwa 36 % gaben an, solche zu kennen.

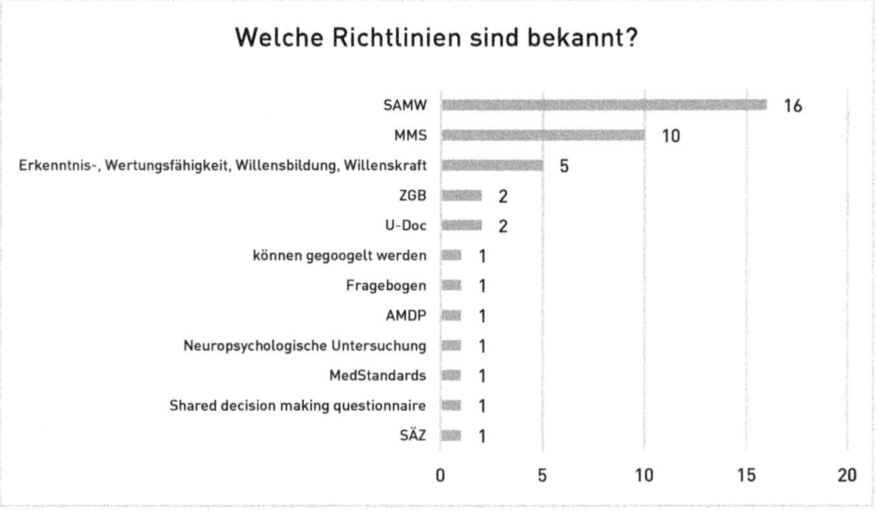

Abbildung 45: Welche Richtlinien sind bekannt?

An bekannten Richtlinien wurden am häufigsten die «Guidelines der SAMW» oder andere Beurteilungsinstrumente oder Kriterien zur Beurteilung genannt, wie der «Mini-Mental-Status-Test (MMS)», das «Formular zur Evaluation und Dokumentation der Urteilsfähigkeit gemäss den medizin-ethischen Richtlinien der SAMW (U-Doc)», das «AMDP-System der Arbeitsgemeinschaft für Methodik und Dokumentation in der Psychiatrie (AMDP)», «MedStandards», der «shared decision making questionnaire», ein «Fragebogen» oder auch die «vier in der medizinischen Literatur etablierten Kriterien zur Abklärung der Urteilsfähigkeit (Erkenntnisfähigkeit, Wertungsfähigkeit, Willensbildung, Willenskraft)». Zu den Angaben über bekannte Richtlinien zählten aber auch das «ZGB», «können gegoogelt werden», die «neuropsychologische Untersuchung», und die «Schweizer Ärztezeitung (SÄZ)».

17 Angaben zu Richtlinien wurden von Mitarbeitenden der UPK, 15 von Mitarbeitenden aus dem USB und acht von Hausärzten gemacht (tlw. Mehrfachnennungen). Setzt man die Zahlen derjenigen, die Angabe zu Richtlinien gemacht haben in Relation zu den Teilnehmenden des jeweiligen Beschäftigungsortes, so ist dies für die UPK ein Anteil von 53 %, für das USB von 22 % und bei den Hausärzten ein Anteil von 40 %.

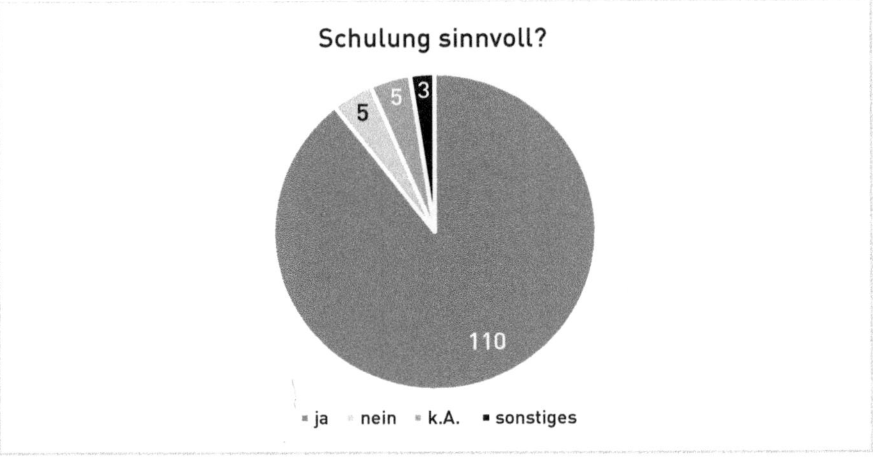

Abbildung 46: Schulung sinnvoll?

Die Frage danach, ob die Teilnehmenden eine gezielte Schulung sinnvoll fänden, beantworteten fast alle mit «ja». Unter den drei sonstigen Antworten wurde «besser: Pocketcard oder GUTER MedStandard», «für die Ärzte, die sich dafür interessieren: ja» und «im Studium» genannt.

3. Diskussion mit exemplarischen Fällen aus der Praxis

Anhand der Ergebnisse soll nun diskutiert werden, welche Erkenntnisse für die Beurteilung der Urteilsfähigkeit aus den Ethikkonsultationen und der Umfrage gewonnen werden konnten und welche Herausforderungen und Schwierigkeiten auftraten.

3.1. Relevanz der Urteilsfähigkeit

Zur Einordnung der Erkenntnisse soll zunächst die Relevanz der Urteilsfähigkeit – aus der Umfrage für die allgemeine Praxis und der Ethikkonsultation im Besonderen – aufgezeigt werden.

3.1.1. Umfrage

In der Umfrage gaben fast alle Teilnehmenden an, bereits mit Patienten zu tun gehabt zu haben, bei denen die Urteilsfähigkeit ein Thema war. Dies ist zunächst nicht überraschend, weil die Urteilsfähigkeit generell für jede Einwilligung in eine medizinische Massnahme relevant ist und auch offenkundig nicht alle Patienten urteilsfähig sind. Bei einer ersten Einschätzung gaben die Befragten im Durchschnitt an, dass etwa neun Prozent ihrer Patienten für eine bestimmte medizinische Massnahme urteilsunfähig und etwa 15 % ihrer Patienten «eingeschränkt» urteilsfähig seien. Nach diesen Angaben fallen insgesamt etwa ein Viertel der Patienten in die Gruppe, bei denen die Urteilsfähigkeit für eine bestimmte Massnahme nicht gegeben oder zumindest zweifelhaft ist.

Für den grössten Teil der erwachsenen Patienten ist jedoch davon auszugehen, dass die Urteilsfähigkeit vorliegt und in der Praxis zu keinen Problemen führt.

3.1.2. Ethikkonsultation

In 116 der 200 untersuchten Ethikkonsultationen spielte die Urteilsfähigkeit insoweit eine Rolle, dass das Thema über eine problemlose Feststellung, ob sie vorliegt oder nicht, hinausging. Vor dem Hintergrund, dass es sich bei der Ethikkonsultation nicht primär um ein Format zur Urteilsfähigkeit handelt, sondern um eines, in dem eine Vielfalt an Themen aus der Patientenversorgung Bestandteil der ethischen Fragestellung sein können, erscheint dieser Anteil recht hoch. Es stellt sich somit die Frage, welche Umstände dieser hohen Relevanz zugrunde liegen. Hierfür sind vor allem zwei Überlegungen bedeutsam: Zum einen spielt die Urteilsfähigkeit in der Ethikkonsultation nicht nur deshalb eine entscheidende Rolle, weil sie eng mit dem ethischen Prinzip des Respekts vor der Autonomie verknüpft ist, sondern gehört nach dem Basler Ansatz auch zum Standard der vollständigen Fallanalyse. Das hat zur Folge, dass konsequent in jeder Fallbesprechung – zumindest konkludent – die Prüfung der Urteilsfähigkeit sichergestellt ist (qualitative Relevanz). Zum anderen gelangen zur Ethikkonsultation in der Regel nur Fälle, die Probleme in der Patientenbehandlung bereiten. Dies ist häufig mit komplexen Krankheitssituationen verbunden, wie sie charakteristischerweise bei älteren oder multimorbiden (komorbiden) Patienten vorzufinden sind. Dies drückt sich beispielsweise auch in den gestellten Prognosen in den Ethikkonsultationen aus, die häufig schlecht oder terminal waren. Diese Faktoren wiederum können typische Auslöser für Beeinträchtigungen der Urteilsfähigkeit sein (quantitative Relevanz).

Aus dargelegten Gründen scheint das Thema «Urteils(un)fähigkeit» in der Ethikkonsultation eine besondere Relevanz zu haben und daher eine – im Vergleich zur durchschnittlichen Patientenbehandlung – Sonderstellung einzunehmen.

3.2. Relevanz von Problemen bei der Beurteilung der Urteilsfähigkeit

Über die allgemeine Relevanz des Themas Urteilsfähigkeit hinaus soll nun spezifisch die Relevanz von Problemen bei der Beurteilung der Urteilsfähigkeit diskutiert werden.

3.2.1. Ethikkonsultation

In 122 der 200 Ethikkonsultationen (61%) war eine problemlose Zuordnung der Urteilsfähigkeit der Patienten in eine der beiden Kategorien «gegeben» oder «nicht gegeben» für die Evaluierenden möglich. 72 Fälle betrafen Patienten, die als urteilsfähig eingeschätzt wurden gegenüber 50 zu urteilsunfähigen Patienten. Häufigste Kategorie für das Vorliegen klarer Urteilsfähigkeit waren Fälle zu Schwangerschaftskonflikten und der Reproduktionsmedizin. Urteilsunfähigkeit wurde z.B. bei Patienten angenommen, die im Kindesalter (UPK) oder bewusstlos waren oder bei Patienten, bei denen die kognitiven Funktionen so stark beeinträchtigt waren, dass dies für die Behandelnden offensichtlich zum Absprechen der Urteilsfähigkeit führte. Der Vergleich der beiden Institutionen USB und UPK zeigt, dass der Anteil von Anfragen zu urteilsunfähigen Patienten im USB mit 24 % im Verhältnis annähernd so gross ist wie der in den UPK mit 26 %. Anfragen zu klar urteilsfähigen Patienten betrafen im USB 45 % und in den UPK 18 %. Dies zeigt, dass es gerade in der somatischen Behandlung häufiger auch Anfragen für Ethikkonsultationen gibt, bei denen die Urteilsfähigkeit des Patienten klar vorliegt und keine Probleme bereitet.

In 78 Anfragen (39 %) jedoch war die Urteilsfähigkeit der Patienten zum Zeitpunkt der Anfrage unklar oder löste Bedenken aus. Eine Zuordnung der Urteilsfähigkeit in die Kategorien «gegeben» oder «nicht gegeben» konnte nicht ohne Weiteres vorgenommen werden. Interessant dabei ist, dass die Fälle aus USB und UPK annähernd gleich häufig sind (40 Fälle USB, 38 Fälle UPK), obwohl das Anfragevorkommen des USB in dieser Stichprobe deutlich grösser war (116 Fälle USB, 68 Fälle UPK). In der psychiatrischen Patientenbehandlung gab es demnach deutlich mehr Fälle, in denen die Beurteilung der Urteilsfähigkeit problematisch war. Eine Erklärung hierfür ist sicherlich, dass Patienten mit psychiatrischen Erkrankungen ein höheres Risiko aufweisen, in ihren für die Zuschreibung der Urteilsfähigkeit massgeblichen Fähigkeiten eingeschränkt zu sein, was eine Beurteilung erheblich erschweren kann. Dies zeigen auch die 40 für die Beurteilung relevanten Fällen aus dem USB; auch hier wiesen 26 Patienten zusätzlich zur somatischen eine psychiatrische Diagnose auf. Naheliegend für das häufige Vorkommen von schwierigen Beurteilungen in den UPK ist auch, dass die Abklärung der Urteilsfähigkeit in den UPK häufiger erkannt und psychiatrisch-professionell vorgenommen wurde. In der Somatik dagegen könnte eine erforderliche Beurteilung weniger häufig erkannt bzw. weniger sorgfältig durchgeführt worden sein. Diesem Gedanken wird im Verlauf der Diskussion weiter nachgegangen (siehe hierzu *Kapitel II A 3.6. «Versäumnisse in der medizinischen Praxis im Zusammenhang mit der Beurteilung der Urteilsfähigkeit»*). Nach allgemeinen Erfahrungssätzen auszuschliessen ist sicherlich die Überlegung, dass die Beurteilungen in den UPK auch deshalb häufiger schwieriger waren, weil die Kompetenz der Beurteilenden geringer ist. Dies ist schon allein damit nicht in Einklang zu bringen, dass gerade Ärzte in der psychiatrischen Patientenversorgung im Umgang mit fraglich urteilsfähigen Patienten exponiert sind und deshalb mehr Erfahrung aufweisen und die Beurteilung der Urteilsfähigkeit Bestandteil ihrer Weiterbildung ist. Zudem widersprechen einer solchen Annahme die Angaben in der Umfrage zur eigenen Kompetenzeinschätzung, die in den UPK (hier halten sich 56 % der Befragten in der Beurteilung der Urteilsfähigkeit für generell kompetent) deutlich höher ist als in der somatischen Behandlung des USB (hier sind es gerade einmal 20 %).

3.2.2. Umfrage

In der Umfrage gaben die Befragten in ihren Einschätzungen im Durchschnitt an, dass 46 % der Beurteilungen schwierig seien. (Zu den konkreten Umständen und Konstellationen siehe *Kapitel II A 3.3.2. «Umfrage»*).

3.3. Probleme bei der Beurteilung

In folgendem Abschnitt sollen spezifische Probleme bei der Beurteilung der Urteilsfähigkeit erörtert werden.

3.3.1. Ethikkonsultation

Für die Analyse der spezifischen Probleme bei der Beurteilung der Urteilsfähigkeit aus der Ethikkonsultation werden diejenigen 78 Fälle herangezogen, bei denen die Urteilsfähigkeit für die konkrete medizinische Massnahme nicht ohne weiteres in eine der Kategorien «gegeben» oder «nicht gegeben» zugeordnet werden konnte. Die Konstellationen, die in diesen Fällen zu Problemen führten, lassen sich in die drei Kategorien einteilen: «eingeschränkt», «unklar und eingeschränkt» sowie «Bedenken».

a. Kategorie 1: «eingeschränkt»

In die Kategorie «eingeschränkt» fallen insgesamt 57 Fälle. Für die Behandelnden war eine eindeutige Zuordnung der Urteilsfähigkeit dadurch erschwert, weil kognitive Fähigkeiten der Patienten eingeschränkt waren. Zu welchem Zeitpunkt die Beurteilung stattfand, ob erst in der Ethikkonsultation oder bereits davor, lässt sich anhand der Protokolle nicht eindeutig beantworten.

Das folgende Fallbeispiel einer Ethikkonsultation soll die Kategorie «eingeschränkt» veranschaulichen.

aa. Fallbeispiel 1[178]

Ein Behandlungsteam fragte eine Ethikkonsultation an, da die Behandlung eines ab-hängigkeitserkrankten Patienten ethische Fragen aufwarf: Der volljährige Patient selbst lehne jegliche Behandlung ab, sei jedoch sowohl somatisch als auch aufgrund seiner starken Suchtmittelabhängigkeit vital gefährdet. Die Eltern des Patienten seien in grösster Sorge und versuchten mit Nachdruck, über die Behörden eine Unterbringung in einer geschlossenen psychiatrischen Abteilung zu erwirken. Die Behörde selbst unterstütze dieses Anliegen und forderte die

[178] Siehe zu diesem Fallbeispiel WETTERAUER/REITER-THEIL, 1, 5 ff.

Behandelnden wiederholt dazu auf, den Patienten in der Psychiatrie unter Zwang zu isolieren, um einen Entzug durchzuführen.[179]

Das interprofessionelle Behandlungsteam stellte sich die Frage, wie sie dem Patienten, den Interessen der Umgebung (Eltern, Behörde, Amtsarzt, Wohnheim, behandelnde Institution, öffentlicher Raum) und ihren eigenen therapeutischen Grundsätzen sowie ethischen Prinzipien gerecht werden könnten.

An der einberufenen Ethikkonsultation nahmen Ärzte und Pflegefachpersonen des Behandlungsteams, Mitarbeiter des Sozialdienstes, die Beiständin des Patienten, Vertreter der Behörde, der Amtsarzt und die Vertreterin des vormaligen Wohnheims des Patienten sowie Vertreter der Abteilung Klinische Ethik teil.

Die Behandelnden schilderten, dass sich der Patient in einem schlechten Allgemeinzustand befinde. Der übermässige Drogenkonsum habe auch immer wieder zu somatischen Erkrankungen wie Abszessen und Wundheilungsstörungen geführt.

Die Ärzte berichteten, dass man alle verfügbaren Therapien ausgeschöpft habe, um dem Patienten zu helfen. Mehrere Entzugsversuche seien daran gescheitert, dass der Patient jeweils als erste Handlung nach dem Entzug wieder Drogen konsumiert hätte. Unter der Vornahme von Zwangsmassnahmen habe die therapeutische Beziehung wiederholt schwer gelitten. Die Aussicht auf einen therapeutischen Erfolg durch zwangsweise Durchführung eines erneuten Entzugsversuches könne nicht funktionieren, solange der Patient selbst nicht den Wunsch habe, abstinent zu werden und einen Entzug durchzuhalten. Man habe dem Patienten über Jahre alle Angebote gemacht, er hätte wiederholt geäussert, dass er vor allem konsumieren wolle und wiederholt eine Entzugsbehandlung abgelehnt.

Hinsichtlich der Selbstbestimmung des Patienten sahen sich die Behandelnden vor dem Problem, dass der Patient durch seine Suchterkrankung in seiner Urteilsfähigkeit «eingeschränkt» sei und teilweise widersprüchliche Aussagen mache. Sein Zustand und seine kognitiven Fähigkeiten variierten, je nach den gegebenen Umständen (Suchtverlangen vor Konsum, Rausch nach Konsum, Einschränkungen seiner allgemeinen Fähigkeiten aufgrund des schlechten Allgemeinzustandes). Einen Entzug und definitiv die Anwendung von Zwang lehne er jedoch strikt ab. Die schwankenden kognitiven Fähigkeiten erschwerten die Zuordnung der Urteilsfähigkeit in Bezug auf die Ablehnung der Massnahme. Letztlich sei der Patient aber selbst nach Konsum kognitiv in der Lage, Geschehenes zu rekapitulieren und Entscheidungen zu begründen. Andererseits formuliere er aber auch Ziele, die nicht mit seiner Ablehnung vereinbar seien. Demnach könne er sich ein Leben ohne Drogen vorstellen, dieses Ziel aber nach eigener Aussage aktuell nicht verfolgen. Auch wenn die Äusserungen bei den Behandelnden Zweifel weckten,

---

179 Siehe zu ethischen Aspekten und Erfahrungen zu Zwangsmassnahmen aus der Ethikkonsultation MONTAGUTI/SCHÜRMANN/WETTERAUER/PICOZZI/REITER-THEIL, 1 ff.

ob die Ablehnung nicht doch Ausdruck seiner Suchterkrankung sei und nicht seinem autonomen Willen entspräche, kamen sie nach sorgfältiger Prüfung zu dem Ergebnis, dass dem Patienten die Urteilsfähigkeit für die Ablehnung eines Entzugs nicht abgesprochen werden könne; auch wenn es schwer fiele zu akzeptieren, dass er Entscheidungen treffe, die man für schädlich halte. Das bestmögliche Ergebnis, das man sich für den Patienten vorstellen könne, sei am ehesten ein Weiterleben – oder besser: Überleben – mit dem bestmöglichen Umgang mit der bestehenden Sucht.

Die Vertreter der Behörde und der Amtsarzt berichteten, dass die Situation für die Eltern des Patienten kaum zu ertragen sei und ein Weiterleben mit der Sucht für sie nicht in Frage käme. Sie bevorzugten eine geschlossene Unterbringung und einen Entzug in Isolation. Aus diesem Grund habe man den Patienten immer wieder zwangsweise in die Psychiatrie eingewiesen. Der Amtsarzt äusserte auch Zweifel in Bezug auf die Urteilsfähigkeit des Patienten; diese sei durch das sehr starke Craving (Suchtverlangen) beeinträchtigt. Sein Wunsch, die Drogeneinwirkung erneut erleben zu wollen, beeinflusse ihn so stark, dass er in seiner Fähigkeit, Entscheidungen für sich zu treffen, stark eingeschränkt sei. Die Beiständin äusserte, der Patient habe ihr anvertraut, er wolle nicht in dem Zustand sein, in dem er sich befinde. Sie fragte daher das Behandlungsteam, ob man nicht im Rahmen einer erneuten zwangsweisen Unterbringung mehr Druck auf den Patienten aufsetzen könne.

bb. Analyse Fallbeispiel 1

Der zentrale ethische Konflikt in der Ethikkonsultation betraf die grösstmögliche Wahrung der Freiheitsrechte des Patienten gegenüber der Pflicht, ihn vor weiterem Schaden zu bewahren. Damit einhergehend musste die Frage geklärt werden, inwieweit der Patient fähig war, die Tragweite von Behandlungsoptionen und Therapiezielen zu überblicken und seine Entscheidungen danach auszurichten. Im Rahmen dessen war zu untersuchen, welche Behandlungen aus medizinischer und ethischer Sicht angezeigt bzw. zu vertreten und auch durchführbar waren. Die Feststellung der Urteilsfähigkeit spielte dabei – gerade im Hinblick auf die Zulässigkeit von Zwangsmassnahmen und zur Beurteilung des Schutzbedürfnisses des Patienten – eine zentrale Rolle.

Die komplexe Abhängigkeitserkrankung des Patienten und das sich daraus ergebendes Suchtverlangen beeinträchtigte die für die Urteilsfähigkeit relevanten Fähigkeiten. Um dem Erfordernis eines «Schwarz-weiss-Entscheids» über die Urteilsfähigkeit nachzukommen, musste eine Feststellung darüber getroffen werden, ob der Patient für die in Frage stehende Massnahme – hier ein erneuter Entzug – urteilsfähig war oder nicht. (Auch im Rahmen einer erneuten Fürsorgerischen Unterbringung nach Art. 426 ZGB wäre für eine medizinische Behandlung ohne seine Zustimmung Urteilsunfähigkeit (Art. 434 Abs. 1 Nr. 2) sowie die medizinische Erfolgsaussicht erforderlich). Die Urteilsfähigkeit wäre dem Patienten dann abgesprochen worden, wenn es ihm aufgrund eines objektiven Umstands – hier dem Vorliegen der Sucherkrankung, die unter die «psychische Störung» (allenfalls nach Konsum auch unter den Zustand des Rausches) zu subsumieren war – gemangelt hätte, vernunftgemäss zu handeln, Art. 16 ZGB. In diesem Zusammenhang stellte die Einordnung seiner Fähigkeiten, ob diese unter Berücksichtigung der etablierten Kriterien zu bejahen waren, die grösste Herausforderung für die Behandelnden bei der Beurteilung der Urteilsfähigkeit dar. Die entscheidende Frage war, ob und wie sehr sich seine Sucht bzw. sein Suchtverlangen und sein schlechter Allgemeinzustand auf die Willensbildungs- und Willensumsetzungsfähigkeit ausgewirkt hatten: War es dem Patienten noch möglich zu erkennen und einzusehen, in welcher Situation er sich befand und was die Ablehnung eines Entzugs bedeutete? Konnte er die Tragweite seiner Entscheidung tatsächlich einschätzen und Nutzen und Risiko abwägen? Oder war der Patient in seiner Fähigkeit der Willensbildung so weit durch seinen Suchtdrang beeinträchtigt, dass die Ablehnung der Massnahme nicht seinem autonomen Willen entsprach, sondern vielmehr Ausdruck seiner Erkrankung war? Die durch die Erkrankung verursachten Schwankungen seiner kognitiven Fähigkeiten (zeitliche Relativität) erschwerten die Beurteilung zusätzlich. Hinzu kam, dass der Patient möglicherweise noch in der Lage war, Entscheidungen mit geringerer Tragweite zu treffen, die Entscheidung über einen Entzug möglicherweise aber nicht mehr (sachliche Relativität).[180] Gerade bei Abhängigkeitserkrankungen bereitet die Feststellung der Urteilsfähigkeit bzw. die Zuschreibung relevanter Fähigkeiten spezifische Probleme. Hierbei kann die Feststellung, ob die Urteilsfähigkeit trotz des teilweisen Verlusts der Selbstkontrolle aufgrund des Suchtverhalten zu bejahen ist, besonders schwierig sein.[181]

Der Forderung nach einem Schwarz-weiss-Entscheid über das Vorliegen der Urteilsfähigkeit war nur schwer nachzukommen. Faktisch entstand ein Graubereich bei der Beurteilung, der sich für die Evaluierenden kaum auflösen liess. Im Ergebnis konnte dem Patienten die Urteilsfähigkeit jedoch aus Sicht der Behandelnden nicht abgesprochen werden. Dabei hatte nicht die Erwachsenenschutzbehörde, sondern die behandelnde Ärzteschaft die Feststellung der Urteilsfähigkeit des Patienten zu treffen.[182]

Eine weitere Schwierigkeit neben der Beurteilung der Urteilsfähigkeit stellten die medizinischen Möglichkeiten dar. Das Behandlungsteam berichtete, dass alle

---

180 Vgl. BGE 124 III 5, E. 4 c) bb), S. 16.

181 Vgl. Schürmann/Jähne/Wetterauer/Reiter-Theil, 191, 194 ff. u. 200; Reiter-Theil/Wetterauer, 271, 280 f.

182 Vgl. Aebi-Müller, ZBJV 2013, 150, 156 f. m.w.H.; BSK-Wyss, Art. 370 ZGB N 12; KuKo-Gassmann, Art. 372 ZGB N 1.

Möglichkeiten der Zwangsbehandlung erfolglos geblieben und damit aus ihrer Sicht ausgeschöpft waren. Die Forderung nach einem zwangsweisen Entzug in Isolation stand klar im Widerspruch zu den als möglich artikulierten Zielen der Behandelnden und war aus ihrer Sicht praktisch nicht durchführbar. Ihrer Ansicht nach hätte es Jahre der Isolation gebraucht, um die Suchtstruktur des Patienten verringern zu können. Neben den ethischen Prinzipien des Respekts vor der Patientenautonomie und der Hilfeleistung war damit gleichzeitig auch die Verpflichtung zur Schadensvermeidung zentral, weil die Frage nach der medizinischen Erfolgsaussicht (=Indikation) im Raum stand.

Nachdem die Urteilsfähigkeit des Patienten für die konkrete Massnahme letztlich von den behandelnden Ärzten bejaht, die medizinische Indikation eines erneuten Entzugs hingegen jedoch äusserst kritisch bewertet wurde, musste man es dann auch primär als sinnvoll betrachten, den Patienten im Sinne des Paradigmas der «Schadensminderung»[183] zu stabilisieren – was eine Art «psychiatrische Palliative Care» bedeutet: dem Patienten ein Weiterleben mit seiner Krankheit (Abhängigkeit) ohne Aussicht auf Heilung zu ermöglichen, indem man sich auf Symptomlinderung und Vermeidung zusätzlicher Schädigung konzentriert. Zur Schadensminderung gehört auch die Bereitschaft, den Patienten weiter zu unterstützen, sobald er eigene Motivation für eine Entzugsbehandlung zeigt.[184]

Nachdem in der Ethikkonsultation die verschiedenen Standpunkte dargelegt und das Konzept der «Schadensminderung» vermittelt und aus ethischer Perspektive legitimiert werden konnte, wurde die Forderung, dem Patienten die Urteilsfähigkeit abzusprechen und auch die Forderung nach Zwangsmassnahmen, gemildert.

cc. *Analyse «Einschränkungen»*

Die meisten der in den 57 Fällen beschriebenen «Einschränkungen» sind auf eine psychiatrische Erkrankung bzw. deren Symptome zurückzuführen, die Beeinträchtigungen der für die Urteilsfähigkeit relevanten Fähigkeiten verursachten. Besonders häufig wurden Patienten mit Abhängigkeitserkrankungen oder einer Schizophrenie beschrieben, aber auch Patienten mit Borderlinestörungen, Depressionen, Demenz, Persönlichkeits- und Verhaltensstörungen oder einer Minderintelligenz. Insgesamt deutlich weniger waren Einschränkungen, die nicht durch psychiatrische Erkrankungen ausgelöst wurden, wie z.B. das Vorliegen eines schlechten Allgemeinzustandes oder eine neurologische Erkrankung.

---

183 Siehe hierzu z.B. DRUCKER/ANDERSON/HAEMMIG/HEIMER/SMALL/WALLEY/WOOD/VAN BEEK, 239, 240.

184 Vgl. REITER-THEIL/WETTERAUER, 271, 281.

Teilweise wurde näher ausgeführt, welchen Einfluss die Erkrankungen auf die Beurteilung der Urteilsfähigkeit hatten; hier wurden z.B. schwankende oder fluktuierende kognitive Fähigkeiten, Bewusstseinsminderungen, kognitive Defizite, depressive Wahnvorstellungen und eingeschränkte Kommunikationsmöglichkeiten genannt. Letztere hatten zur Folge, dass es den Patienten aufgrund neurologischer Erkrankungen gegenwärtig nicht möglich war, verbal zu kommunizieren. Eine Kommunikation konnte nur durch Händedruck o.Ä. stattfinden. Laut den Evaluierenden war es unter diesen Umständen äussert schwierig herauszufinden, was der Patient verstehen konnte bzw. welche Wünsche er hatte. Anhand medizinischer Untersuchungen allein konnte nicht beantwortet werden, inwieweit der Patient kognitiv beeinträchtigt war. Die Prüfung, ob und inwiefern sich die Erkrankung auf die Fähigkeit zur Willensbildung und -umsetzung ausgewirkt hat, schien ohne verbale Kommunikation für die Behandelnden schier unmöglich.

dd. *Exkurs: Teilweises Beruhen der Urteilsfähigkeit auf objektivierbaren Ursachen, Art. 16 ZGB*

Dass eine allfällige Urteilsunfähigkeit nach dem Wortlaut des Art. 16 ZGB zumindest teilweise auf objektivierbaren Ursachen beruhen muss[185], scheint für anerkannte psychiatrische Krankheitsbilder, insbesondere Psychosen, Psychopathien, Demenz- und Suchterkrankungen kein Problem dazustellen, da sie zweifelsfrei unter die «psychische Störung» fallen.[186] Es stellt sich jedoch die Frage, unter welche objektivierbare Ursache der in der Ethikkonsultation mehrfach genannte «schlechte Allgemeinzustand» zu subsumieren ist. Hier ist zu differenzieren: Der Patient kann aufgrund eines (somatisch) schlechten Allgemeinzustandes soweit beeinträchtigt sein, dass der Zustand Auswirkungen auf seine Psyche hat. Dies kann etwa dann der Fall sein, wenn er aufgrund seines schlechten Zustandes zu wenig Sauerstoff bekommt und dadurch in seinen kognitiven Fähigkeiten eingeschränkt, schläfrig oder verlangsamt ist. In diesem Fall wäre die Erkrankung des Patienten unter die «psychische Störung» zu subsumieren. Es kann aber auch sein, dass der schlechte Allgemeinzustand Ausdruck seines «Greisenalters»[187] ist. Die altersbedingte Verminderung der «Geisteskräfte» gehört zu den häufigsten Ursachen der Urteilsunfähigkeit einer Person. Sofern nicht gleichzeitig auch eine Demenzerkrankung vorliegt und der schlechte Allgemeinzustand dann ebenfalls unter die «psychische Störung» zu zählen wäre, würde der schlechte Allgemein-

185 Siehe Fn. 125.

186 Vgl. BK-BUCHER/AEBI-MÜLLER, Art. 16 ZGB N 101.

187 Siehe für weitere Ausführungen zum «Greisenalter» BSK-FANKHAUSER, Art. 16 ZGB N 22 f.

zustand aufgrund einer «Geistesschwäche» als «ähnlicher Grund» im Sinne des Art. 16 ZGB zu qualifizieren sein.[188]

ee. *Diagnosen der Patienten*

Interessant bei der Untersuchung zu den «Einschränkungen» ist, dass psychiatrische und somatische Diagnosen bzw. Erkrankungen sowohl im USB als auch in den UPK vorkamen. Generell spielen psychiatrische Erkrankungen bei den «Einschränkungen» die Hauptrolle, auch in der Somatik. In der somatischen Behandlung waren vor allem Suchterkrankungen, Demenzen oder Delirien relevant. Ein somatisch schlechter Allgemeinzustand trat aber auch als «Einschränkung» in der psychiatrischen Patientenversorgung auf.

Für spätere Überlegungen zu möglichen Lösungsansätzen zum Umgang mit Schwierigkeiten bei der Beurteilung der Urteilsfähigkeit ist dabei Folgendes wichtig: Bei Patienten in einer psychiatrischen Institution wird davon ausgegangen, dass sie unter einer psychiatrischen Erkrankung leiden. Dass dies mit Beeinträchtigungen der Urteilsfähigkeit einhergehen kann, wird bekannt sein, nicht zuletzt, weil die Urteilsfähigkeit häufig sehr eng mit psychiatrischen Krankheitsbildern verbunden ist. In der Akutklinik hingegen werden Patienten überwiegend aufgrund einer somatischen Erkrankung behandelt. Eine mögliche psychiatrische Erkrankung steht in der Regel nicht im Fokus (vorbehaltlich mancher geriatrischer oder psychosomatischer Abteilungen). Das wiederum könnte das Risiko bergen, dass die psychiatrische Erkrankung als «Nebenthema» nicht erkannt und damit möglicherweise einhergehende Probleme mit der Urteilsfähigkeit nicht wahrgenommen werden.

Hingegen wird sich der somatisch schlechte Allgemeinzustand und mögliche, daraus resultierende Einschränkungen den Behandelnden so deutlich offenbaren, dass dieser – auch wenn er somatisch begründet ist – sowohl in der somatischen als auch in der psychiatrischen Patientenbehandlung nicht unentdeckt bliebe.

Im Kontext der «Einschränkungen», die eine schwierige Beurteilung der Urteilsfähigkeit hervorrufen, ist auch ein Blick auf die Diagnosestellung der Patienten aufschlussreich. In 84 der 200 Ethikkonsultationen wurde eine Komorbidität des Patienten festgestellt, das heisst es lagen sowohl mindestens eine somatische als auch mindestens eine psychiatrische Diagnose gleichzeitig vor, wobei 46 aus dem USB und 38 aus den UPK stammten. Bringt man diese 84 Fälle in Zusammenhang mit den Fällen, bei denen Probleme bei der Beurteilung der Urteilsfähigkeit auftraten, so sieht man, dass diese am häufigsten bei dieser Patientengruppe auftra-

---

188 Vgl. AEBI-MÜLLER, FHB Erwachsenenschutzrecht 2016, 31, 40, N 3.22; BK-BUCHER/AEBI-MÜLLER, Art. 16 ZGB N 96; AEBI-MÜLLER, Jusletter 22.9.2014, Rz. 53.

ten, nämlich in 67 % der Fälle. Daraus lässt sich folgern, dass Patienten, die eine Komorbidität aufweisen, nicht nur häufig Anlass für ethische Fragestellungen sind, sondern im Rahmen dieser auch den grössten Anteil der schwierigen Beurteilungen der Urteilsfähigkeit ausmachten.

b. Kategorie 2: «unklar und eingeschränkt»

Unter diese Kategorie fallen 13 Fälle, in denen ebenfalls die «Einschränkungen», wie sie eben für Kategorie 1 beschrieben wurden, auftraten. Im Gegensatz zu Kategorie 1 war den Protokollen jedoch zu entnehmen, dass zum Zeitpunkt der Ethikkonsultation explizit noch keine Beurteilung der Urteilsfähigkeit vorgenommen worden war. In diesen Fällen lag das Problem der ethischen und rechtlichen Einschätzung aus Sicht der Ethikkonsultation also zum einen darin, dass explizit noch keine klinische Beurteilung der Urteilsfähigkeit vorgenommen worden war und zum anderen (auch aus Sicht der Behandelnden), dass zum Zeitpunkt der Ethikkonsultation die Feststellung eines Ergebnisses aufgrund von oben genannten «Einschränkungen» Schwierigkeiten bereitete.

c. Kategorie 3: «Bedenken»

Zu dieser Kategorie gehören acht Fälle, bei denen eine Beurteilung und eine Zuordnung der Urteilsfähigkeit in «gegeben» oder «nicht gegeben» durch die Behandelnden zwar vorgenommen wurde, aber aus ihrer Sicht Unsicherheit darüber bestand, ob das richtige Ergebnis bei der Beurteilung herauskam. Die Bedenken wurden dabei gerade nicht durch Einschränkungen der kognitiven Fähigkeiten des Patienten ausgelöst.

Das folgende Fallbeispiel soll die Kategorie «Bedenken» veranschaulichen.

aa. Fallbeispiel 2

Eine leitende Ärztin der Abteilung fragte eine Ethikkonsultation an, weil das Behandlungsteam Schwierigkeiten mit der Situation hatte, dass eine 82-jährige Patientin eine lebensnotwendige Operation ablehnte.

In der Ethikkonsultation berichteten die Teilnehmenden, dass die Patientin vor ein paar Tagen notfallmässig operiert worden und seitdem auch hospitalisiert sei. Der ersten Operation habe die Patientin zugestimmt. Nun müsse sie noch am gleichen Tag erneut operiert werden, da sie sich in einer lebensbedrohlichen Situation befinde. Die erneute Operation lehne sie jedoch ab. Ihr Wunsch sei es, dass man sie in Ruhe lasse und sie sterben könne. Unter Schmerzen leide sie nicht.

Laut Einschätzung der Ärzte würde die Patientin ohne die Vornahme, der nicht besonders risikoreichen Operation wahrscheinlich innert kurzer Zeit versterben. Mit der Operation hätte sie eine sehr gute Chance zu überleben.

Die Frage danach, ob die Patientin für diese Entscheidung urteilsfähig sei, zeigte Unsicherheiten bei den Behandelnden auf: Zwar bestünden einerseits keine Zweifel daran, dass die Patientin grundsätzlich im Vollbesitz ihrer Fähigkeiten sei, diese Entscheidung treffen zu können, andererseits löse der Inhalt der Entscheidung bei den Behandelnden Bedenken aus. Sie fragten sich, ob es überhaupt sein könne, dass die Patientin urteilsfähig sei, wenn sie in einer lebensbedrohlichen Situation die medizinisch indizierte und nicht besonders risikoreiche Operation ablehne.

Während der Ethikkonsultation wurden die Urteilsfähigkeit und der Wunsch der Patientin durch zwei der anwesenden Ärzte erneut überprüft. In dem Gespräch machte die Patientin deutlich, dass ihr bewusst sei, dass sie ohne die erneute Operation wahrscheinlich versterben werde, was sie aber in Kauf nehme. Man könne ihr nicht sicher voraussagen, was für ein Outcome sie nach der Operation haben werden, ob sie noch genauso mobil sein würde wie zuvor. Das Risiko, ihre Selbständigkeit zu verlieren, wolle sie nicht eingehen. Die Behandelnden sahen erneut alle Elemente für das Vorliegen der Urteilsfähigkeit, insbesondere auch die Willensbildungsfähigkeit, als gegeben an. Die Patientin habe die Situation vollständig erfasst und ihre Entscheidung sachlich und nachvollziehbar begründen können.

bb. Analyse Fallbeispiel 2

Für die ethische Fallanalyse stand die Autonomie der Patientin im Fokus. Ihr Wunsch, auf die weitere (lebensnotwendige) Operation zu verzichten widersprach jedoch dem Bedürfnis der Ärzte, ihr helfen zu wollen. Sie erlebten ein ethisches Dilemma: Medizinisch hatten sie alles geleistet und sollten nun «tatenlos» zusehen, wie die Patientin höchstwahrscheinlich versterben werde, obwohl sie ihr helfen könnten. Das Handeln der Patienten löste Bedenken über das Vorliegen der Urteilsfähigkeit aus, bzw. liess die Frage aufkommen, ob die Willensbildungsfähigkeit der Patientin nicht beeinträchtigt sein könnte bzw. müsste, da sie sich «unvernünftiger Weise» gegen die medizinisch indizierte und nicht besonders risikoreiche Operation aussprach. Zusätzliche Verunsicherung entstand dadurch, dass die Patientin der vorausgegangenen Operation zugestimmt hatte.

Auch wenn unvernünftiges Handeln im Einzelfall ein Indiz für Urteilsunfähigkeit sein kann, so kommt es für die Feststellung der Urteilsfähigkeit einzig auf die Fähigkeit einer Person zu vernünftigem Verhalten an, nicht darauf, ob das konkret infrage stehende Verhalten vernünftig war oder erscheint.[189] Für die Praxis empfiehlt es sich, den Patienten dazu aufzufordern, das Gesagte in eigenen Worten wiederzugeben und seine Entscheidung zu begründen, um feststellen, inwieweit er die Ausführungen verstanden hat und sich einen eigenen Willen bilden kann.[190]

Im Rahmen der erneuten Beurteilung der Urteilsfähigkeit konnte die Patientin differenziert darlegen, weshalb sie sich gegen eine erneute Operation entschied. Es fiel den Behandelnden zwar schwer, die Entscheidung der Patientin anzunehmen, auch wenn sie sie letztlich akzeptierten.

Seitens der Klinischen Ethik wurde die Involvierung der Palliative Care angeregt, damit diese sich bei aufkommenden Schmerzen um die Bedürfnisse der Patientin kümmern könnte.

cc. *Analyse «Bedenken»*

In den Fällen, in denen die Beurteilung der Urteilsfähigkeit bei den Evaluierenden «Bedenken» auslöste, waren in den Protokollen folgende Angaben als Auslöser zu finden: eine Sprachbarriere, eine anderslautende Einschätzung der Urteilsfähigkeit durch eine andere Institution, die Ablehnung medizinisch indizierter Massnahmen durch den Patienten, ein unklarer Patientenwunsch, Noncompliance, leichte Beeinflussbarkeit oder die Ambivalenz des Patienten. Auch wenn die Ablehnung medizinisch indizierter Massnahmen, eine Noncompliance, leichte Beeinflussbarkeit oder auch eine Ambivalenz des Patienten durchaus Folgen einer der in Art. 16 ZGB genannten Erkrankungen oder Zustände sein können, traf dies in den acht hier beschriebenen Fällen gerade nicht zu. Die genannten Umstände standen nicht mit der Erkrankung des Patienten in Zusammenhang und unterscheiden sich damit von den «Einschränkungen».

Zwar mangelt es damit bei den Bedenken an den erforderlichen objektivierbaren Ursachen im Sinne des Art. 16 ZGB[191] (vgl. auch Kapitel II A 1.2.1.b. «Objektive Ursachen der Urteilsunfähigkeit»), dennoch liefern sie wichtige Hinweise darauf, welche Probleme in der Praxis bei der Beurteilung der Urteilsfähigkeit – ausserhalb einer herausfordernden Zuschreibung von kognitiven Fähigkeiten – be-

---

189 Vgl. BGE 117 II 231, E. 2 b), S. 233; BGE 124 III 5, E. 4 c) cc), S. 17; BGE 127 I 6, E. 7 b cc), S. 20 f.; BSK-FANKHAUSER, Art. 16 ZGB N 5; OFK-FANKHAUSER/BLEICHENBACHER, Art. 16 ZGB N 18; CHK-BREITSCHMID/KAMP, Art. 370 ZGB N 16; siehe auch Fn. 118.

190 Vgl. AEBI-MÜLLER, Jusletter 22.9.2014, Rz. 101 m.w.H.; APPELBAUM/ROTH, Arch Gen Psychiatry 1982, 951, 954; SAMW (Urteilsfähigkeit), 17.

191 Die vom Gesetz genannten Ursachen, welche die Fähigkeit vernunftgemässen Handelns beeinträchtigen, sind abschliessend gemeint und auch die Ursache «ähnlicher Zustände» darf nicht beliebig ausgeweitet werden, siehe hierzu BSK-FANKHAUSER, Art. 16 ZGB N 33a.

stehen können. Freilich konnten die Bedenken auch mit Unsicherheiten hinsichtlich der eigenen Kompetenz für die Beurteilung der Urteilsfähigkeit zusammenhängen.

d. *Umgang mit «Einschränkungen» und «Bedenken» bei der Beurteilung der Urteilsfähigkeit in der medizinischen Praxis*

Nach eben Gesagtem muss für den Umgang mit einer «schwierigen» Beurteilung, die durch «Einschränkungen» oder «Bedenken» ausgelöst werden kann, differenziert werden: Handelt es sich um Umstände, die eine Beurteilung erschweren, aber verändert oder zumindest abgemildert werden können oder ist es die Zuschreibung der Fähigkeiten selbst, die aufgrund ihrer Komplexität und Schwierigkeit kaum eine Einteilung zulässt. Für ersteres gilt, dass zunächst das Ausschliessen oder Vermindern von Störfaktoren stattfinden sowie Hilfestellung für die Entscheidungsfindung für den Patienten angeboten werden muss. Veränderbare Aspekte betreffen z.B. die Art und Weise, wie Informationen vermittelt werden, oder unter welchen Rahmenbedingungen ein Patientengespräch stattfindet.[192] Beispielsweise kann eine an die Situation adaptierte Kommunikation erforderlich sein, um einem geschwächten, betagten oder von Einschränkungen der kognitiven Fähigkeiten betroffenen Patienten die Entscheidfindung zu erleichtern und damit die vorhandenen Beeinträchtigungen unter Umständen wirksam aufzufangen. Möglicherweise kann es schon genügen, die optimale Tageszeit für Aufklärung und Behandlungsentscheid einzuplanen.[193] Ebenso kann das Hinzuziehen von Übersetzern oder anderen Drittpersonen Erleichterung bringen.[194] Es kann aber auch die Wiederherstellung der Kommunikation erforderlich sein.[195] Bei Vorliegen einer Äusserungsunfähigkeit etwa muss versucht werden, dem Patienten eine eigene Entscheidung zu ermöglichen, in dem ihm ggf. entsprechende Hilfsmittel zur Verfügung gestellt werden.[196] Geht es hingegen um die Zuschreibung der Fähigkeiten selbst, so können Beurteilungshilfen für den Beurteilenden selbst nützlich sein, um den schwierigen Beurteilungs- und Zuschreibungsprozess zu meistern.

---

192 Vgl. TRACHSEL/HERMANN/BILLER-ANDORNO, Schweiz Med Forum 2014, 221, 222 m.w.H.; SAMW (Urteilsfähigkeit), 15.

193 Vgl. AEBI-MÜLLER, Jusletter 22.9.2014, Rz. 100; SAMW (Urteilsfähigkeit), 15.

194 Vgl. TRACHSEL/HERMANN/BILLER-ANDORNO, Schweiz Med Forum 2014, 221, 222 m.w.H.

195 Vgl. SAMW (Urteilsfähigkeit), 17; BK-BUCHER/AEBI-MÜLLER, Art. 16 ZGB N 8.

196 Vgl. AEBI-MÜLLER, Jusletter 22.9.2014, Rz. 51.

e. Zwischenfazit

Die meisten Probleme bei der Beurteilung der Urteilsfähigkeit in den Ethikkonsultationen wurden durch Einschränkungen der für die Urteilsfähigkeit relevanten Fähigkeiten des Patienten hervorgerufen. Diesen lag zumeist eine psychiatrische Erkrankung zugrunde, aber auch somatische Gründe konnten hierfür Auslöser sein, insbesondere ein schlechter Allgemeinzustand. Weit mehr als die Hälfte der Patienten, bei denen die Beurteilung der Urteilsfähigkeit mit Problemen verbunden war, wiesen eine Komorbidität auf. Die Komplexität einer Komorbidität ist damit als zusätzliche Schwierigkeit für die Beurteilung der Urteilsfähigkeit zu identifizieren. Somatische und psychiatrische Umstände waren in USB und UPK hier wie dort für die Einschränkungen ausschlaggebend, wobei Einschränkungen allein aufgrund somatischer Umstände in den UPK nicht vorkamen, Einschränkungen allein aufgrund psychiatrischer Störungen bei Patienten kamen hingegen im USB durchaus vor. Aus der Institution allein kann demzufolge kein Rückschluss darauf gezogen werden, welche Art von Erkrankung oder Diagnose zu Schwierigkeiten bei der Beurteilung der Urteilsfähigkeit führt.

Für die Beurteilenden entstand bei Patienten mit eingeschränkten kognitiven Fähigkeiten die Schwierigkeit, die Fähigkeiten den für das Vorliegen der Urteilsfähigkeit geforderten Kriterien zuzuschreiben. Das Endergebnis ihrer Evaluation lautete deshalb oftmals, dass die Urteilsfähigkeit «eingeschränkt» oder «unklar» sei. Neben Einschränkungen, die auf medizinischen Ursachen beruhten, gab es auch Fälle, in denen keine derart gelagerte Einschränkung Ursache der schwierigen Beurteilung war. Diese lag vielmehr in anderen, teilweise äusseren oder situationsbedingten Umständen, wie einer Sprachbarriere oder Unentschlossenheit (Ambivalenz) des Patienten. Auch wenn es in diesen Fällen an einer für das Absprechen der Urteilsfähigkeit erforderlichen objektivierbaren Ursache im Sinne des Art. 16 ZGB mangelt, tragen die Fälle dennoch zur Identifizierung von Schwierigkeiten der Fachleute bei der Beurteilung der Urteilsfähigkeit bei.

Aus Sicht der Ethikkonsultation konnte ein weiteres Problem festgestellt werden: Es gab Fälle, in denen die Beurteilung der Urteilsfähigkeit zum Zeitpunkt der Ethikkonsultation noch nicht vorgenommen worden war. Erst in der Ethikkonsultation wurde den Behandelnden die Notwendigkeit einer Beurteilung der Urteilsfähigkeit bewusst. Es ist fraglich, ob die Hoffnung bestand, die Urteilsfähigkeit des Patienten mittels oder anlässlich der Ethikkonsultation zu klären; dies kann aber wohl deshalb ausgeschlossen werden, weil in den Anfragen jener Ethikkonsultationen, in denen explizit noch keine Beurteilung der Urteilsfähigkeit vorgenommen worden war, die Urteilsfähigkeit – bis auf einen Fall – gar nicht in der Anfrage erwähnt oder umschrieben wurde. Es darf also angenommen werden, dass die Erfahrung einer systematischen Ethikkonsultation dazu beiträgt, dass auch Behandelnde, die zuvor nicht an eine Beurteilung der Urteilsfähigkeit gedacht hatten, erkennen, dass eine solche notwendig sein kann.

3.3.2. Umfrage

Vergleicht man die Schwierigkeiten bei der Beurteilung der Urteilsfähigkeit aus der Ethikkonsultation mit den Angaben der befragten Ärzte aus der Umfrage, stellt man grosse Überschneidungen fest. Auch in der Umfrage wurden als Auslöser für schwierige Beurteilungen zum Grossteil Angaben gemacht, die auf Diagnosen und Erkrankungen sowie deren Symptome zurückzuführen sind. Die häufigsten Angaben waren psychiatrische Erkrankungen wie z.B. Demenzen, Delirien oder Abhängigkeitserkrankungen, die zur Beeinträchtigung relevanter Fähigkeiten des Patienten führen. Wie auch schon in der Ethikkonsultation wurden neben Erkrankungen oder Symptomen auch davon abweichende Umstände wie Kommunikationsschwierigkeiten, Sprachbarrieren oder auch die mangelnde Kooperation des Patienten genannt. Darüber hinaus wurde in der Umfrage an Schwierigkeiten aufgeführt, dass der Patient aufgrund seiner schwankenden oder fluktuierenden Fähigkeiten kein konstantes Bild abgebe, es sich bei dem Arzt-Patientengespräch nur um eine Momentaufnahme handele oder die Urteilsfähigkeit manchmal nur zum Teil eingeschränkt sei.

Eindrücklich ist in der Umfrage, dass ein beachtlicher Teil der Teilnehmenden (17 %) die Schwierigkeit der Beurteilung in mangelnder Handlungsanleitung und der eigenen Inkompetenz sieht. Die Befragten bemängelten etwa, dass es keinen Kriterienkatalog bzw. keinen allgemeingültigen Algorithmus gebe und dass sie nicht spezifisch ausgebildet oder inkompetent seien.

3.4. Beurteilungskompetenz

Da den Angaben aus der Umfrage zufolge die eigene Kompetenz für den Beurteilungsprozess eine nicht zu vernachlässigende Rolle einzunehmen scheint, soll diesem Aspekt weiter nachgegangen werden.

3.4.1. Umfrage

Von den 123 Teilnehmenden der Umfrage gaben fast alle an, mitunter bei der Beurteilung unsicher gewesen zu sein, lediglich sechs Personen verneinten dies. Der eigenen Einschätzung zufolge fühlen sich nur knapp 35 % der Befragten selbst generell kompetent in der Beurteilung, hingegen sehen sich mehr als 50 % der Befragten generell als nicht kompetent an. Circa zehn Prozent meinen, sie wären teilweise kompetent oder mit der Hilfe anderer, z.B. seien sie durch Hinzuziehen von Fachpersonen in der Lage, die Beurteilung durchzuführen. Der Anteil, der sich selbst als generell nicht kompetent ansieht, ist mit über 50 %

erstaunlich hoch, besonders vor dem Hintergrund, dass es sich um eine Selbsteinschätzung handelt.

Die Verteilung der Angaben auf die verschiedenen teilnehmenden Disziplinen zeigt deutliche Unterschiede: 18 Befragte aus den UPK fühlen sich «generell kompetent» in der Beurteilung, was bei einer Teilnehmerzahl von 32 aus den UPK einem Anteil von ca. 56 % entspricht. Im USB sind es 14 Mitarbeitende, die sich «generell kompetent» fühlen, was bei insgesamt 69 Teilnehmenden aus dem USB einem Anteil von ca. 20 % entspricht. Neun Hausärzte gaben an, sich «generell kompetent» zu fühlen, was bei 20 Teilnehmenden 45 % entspricht. Beide Mitarbeitenden, die für USB und UPK zuständig sind, gaben an, sich generell kompetent zu fühlen. Die Verteilung ist nicht überraschend: Insbesondere im Vergleich zwischen somatischer und psychiatrischer Praxis durfte man erwarten, dass die Selbsteinschätzung der Kompetenz bei Mitarbeitenden in den UPK deutlich höher liegen würde. Dort, wo die Urteilsfähigkeit oftmals mit der zu behandelnden Erkrankung eng verbunden ist, nämlich in der Behandlung psychiatrischer Erkrankungen, ist die eigene Einschätzung dementsprechend höher.

Insgesamt ist die Selbsteinschätzung der eigenen Kompetenz aber eindrücklich niedrig, sowohl in der psychiatrischen und ganz besonders in der somatischen Behandlung.

Mit der eigenen Kompetenz ist die Frage nach der Vorgehensweise bei der Beurteilung der Urteilsfähigkeit verbunden. Die Antworten der Befragten lassen darauf schliessen, dass verschiedene Wege praktiziert werden[197], individuelle und standardisierte Vorgehen, wobei die individuelle Vorgehensweise am häufigsten genannt wurde. Aber auch die Anwendung von Richtlinien, Tools und Hilfsinstrumenten, das Einholen eines psychiatrischen Konsils sowie die Orientierung an der eigenen klinischen Erfahrung wurden häufig genannt. Jedoch gaben lediglich 44 der Befragten an, Richtlinien zur Beurteilung zu kennen, 70 verneinten dies, neun Personen machten keine Angaben. Am häufigsten wurden dabei die Guidelines der SAMW und der Mini-Mental-Status-Test genannt. Weitere Angaben zu bekannten Richtlinien waren z.B. auch die «vier Kriterien zum Vorliegen der Urteilsfähigkeit (Erkenntnisfähigkeit, Wertungsfähigkeit, Willensbildung und Willenskraft)», das «Zivilgesetzbuch», «können gegoogelt werden», die «neuropsychologische Untersuchung» oder die «Schweizer Ärztezeitung». Diese Angaben stellen zwar keine «Richtlinie» zur Beurteilung – auf welche die Frage abzielte – dar, sie können aber ggf. eine Hilfestellung in der Praxis sein – zumindest teilweise.

Bei der Frage der eigenen Kompetenz für die Beurteilung ist zusätzlich interessant, wie sich «Können» und «Erfahrung» zueinander verhalten. Ein Blick auf die Erfahrung und die eigene Kompetenzeinschätzung der Mitarbeitenden zeigt, dass

---

197 Vgl. hierzu auch BASS-Studie, 72.

Assistenzärzte und Ärzte mit längerer Erfahrung ähnliche Angaben machten. 31 % der Assistenzärzte und 37 % der Oberärzte, Leitenden oder Chefärzte fühlen sich kompetent. Ein signifikanter Unterschied von «Können» und «Erfahrung» zwischen den Gruppen kann in dieser Umfrage damit nicht ausgemacht werden. Auch wenn aufgrund der kleinen Stichprobe keine allgemeingültigen Aussagen getroffen werden können, so kann die Ausgeglichenheit der Angaben auch dahin gedeutet werden, dass erfahrene Ärzte vermutlich auf einen grösseren Erfahrungsschatz, jüngere Ärzte möglicherweise auf aktuelles Wissen über rechtliche Grundlagen und medizinethische Richtlinien zur Urteilsfähigkeit (aus Studium / Fort- und Weiterbildung) zurückgreifen können.

3.4.2. Ethikkonsultation

In den Protokollen der Ethikkonsultationen sind keine (direkten) Hinweise auf die Beurteilungskompetenz der Behandelnden bzw. deren eigene Kompetenzeinschätzung zu finden. Allerdings kann in einigen Fällen gemutmasst werden, dass es an Kompetenz für eine fachkundige Beurteilung mangelte, insbesondere dann, wenn bereits die Notwendigkeit einer Beurteilung nicht gekannt wurde.

3.5. (Nicht-)Vornahme der Beurteilung der Urteilsfähigkeit und Zuständigkeiten

Neben schwierigen Beurteilungssituationen, die einen komplexen Beurteilungsvorgang erfordern und bzw. oder mangelnder Kompetenz wurde – wie oben festgestellt – aus Sicht der Ethikkonsultation noch ein weiterer Problembereich für die Beurteilung der Urteilsfähigkeit identifiziert, nämlich die Nichtvornahme einer Beurteilung, welcher zugleich mit der Frage nach der Zuständigkeit für die Beurteilung einhergeht. Dieser Bereich soll im Folgenden vertieft analysiert werden.

3.5.1. Einführung

Die Frage nach der Urteilsfähigkeit des Patienten stellt sich theoretisch in jedem Fall, in dem ein Behandlungsentscheid ansteht.[198] Auch wenn eine Beurteilung bzw. das Feststellen über das Vorliegen der Urteilsfähigkeit implizit

---

198 Vgl. BASS-Studie, 71.

stattfinden kann, so muss dennoch die Notwendigkeit der Zuschreibung der Urteilsfähigkeit in «gegeben» oder «nicht gegeben» erkannt werden. Wenn Zweifel am Vorliegen der Urteilsfähigkeit bestehen, wird eine vertiefte Beurteilung erforderlich.[199]

Eng mit der Erkenntnis um die Beurteilung verbunden ist das Wissen um die Zuständigkeit der Vornahme dieser. Dies kann zum einen das Wissen um die eigene Zuständigkeit, aber auch das Wissen darum sein, wer statt einem selbst zuständig ist.

3.5.2. Ethikkonsultation

In der Auswertung der Protokolle der Ethikkonsultationen gibt es eine Reihe von Fällen, in denen deutlich wird, dass die Notwendigkeit einer Beurteilung nicht erkannt worden war. In 13 der 78 Fälle, in denen die Beurteilung «problematisch» war, hatte bis zum Zeitpunkt der Ethikkonsultation laut Auskunft der Behandelnden explizit noch keine Beurteilung stattgefunden. Dass die Hoffnung bestand, diese im Rahmen der Ethikkonsultation unter Hilfestellung durchzuführen, ist nach Auswertung der Anfragetexte für besagte Ethikkonsultationen unwahrscheinlich (siehe *Kapitel II A 3.3.1.e. «Zwischenfazit»*).

Auch in den 57 der 78 für die Beurteilung relevanten Fälle, in denen eine eindeutige Zuordnung der Urteilsfähigkeit für die Evaluierenden aufgrund von «Einschränkungen» erschwert war, ist es durchaus möglich, dass die Notwendigkeit der Beurteilung vor der Ethikkonsultation nicht erkannt wurde. Dies ist anhand der Protokolle nicht immer nachzuvollziehen. Jedoch legt auch die Auswertung der Anfragetexte zu diesen Ethikkonsultationen diese Annahme nahe: Nur in zehn der insgesamt 57 Fälle wurde die Urteilsfähigkeit des Patienten in der Anfrage für die Ethikkonsultation ausdrücklich benannt, in weiteren vier wurde sie umschrieben.

Gleichzeitig verdeutlichen manche Anfragetexte derjenigen Ethikkonsultationen, in denen die Urteilsfähigkeit gerade nicht benannt oder umschrieben wurden die Vermutung, dass die Notwendigkeit der Beurteilung vor der Ethikkonsultation nicht erkannt wurde. Als Beispiel hierfür ist eine typische Konstellation aus der Ethikkonsultation zu nennen, bei der die Behandelnden vor der Frage nach der Anwendung von Zwangsmassnahmen standen und sich fragten, ob diese ethisch vertretbar seien – im Sinne von: «Dürfen, wollen, sollen oder müssen wir das?». Da die vordringliche Frage für die Behandelnden in diesen Fällen die ethische Vertretbarkeit der Anwendung von Zwang war, scheint es zwar durchaus nach-

[199] SAMW (Urteilsfähigkeit), 15.

vollziehbar, dass in der Anfrage für solch eine Ethikkonsultation die Urteilsfähigkeit nicht wörtlich benannt wurde. Die Autonomie und damit auch die Urteilsfähigkeit des Patienten sind aber in diesen Fällen so eng mit den aufgeworfenen Fragestellungen verknüpft, dass die Tatsache, dass die Urteilsfähigkeit noch nicht einmal umschrieben wurde, als Zeichen gewertet werden kann, dass die Urteilsfähigkeit mit der zusammenhängenden Problematik nicht unbedingt in Verbindung gebracht und damit die Notwendigkeit einer Beurteilung möglicherweise erst gar nicht erkannt wurde.[200]

Darüber hinaus ist es freilich auch in den 122 Ethikkonsultationen, in denen die Beurteilung der Urteilsfähigkeit keine Probleme bereitete, denkbar, dass die Notwendigkeit der Feststellung der Urteilsfähigkeit nicht bzw. erst auf Nachfrage in der Ethikkonsultation erkannt wurde.

3.5.3. Umfrage

a. Notwendigkeit der Beurteilung erkennen

In der Umfrage wurden zahlreiche Kriterien für die Vornahme einer Abklärung der Urteilsfähigkeit genannt. Neben Diagnosen und Erkrankungen wurden auch Umstände genannt, die geeignet sind, Zweifel am Vorliegen der Urteilsfähigkeit hervorzurufen wie beispielsweise die zeitliche oder örtliche (Des-)Orientierung des Patienten, eine Selbst- oder Fremdgefährdung, das Nichterkennen der Situation oder deren Konsequenzen sowie kognitive Einschränkungen. Es wurden aber auch Konstellationen wie z.B. die Interaktion zwischen Arzt und Patient, die Ablehnung medizinisch indizierter Behandlungen, nicht nachvollziehbare Entscheide oder Schwierigkeiten in administrativen oder finanziellen Angelegenheiten, genannt.

Fast jeder Befragte machte Angaben über Kriterien zur Vornahme der Abklärung der Urteilsfähigkeit. Auf den ersten Blick scheint, als sei das Erkennen der Notwendigkeit einer Beurteilung in der Praxis völlig klar. Schnell kommen aber Bedenken, ob mit dem Erkennen von Zweifeln an der Urteilsfähigkeit auch die Erkenntnis um die Notwendigkeit einer Beurteilung verbunden ist: Die Befragten schätzten im Durchschnitt, dass 24 % ihrer Patienten für eine konkrete Entscheidung urteilsunfähig (9 %) oder fraglich urteilsfähig (15 %) sind. Dieselben gaben gleichzeitig aber auch am häufigsten an, monatlich (gefolgt von wöchentlich) mit

---

[200] Vgl. hierzu AEBI-MÜLLER, Jusletter 22.9.2014, Rz. 63: hiernach liegt für viele Ärzte das Problem einer gültigen Einwilligung nicht unbedingt auf der juristischen Ebene der Urteils(un)fähigkeit, vielmehr erscheint erst eine faktische Behandlungsverweigerung des Urteilsunfähigen, dessen Widerstand nicht mehr mit gutem Zureden, sondern nur noch mit physischer Gewalt überwunden werden kann, problematisch.

dem Thema Urteilsfähigkeit zu tun zu haben. Geht man davon aus, dass die Befragten jedenfalls bei den «fraglich urteilsfähigen» Patienten «mit dem Thema Urteilsfähigkeit konfrontiert» sein müssten, so entspricht dies nach eigener Aussage einem Anteil von 15 % ihrer Patienten. Dann müsste die eigene Auseinandersetzung mit dem Thema aber deutlich häufiger sein als nur einmal «monatlich». Hier zeigt sich eine Diskrepanz: Scheinbar erkennen Behandelnde häufiger diejenigen ihrer Patienten, die fraglich urteilsfähig sind, als sie dann meinen, hinsichtlich ihrer (fraglichen) Urteilsfähigkeit selbst von ihnen betroffen zu sein. Es ist anzunehmen, dass erforderliche Beurteilungen ausbleiben.

Ganz abgesehen von den Angaben aus der Umfrage müsste die Auseinandersetzung mit dem Thema Urteilsfähigkeit tatsächlich viel häufiger bedeutsam sein – bedenkt man, dass die Urteilsfähigkeit für jede medizinische Massnahme relevant ist, auch wenn eine (formelle) Beurteilung nicht immer gefordert sein mag.

Das Ergebnis der Umfrage unterstreicht die Erkenntnisse aus der Ethikkonsultation und lässt vermuten, dass die Kenntnis über Gründe, die Zweifel an der Urteilsfähigkeit hervorrufen können, nicht immer in Zusammenhang mit der Notwendigkeit und der Vornahme der Beurteilung gebracht werden. Nicht auszuschliessen ist hingegen, dass die Erkenntnis über eine notwendige Beurteilung sehr wohl vorliegt, diese aber dennoch nicht vorgenommen wird.

Zudem ist die Auswertung der verschiedenen Beschäftigungsorte überraschend. Im USB gaben die meisten Teilnehmenden an, «wöchentlich», gefolgt von «monatlich» mit dem Thema Urteilsfähigkeit konfrontiert zu sein. In den UPK war die häufigste Angabe «monatlich» und bei den Hausärzten «jährlich». Man hätte wohl erwartet, dass das Aufkommen des Themas in den UPK am häufigsten genannt würde, da gerade in der psychiatrischen Patientenbehandlung Erkrankungen, die die Urteilsfähigkeit typischerweise beeinträchtigen können, am zahlreichsten sind. Nicht weniger unerwartet ist, dass Hausärzte am häufigsten angaben, nur einmal jährlich mit dem Thema Urteilsfähigkeit zu tun zu haben. Bei den Hausärzten hätte man annehmen können, dass ihre Patienten häufig älter und damit auch typische Konstellationen für Einschränkungen bei der Urteilsfähigkeit zahlreicher vorkommen und in der Umfrage genannt werden. Für die Angaben aus den UPK könnte eine Rolle spielen, dass sie mit dem Thema besonders vertraut sind und deshalb im Rahmen er Umfrage nur auf bedeutende Probleme in diesem Zusammenhang Bezug nahmen. Zu dem Befund, dass im USB im Durchschnitt häufiger angegeben wurde, mit dem Thema konfrontiert zu sein, mag auch beitragen, dass im USB der relative Durchlauf an Patienten pro Befragten höher und dadurch auch ein höheres Vorkommen bedingt sein könnte. Andererseits können die differierenden Angaben aus den verschiedenen Beschäftigungsorten auch eine Zufälligkeit sein, die aufgrund der niedrigen Fallzahlen mehr ins Gewicht fällt und deshalb nicht überinterpretiert werden darf.

b. *Zuständigkeit wahrnehmen*

Eng mit der Frage, ob die Notwendigkeit einer Beurteilung erkannt wird, ist die Wahrnehmung der (eigenen) Zuständigkeit für die Beurteilung verbunden.

In der Umfrage gaben 53 % der Angefragten, also lediglich etwas mehr als die Hälfte, an, selbst für die Beurteilung der Urteilsfähigkeit zuständig zu sein. Etwa ein Drittel, 32 %, verneint dies, davon 29 Mitarbeitende aus dem USB, sechs aus den UPK und vier Hausärzte. Die Anzahl der Befragten, die sich nicht als zuständig ansahen, ist damit im USB mit 42 % deutlich höher als bei den Hausärzten mit 20 % und in den UPK mit 19 %. Ein Mitarbeiter aus dem USB begründete seine Unzuständigkeit etwa damit, dass er «operativ» tätig sei. Dies wirft die Frage auf, wer für die Beurteilung der Urteilsfähigkeit zuständig ist bzw. ob überhaupt in diesen Fällen z.B. hinsichtlich der Operationseinwilligung eine Abklärung stattfindet. Neun Personen gaben an, dass sie auch, teilweise, oder zusammen mit anderen, z.B. dem Oberarzt für die Beurteilung zuständig sind. Manche machten keine Angabe oder wussten nicht, ob sie zuständig sind.

Am häufigsten (23-mal) wurde, statt der eigenen Zuständigkeit, die des Psychiaters bzw. der Psychiatrie genannt. Die Tatsache, dass sechsmal die «Psychiatrie» (und nicht der «Psychiater») angegeben wurde, erweckt den Eindruck, als sei damit nicht die Hinzuziehung eines Psychiaters im konkreten Einzelfall, sondern die Zuständigkeit der Psychiatrie im Allgemeinen für Fragen der Beurteilung der Urteilsfähigkeit gemeint. Die Angaben der sechs Mitarbeitenden aus dem USB könnten deshalb so verstanden werden, dass eine Beurteilung nur in der Institution «Psychiatrie» relevant ist und mit den eigenen «somatischen» Patienten nichts zu tun hat. Die 17 Angaben über die Zuständigkeit des «Psychiaters» könnten hingegen bedeuten, dass dieser für eine notwendige Beurteilung konsiliarisch hinzugezogen wird bzw. werden könnte.

Elfmal wurde statt der eigenen die Zuständigkeit des Oberarztes genannt. Diesen Angaben könnte zugrunde liegen, dass es häufig der Oberarzt und nicht der Assistenzarzt ist, der (zumindest hauptverantwortlich) mit dem Patienten die medizinischen Massnahmen bespricht. In diese Richtung lassen sich auch einige Antworten der Assistenzärzte deuten, dass man zusammen mit dem Oberarzt zuständig sei.

Insgesamt elf Personen machten keine Angaben bzw. gaben an, nicht zu wissen, wer zuständig ist. Davon kamen neun Angaben aus dem USB, was einen Anteil aller USB-Mitarbeitenden von 13 % ausmacht. Diese Angaben deuten darauf hin, dass es einen nicht unerheblichen Anteil von Mitarbeitenden gibt, die eine Beurteilung weder selbst vornehmen noch diese adressieren.

Die Angaben aus der Umfrage lassen rückschliessen, dass das Bewusstsein über die eigene Zuständigkeit oder die der zuständigen Person oftmals nicht klar zu sein oder gänzlich zu fehlen scheint. Und auch wenn eine Angabe darüber gemacht wurde, wer für die Beurteilung zuständig ist, bedeutet dies in der Praxis noch keine Sicherheit, dass die entsprechende Zielperson für die Beurteilung des eigenen Patienten (z.B. konsiliarisch) hinzugezogen wird. In der Konsequenz dürfte es dadurch zu Versäumnissen bei der Beurteilung der Urteilsfähigkeit kommen. An dieser Stelle wäre im Rahmen der Umfrage sicherlich aufschlussreich gewesen auch danach zu fragen, ob die als zuständig angegebene Zielperson auch faktisch für die Beurteilung herangezogen wird.

c. *Exkurs: Zuständige Person für die Beurteilung der Urteilsfähigkeit*

In diesem Zusammenhang soll darauf eingegangen werden, wer als die für die Beurteilung der Urteilsfähigkeit zuständige Person anzusehen ist und entscheidet, ob der Patient für die konkret vorzunehmende Massnahme für urteilsfähig oder urteilsunfähig zu befinden ist.

Wie bereits oben (siehe Kapitel II A 1.3. «Beurteilung in der medizinischen Praxis») erwähnt, lässt sich in der juristischen Literatur oftmals keine Angabe über die Zuständigkeit finden. Möglicherweise deshalb, weil auf der Hand zu liegen scheint, dass dies der (behandelnde) Arzt ist.[201] Sofern in der juristischen Literatur Angaben hierüber gemacht werden, ist auch fast ausnahmslos diese Zuständigkeit angegeben (vgl. Fn. 142).

Doch wer ist in der (behandelnde) Arzt? Als Einstieg soll folgende beispielhafte Fallkonstellation dienen: Ein Patient befindet sich bei seinem Hausarzt (behandelnder Arzt) in Behandlung. Dieser stellt den Indikationsverdacht für eine Operation und überweist den Patienten für die Abklärung in die Sprechstunde des Facharztes (behandelnder Arzt). Dieser wiederum stellt die Indikation für eine Operation. Er bespricht das weitere Vorgehen mit dem Patienten und meldet ihn für das Aufklärungsgespräch in der präoperativen Sprechstunde an. Eine Woche später führt ein anderer Facharzt der Abteilung (behandelnder Arzt) das präoperative Aufklärungsgespräch durch. Wenige Tage später wird der Patient durch den Chefarzt der Abteilung (behandelnder Arzt) operiert. Im Rahmen der präoperativen Anästhesiesprechstunde hatte der Patient auch Kontakt mit dem hierfür zuständigen Narkosearzt (behandelnder Arzt). Während der Operation betreute ihn ein Oberarzt der Abteilung Anästhesie (behandelnder Arzt).

---

201 Bei der Frage, ob eine Patientenverfügung rechtsgültig verfasst wurde, obliegt gestützt auf den Wortlaut von Art. 372 Abs. 2 ZGB («Die Ärztin oder der Arzt entspricht der Patientenverfügung…») dem behandelnden Arzt, der die Patientenverfügung anwendet, die Zuständigkeit der Beurteilung, vgl. BSK-Wyss, Art. 370 ZGB N 12.

Dieses Beispiel zeigt, dass eine Reihe von Personen als «behandelnder Arzt» in die Vornahme einer medizinischen Massnahme involviert sein können. Da die Urteilsfähigkeit jedoch im Hinblick auf die Einwilligung für eine konkret vorzunehmende Massnahme relevant ist, ist derjenige der behandelnden Ärzte für die Beurteilung bzw. Feststellung der Urteilsfähigkeit als zuständig anzusehen, der die Einwilligung des Patienten für diese Massnahme einholt. Dies gilt beispielsweise für die Einholung der Einwilligung zu einer Operation gleichermassen wie für die Einwilligung in die Narkose. Fallen Aufklärung und Behandlungsentscheid auseinander, so muss die Urteilsfähigkeit des Patienten sowohl zum Zeitpunkt der Aufklärung als auch zum Zeitpunkt des Behandlungsentscheids vorhanden sein (siehe *Kapitel II A 1.2.2. «Relativität der Urteilsfähigkeit»*). Insofern kann es die Verpflichtung verschiedener behandelnder Ärzte sein, zu prüfen, ob der Patient in der Lage ist, die Einwilligung rechtsgültig zu erteilen.

Damit ist jedoch gleichwohl nicht sichergestellt, dass derjenige der behandelnden Ärzte auch die Person ist, welche für die Evaluation am besten befähigt ist oder die meiste Kenntnis über die Fähigkeiten des Patienten hat. Im Gegenteil: Zum Beispiel bei der Einholung einer Operationseinwilligung kann es sich, wie oben im Fallbeispiel gezeigt, lediglich um eine Momentaufnahme der Fähigkeiten des Patienten handeln. Wie in der Auswertung angegeben kann aber gerade dies Grund für eine schwierige Beurteilung sein (*siehe Abb. 37 und Kapitel II A 3.3.2. «Umfrage»*).

Sofern Zweifel an der Urteilsfähigkeit bestehen, kann es für die Beurteilung deshalb erforderlich sein, Informationen anderer Fachpersonen (unter Einhaltung der Schweigepflicht), etwa eines Kollegen oder des Hausarztes, welche den Patienten schon länger kennen, einzuholen. Auch die Unterstützung durch ein psychiatrisches Konsil kann ggf. angezeigt sein. Zum Einbezug anderer, nicht ärztlicher medizinischer Fachpersonen, siehe sogleich.

Nicht weniger relevant ist die Frage nach der Zuständigkeit der Beurteilung der Urteilsfähigkeit, sobald es sich um medizinische Massnahmen handelt, die nicht durch Ärzte durchgeführt werden. Neben ärztlichen Massnahmen können etwa im Rahmen eines stationären Aufenthaltes z.B. auch pflegerische, physiotherapeutische oder logopädische Massnahmen eine Rolle spielen. (Siehe zum Begriffsverständnis *Kapitel II B 1.1. «Behandlungsplan und vertretungsberechtigte Person, Art. 377 und Art. 378 ZGB», dort Fn. 209* und *Kapitel II C 1. «Gesetzliche Regelungen, Art. 370 ff. ZGB», dort Fn. 317*).

Für die Vornahme solcher Massnahmen kann auch das Fachpersonal anderer medizinischer Disziplinen für die Beurteilung der Urteilsfähigkeit des Patienten zuständig sein. Die SAMW führt in ihrer Richtlinie zur Urteilsfähigkeit (siehe oben *Kapitel II A 1.3. «Beurteilung in der medizinischen Praxis»*) richtigerweise aus, dass im medizinischen Bereich tätige Fachpersonen in ihrem klinischen Alltag mit der Evaluation der Urteilsfähigkeit von Patienten befasst und entsprechend ihren Kompetenzen für das Vorgehen und das Ergebnis der Evaluation verantwortlich sein können.

Die Evaluationsbeiträge anderer medizinischer (nicht ärztlicher) Fachpersonen können darüber hinaus auch für ärztlich vorzunehmende Massnahmen von ganz erheblicher Bedeutung und ggf. von ärztlicher Seite einzuholen sein. Oftmals kennen z.B. Pflegefachpersonen den Patienten besser als die Ärzte, da sie «näher» an ihm sind und mehr Zeit mit ihm verbringen; dies kann insbesondere bei stationären Aufenthalten der Fall sein. Sie können ggf. wichtige Hinweise über die für die Urteilsfähigkeit relevanten Fähigkeiten des Patienten geben und so zu einer vollständigen Beurteilung beitragen.

Die in der juristischen Literatur vorzufindende Zuständigkeitsangabe «der (behandelnde) Arzt» greift im Ergebnis zu kurz: Zum einen müssen die Beurteilungsbeiträge- und Kompetenzen anderer involvierter Fachpersonen betont werden. Zum anderen suggeriert diese Angabe, dass es den «einen» behandelnden Arzt gäbe. In Anbetracht der in der Praxis vorzufindenden Situation, dass es gleichzeitig mehrere (behandelnde) Ärzte und mehrere behandelnde Fachdisziplinen geben kann, mag es daher nicht verwundern, dass die Zuständigkeit der Evaluation der Urteilsfähigkeit oft nicht klar ist bzw. nicht gekannt wird. Der Gefahr, dass man sich auf eine «andere zuständige Person» und deren vermeintlich durchgeführte Evaluation verlässt, liegt auf der Hand.

3.6. Versäumnisse in der medizinischen Praxis im Zusammenhang mit der Beurteilung der Urteilsfähigkeit

Im Zusammenhang mit der Beurteilung der Urteilsfähigkeit können im Ergebnis drei relevante Bereiche identifiziert werden, bei denen es in der Praxis zu Versäumnissen kommen kann.

Diese sind

1. Die Notwendigkeit einer Beurteilung zu erkennen,
2. die (eigene) Zuständigkeit wahrzunehmen und
3. die Beurteilung (kompetent) vorzunehmen.

3.6.1. Die Notwendigkeit einer Beurteilung zu erkennen

Warum es bei der Erkenntnis, dass eine Beurteilung notwendig ist, zu Versäumnissen kommen kann, ist unter mehreren Aspekten zu betrachten.

Zum einen stellt die Urteilsfähigkeit kein «separates» Thema in der Patientenbehandlung dar, wie etwa die Behandlung einer spezifischen Krankheit. Das Thema Urteilsfähigkeit ist vielmehr in ganz unterschiedlichen Fragestellungen enthalten und kann damit für eine Vielfalt an Entscheidungen relevant sein. Gleichzeitig besteht dadurch die Gefahr, dass das Thema unentdeckt bleibt. Die ausgewerteten Ethikkonsultationen zeigen die Schwierigkeit auf: In komplexen Entscheidungssituationen wurde von den Behandelnden häufig danach gefragt, welches Vorgehen ethisch vertretbar sei, weniger wurde diese Frage mit der Urteilsfähigkeit des Patienten in Verbindung gebracht, selbst dann, wenn diese für die Lösungsfindung entscheidend war. Das Thema Urteilsfähigkeit kann dann auch als ein «verstecktes» Thema bezeichnet werden. Dies scheint insbesondere auf die somatische Behandlung zuzutreffen, in der das «Hauptthema» regelmässig in der vorzunehmenden medizinischen Massnahme gesehen werden kann und die Frage der Urteilsfähigkeit – so sie denn erkannt würde – eine Art «Nebenthema» darstellt. In der psychiatrischen Behandlung hingegen dürfte die Urteilsfähigkeit häufig so eng mit der Haupterkrankung des Patienten, die zentral therapiert wird, verknüpft sein, dass die Frage nach ihrem Vorliegen wohl weniger unerkannt bleibt – wenn auch hier die Verknüpfung mit der rechtlichen Bedeutung der Urteilsfähigkeit häufig zu fehlen scheint, s.u.

Zum anderen handelt es sich bei der Urteilsfähigkeit wohl in den meisten Fachbereichen nicht um ein Thema, welches der Arzt im Rahmen seiner fachspezifischen Weiterbildung vertieft erlernt. Daher kann es den Ärzten durchaus an generellem Wissen über das Konzept der Urteilsfähigkeit und das Wissen darum, weshalb eine Beurteilung vorzunehmen ist, mangeln. Dies betrifft nicht nur medizinisches oder auch medizin-ethisches Wissen, sondern gerade auch Wissen über geltendes Recht.

3.6.2. Die Wahrnehmung der eigenen Zuständigkeit

Auch die Frage der Zuständigkeit kann zu Versäumnissen bei der Beurteilung der Urteilsfähigkeit führen. In der Umfrage antworteten über 30 %, für eine Beurteilung nicht zuständig zu sein, weitere wussten nicht, ob sie zuständig sind. Auch wenn die Angaben teilweise durch organisatorische Konzepte erklärt werden können, die die Verantwortung einer anderen (z.B. vorgesetzten) Person übertragen, so bleibt für einen erheblichen Teil die Frage, wer sich im Fall einer erforderlichen Beurteilung für diese zuständig fühlt.

3.6.3. Die kompetente Vornahme der Beurteilung

In den Ethikkonsultationen waren einige Fälle dokumentiert, in denen bei fraglich urteilsfähigen Patienten eine Beurteilung explizit nicht vorgenommen wurde, weitere Fälle liessen dies vermuten.[202] Die grosse Anzahl derjenigen aus der Befragung, die sich für die Beurteilung als nicht zuständig ansahen, legt nahe, dass auch in diesbezüglichen Fällen eine erforderliche Beurteilung ausgeblieben sein dürfte, insbesondere dann, wenn die Beurteilung nicht an eine andere Person übertragen wurde. Zudem gaben auch 43 % derjenigen, die sich für eine Beurteilung als zuständig ansehen an, sie hätten bereits Beurteilungen vermieden. Es ist daher zu befürchten, dass nicht selten trotz Erkennen einer erforderlichen Beurteilung und Wahrnehmung der (eigenen) Zuständigkeit die Vornahme derselben ausbleibt.

Weiter kann festgestellt werden, dass bei der Vornahme der Beurteilung auch mangelnde Kompetenz eine Ursache für Versäumnisse sein kann. Wie bereits beschrieben, kann die Vornahme der Beurteilung bisweilen einen höchst komplexen und diffizilen Vorgang erfordern. Daher ist die eigene Kompetenz umso entscheidender. Über 50 % der Befragten aus der Umfrage gaben aber an, sich generell in der Beurteilung der Urteilsfähigkeit nicht kompetent zu fühlen. Dazu gaben viele der Angefragten an, sich auf individuelle, nicht standardisierte Vorgehensweisen bei der Beurteilung zu stützen.[203] Unsicherheit und mangelnde Kompetenz konnte unter anderem laut den Angefragten dazu führen, dass eine Beurteilung erst gar nicht vorgenommen wurde.

3.7. Konsequenzen aus den Versäumnissen

Versäumnisse im Zusammenhang mit der Beurteilung der Urteilsfähigkeit können eine Missachtung der gesetzlichen Regelungen bedeuten, die weitreichende Konsequenzen für die Autonomie und das Recht auf Selbstbestimmung sowie das Schutzbedürfnis des Patienten haben und diese gefährden können.

Zur Veranschaulichung sollen die Ergebnisse der Auswertung der Ethikkonsultationen herangezogen werden.

---

[202] Ähnliche Erkenntnisse wurden auch im Rahmen einer anderen Studie gewonnen, wonach in der medizinischen Praxis teilweise eine gewisse Tendenz zu bestehen scheint, auf eine Prüfung der Urteilsfähigkeit zu verzichten, solange sich der Betroffene noch äussern kann, siehe BASS-Studie, 71 ff.

[203] In einer anderen Untersuchung wurde im Zusammenhang mit der Beurteilung der Urteilsfähigkeit festgestellt, dass eine Beurteilung, sofern sie stattfindet, gelegentlich Züge einer «self-fulfilling quality» aufweisen dürfte, das heisst eine unbewusst ablaufende Verhaltenssteuerung dazu führt, dass sich die eigene Erwartung tatsächlich erfüllt, siehe DONNELLY, 1,15.

In insgesamt 78 Ethikkonsultationen warf die Beurteilung der Urteilsfähigkeit Probleme auf.

Davon war in 13 Fällen die Beurteilung bis zum Zeitpunkt der Ethikkonsultation völlig unterlassen worden; erst in der Ethikkonsultation wurde ihre Notwendigkeit erkannt. In der Ethikkonsultation selbst konnte keine Entscheidung darüber getroffen werden, ob die Urteilsfähigkeit hätte abgesprochen werden müssen. Der Patient wurde durch die Behandelnden einer Kategorie «eingeschränkt urteilsfähig» zugeordnet. Auf die Notwendigkeit der weiteren Abklärung wurde seitens der Klinischen Ethik hingewiesen. Die Urteilsfähigkeit wurde dem Patienten für die vorzunehmende Behandlung (jedenfalls zu diesem Zeitpunkt) nicht abgesprochen, dies allerdings ohne dass die Beurteilenden die fragliche Urteilsfähigkeit des Patienten der Kategorie «gegeben» zugeordnet hätten.

In 26 der 78 Fälle wurde die Urteilsfähigkeit spätestens in der Ethikkonsultation von den Behandelnden beurteilt; dennoch konnte keine klare Einordnung in «gegeben» oder «nicht gegeben» vorgenommen werden, z.B. weil Informationen über die kognitiven Fähigkeiten des Patienten fehlten, die Behandelnden Mühe hatten, seine Fähigkeiten einzuordnen oder die zuständige behandelnde Person in der Ethikkonsultation nicht anwesend war. In einem weiteren Fall konnten die Behandelnden aufgrund der unterschiedlichen Einschätzung einer anderen Institutionen keine klare Einordnung in «gegeben» oder «nicht gegeben» vornehmen. Die Einordnung der Urteilsfähigkeit blieb zum Zeitpunkt der Ethikkonsultation zunächst unklar und musste erneut evaluiert werden. Da den Patienten in den 26 Fällen die Urteilsfähigkeit nicht abgesprochen wurde, wurde ohne Zuteilung in eine der Kategorien «gegeben» oder «nicht gegeben» im Zweifel von ihrem Vorliegen ausgegangen. Das Ergebnis der Beurteilung durch die Behandelnden lautete, den Patienten als «eingeschränkt urteilsfähig» zu dokumentieren, mit der Auflage, eine fachgerechte Beurteilung nachzuholen.

In 39 der 78 Fälle konnte in der Ethikkonsultation eine Entscheidung über den Status der Urteilsfähigkeit getroffen werden. In 14 Fällen wurde die zunächst unklare Urteilsfähigkeit spätestens zum Zeitpunkt der Ethikkonsultation beurteilt und auf Basis der vorliegenden Einschränkungen abgesprochen. In 25 Fällen wurde die unklare Urteilsfähigkeit spätestens zum Zeitpunkt der Ethikkonsultation beurteilt und dem Patienten für die konkrete medizinische Massnahme zugesprochen.

Die 78 für die Beurteilung der Urteilsfähigkeit problematischen Fälle lassen sich somit in drei Kategorien einteilen:

1. Goldstandard: Die eigentliche Beurteilung der Urteilsfähigkeit fand in der Klinischen Arbeit statt, wie sie lege artis sein sollte.
2. Genügend: Die richtige Beurteilung der Urteilsfähigkeit fand in der Ethikkonsultation auf Basis ergänzender Erkenntnisse statt.

3. Ungenügend: Die Beurteilung der Urteilsfähigkeit fand in der Ethikkonsultation auf Basis der ggf. lückenhaften Informationen / Befunde statt; Verbleib der Urteilsfähigkeit in der (juristisch nicht existierenden) Kategorie «eingeschränkt» mit der Auflage, eine fachgerechte Beurteilung nachzuholen.

Die 39 Fälle, in denen eine Entscheidung über den Status der Urteilsfähigkeit spätestens in der Ethikkonsultation getroffen wurde, können den Kategorien 1 oder 2 zugeordnet werden. In diesen Fällen kann davon ausgegangen werden, dass es hinsichtlich der Beurteilung der Urteilsfähigkeit – jedenfalls für die in der Ethikkonsultation konkret in Frage stehende Massnahme – nicht zu Versäumnissen kam.

In den anderen 39 Fällen wurde dem Patienten zum Zeitpunkt der Ethikkonsultation die Urteilsfähigkeit für die konkrete Massnahem nicht abgesprochen, obwohl dies möglicherweise erforderlich gewesen wäre. Dies beruhte jedoch nicht auf einer positiven Zusprache der Urteilsfähigkeit, sondern darauf, dass die Beurteilung bis dahin nicht vorgenommen worden war oder kein eindeutiges Ergebnis hervorbrachte. Diese Fälle können der Kategorie 3 zugeordnet werden.

Die Urteilsfähigkeit des Patienten nicht zu berücksichtigen oder ihn in einem Graubereich einer «eingeschränkten» Urteilsfähigkeit zu belassen, ohne eine Entscheidung über das Vorliegen oder Nichtvorliegen der Urteilsfähigkeit zu treffen, birgt die Gefahr, dass Wünsche des Patienten unberücksichtigt bleiben oder seinem Schutzbedürfnis nicht ausreichend Rechnung getragen wird: Vulnerable Patienten könnten dann Situationen ausgesetzt sein, in denen sie über medizinische Massnahmen entscheiden, für die sie nicht (mehr) urteilsfähig sind. Hiervor möchte das Gesetz sie gerade schützen. Es besteht das Risiko, dass rechtliche Konsequenzen, wie etwa die Beachtung einer Patientenverfügung oder die Hinzuziehung eines Stellvertreters, welcher die Wünsche und Werte des Patienten angemessen vertreten könnte, nicht zur Anwendung gelangen. In diesen Fällen kann es durchaus sein, dass der Arzt meint, seinerseits im Sinne des Patienten zu handeln und seine Wünsche bereits zu kennen. Untersuchungen[204] zeigen allerdings, dass Ärzte schlecht darin sind, Wünsche vorauszusehen. Oftmals glauben sie, dass das Vorgehen dem Wunsch des Patienten entspricht, dabei kann es sich um ihre eigenen Wünsche handeln.[205]

---

[204] Vgl. CONNORS/DAWSON/DESBIENS/FULKERSON/GOLDMAN/KNAUS/LYNN/OYE/BERGNER/DAMIANO/HAKIM/MURPHY/TENO/VIRNIG/WAGNER/WU/YASUI/ROBINSON/KRELING, 1591, 1594 ff.; LENHERR/MEYER-ZEHNDER/KRESSIG/REITER-THEIL, 1, 3 ff.

[205] Vgl. VEATCH 5, 7.

B. Stellvertretung

1. Die Vertretung des urteilsunfähigen Patienten bei medizinischen Massnahmen, Art. 377 ff. ZGB

Hat eine urteilsunfähige Person keine eigene Vorsorge getroffen, so sollen die vom Gesetz für die Vertretung bei medizinischen Massnahmen getroffenen Vertretungsregelungen die Rechte und den Schutz des Urteilsunfähigen sicherstellen.[206] Die zur Vertretung berechtigten Personen vertreten gemäss Art. 378 Abs. 3 ZGB den urteilsunfähigen Patienten nach seinem mutmasslichen Willen und Interessen.

Einen wichtigen Aspekt in diesem Zusammenhang stellt auch die Einbeziehung des urteilsunfähigen Patienten selbst nach Art. 377 Abs. 3 ZGB dar.

Durch die Verpflichtung, nach dem mutmasslichen Willen und den Interessen des urteilsunfähigen Patienten zu handeln und diesen, soweit möglich, am Entscheid partizipieren zu lassen, wird die «Alles-oder-Nichts-Konzeption» der Urteilsfähigkeit in gewisser Weise gemildert.[207]

1.1. Behandlungsplan und vertretungsberechtigte Person, Art. 377 und Art. 378 ZGB

Nach Art. 377 Abs. 1 ZGB erstellt der behandelnde Arzt unter Beizug der bei medizinischen Massnahmen zur Vertretung berechtigten Person einen Behandlungsplan, sofern sich die urteilsunfähige Person nicht in einer Patientenverfügung geäussert hat. Der Behandlungsplan betont dabei die Verantwortung der Ärzte.[208] Der Begriff der medizinischen Massnahme ist weit auszulegen und beinhaltet nicht nur solche ärztlicher Medizinalpersonen, sondern alle diagnostischen, therapeutischen und pflegerischen Massnahmen, die der medizinischen Behandlung einer Person dienen (siehe hierzu auch im Rahmen der Patienten-

---

206 FamKomm-GUILLOD/HERTIG PEA, Art. 377 ZGB N 7.

207 AEBI-MÜLLER, FS GEISER 2017, 1, 13.

208 Botschaft Erwachsenenschutz, 7036; CHK-FANKHAUSER, Art. 377 ZGB N 1.

verfügung *Kapitel II C 1. «Gesetzliche Regelungen, Art. 370 ff. ZGB»*).[209] Die vertretungsberechtigte Person muss nicht bei allen medizinischen Massnahmen beigezogen werden bzw. ihre ausdrückliche Einwilligung erteilen. Nach Einwilligung in den Behandlungsplan ist der Arzt davon entbunden, für jede geringfügige medizinische Massnahme eine besondere Zustimmung einzuholen, soweit sie im Rahmen des Behandlungsplanes liegt.[210]

Für die zur Vertretung berechtigten Personen stellt das Gesetz in Art. 378 Abs. 1 ZGB eine Kaskadenregelung auf. Hiernach sind verschiedene Personen der Reihe nach berechtigt, die urteilsunfähige Person zu vertreten. Konkret sind dies:

1. Die in einer Patientenverfügung oder in einem Vorsorgeauftrag bezeichnete Person;
2. der Beistand oder die Beiständin mit einem Vertretungsrecht bei medizinischen Massnahmen;
3. wer als Ehegatte, eingetragene Partnerin oder eingetragener Partner einen gemeinsamen Haushalt mit der urteilsunfähigen Person führt oder ihr regelmässig und persönlich Beistand leistet;
4. die Person, die mit der urteilsunfähigen Person einen gemeinsamen Haushalt führt und ihr regelmässig und persönlich Beistand leistet;
5. die Nachkommen, wenn sie der urteilsunfähigen Person regelmässig und persönlich Beistand leisten;
6. die Eltern, wenn sie der urteilsunfähigen Person regelmässig und persönlich Beistand leisten;
7. die Geschwister, wenn sie der urteilsunfähigen Person regelmässig und persönlich Beistand leisten.

Die in Art. 378 ZGB geregelte Vertretungskaskade ist abschliessend.[211] Das bedeutet, dass andere als die genannten Personen wie z.B. ein guter Freund nur dann zur Entscheidung berufen sind, wenn sie entweder durch den Patienten mittels Vorsorgeauftrag oder Patientenverfügung ermächtigt oder durch die Erwachsenenschutzbehörde als Beistand eingesetzt wurden. Besteht unabhängig davon Kenntnis über die Behandlungswünsche, können diese Personen für die Bestimmung des mutmasslichen Willens von Bedeutung sein, insbesondere in dring-

---

209 KuKo-GASSMANN, Art. 377/378 ZGB N 4; OFK-FASSBIND, Art. 377 ZGB N 2; BSK-EICHENBERGER/KOHLER, Art. 377 ZGB N 16; FamKomm-GUILLOD/HERTIG PEA, Art. 377 ZGB N 14; STEINAUER/FOUNTOULAKIS, N 993; a.A. ZK-BOENTE, Art. 377 ZGB N 16, welcher unter der Behandlung nur die medizinische Massnahme einer ärztlichen Medizinalperson versteht.

210 BSK-EICHENBERGER/KOHLER, Art. 377 ZGB N 16; KuKo-GASSMANN, Art. 377/378 ZGB N 4; FamKomm-GUILLOD/HERTIG PEA, Art. 377 ZGB N 16.

211 FamKomm-GUILLOD/HERTIG PEA, Art. 377 ZGB N 1.

lichen Fällen, in denen der zuständige Vertreter nicht fristgerecht erreicht werden kann.[212]

Während das Vormundschaftsrecht keine speziellen Massnahmen für Personen, die infolge Unfalls, Krankheit oder Altersgebrechen ihre Urteilsfähigkeit verloren hatten, kannte und zu deren Schutz eine Entmündigung oder Altersbeistandschaft (aArt.392 f. ZGB) vorsah, soll mit der Regelung des Erwachsenenschutzgesetzes die Stärkung und Solidarität in der Familie bekräftigt werden.[213] Auch ohne eine Patientenverfügung und ohne Einschreiten der Erwachsenenschutzbehörde soll für medizinische Massnahmen gewährleistet sein, dass die persönlichen Bedürfnisse der urteilsunfähigen Person durch Beachtung ihres mutmasslichen Willens und ihrer Interessen sichergestellt werden.[214] Dafür ist die vertretungsberechtigte Person über die Diagnose und Behandlung sowie Behandlungsalternativen umfassend aufzuklären, damit sie an Stelle des urteilsunfähigen Patienten ihren «informed consent» zur geplanten Behandlung erteilen oder verweigern kann.[215] Aus Praktikabilitätsgründen umfasst der Einbezug der vertretungsberechtigten Person nicht den gesamten Entscheidungsprozess, sondern insbesondere das Aufklärungs- und Entscheidstadium.[216]

Darüber hinaus wird mit der Einbeziehung des urteilsunfähigen Patienten, soweit dies möglich ist, nach Art. 377 Abs. 3 ZGB seinem Persönlichkeitsrecht[217] und in gewisser Weise auch seinem Selbstbestimmungsrecht Rechnung getragen.

1.1.1. Weisung in einer Patientenverfügung

Der Vertreter ist in seinem stellvertretenden Behandlungsentscheid nicht frei. Eine Patientenverfügung kann Weisungen an eine vertretungsberechtigte Person enthalten oder auch allgemeine Behandlungswünsche. Den Weisungen hat die zur Vertretung berechtigte Person Folge zu leisten, es sei denn, einer der Gründe nach Art. 372 Abs. 2 ZGB liegt vor und erfordert ein Abweichen.[218]

---

212 AEBI-MÜLLER, Jusletter 22.9.2014, Rz. 122.

213 Botschaft Erwachsenenschutz, 7013 f.; FANKHAUSER, BJM 2010, 240; ESR Komm ZGB-ROSCH, Grundlagen N 1.11; NOSER/ROSCH, 16; zu Ausführungen über den in der Revision zwar prominent deklarierten, aber materiell untergeordneten Charakter der Familiensolidarität im Erwachsenenschutzrecht, siehe FANKHAUSER/FISCHER, FamPra 2019,1069, 1072 ff.

214 BSK-REUSSER, Vor Art. 360–456 ZGB N 9.

215 AEBI-MÜLLER, Jusletter 22.9.2014, Rz. 113; CHATAGNY, ZVW 2003, 61, 64.

216 CHK-FANKHAUSER, Art. 377 ZGB N 3.

217 AEBI-MÜLLER, Jusletter 22.9.2014, Rz. 116.

218 AEBI-MÜLLER, Jusletter 22.9.2014, Rz. 127 f.

1.1.2. Mutmasslicher Wille

Hat der Patient sich nicht in einer Patientenverfügung geäussert, entscheidet der Vertreter nach seinem mutmasslichen Willen und Interessen, Art. 378 Abs. 3 ZGB (siehe sogleich zu deren Verhältnis *Kapitel II B 1.1.4. «Verhältnis mutmasslicher Wille und objektive Interessen»*).

Der Vertreter ist angehalten so zu entscheiden, wie es der Patient im Zustand der Urteilsfähigkeit selbst tun würde.[219] Der mutmassliche Wille des Patienten stützt sich insbesondere auf frühere Willensäusserungen oder Werthaltungen, die der Patient durch seine Lebensführung zum Ausdruck gebracht hat (siehe zur Bedeutung der Partizipation des urteilsunfähigen Patienten für die Bestimmung seines mutmasslichen Willens *Kapitel II B 2.2.4.b. «Partizipationsrecht»*).[220] Der mutmassliche Wille kann dabei von einem objektiv vorzuziehenden medizinischen Vorgehen abweichen, hat aber im Hinblick auf das Selbstbestimmungsrecht des Patienten Vorrang (siehe gleich unter *Kapitel II B 1.1.4. zum «Verhältnis mutmasslicher Wille und objektive Interessen»*).[221] Auch wenn der mutmassliche Wille grundsätzlich durch die fehlende medizinische Indikation begrenzt ist, so muss es dem Vertreter im Hinblick auf das Selbstbestimmungsrecht des Patienten möglich sein, in Massnahmen einzuwilligen, die zwar medizinisch nicht (mehr), jedoch aus anderem wichtigen Grund indiziert sind und dem mutmasslichen Willen des Patienten entsprechen; wenngleich auch kein Anspruch auf Vornahme dieser besteht (siehe hierzu im Rahmen der Patientenverfügung *Kapitel II C 1.2. «Rechtswirkung»*).[222]

---

219 SAMW (Urteilsfähigkeit), 24; AEBI-MÜLLER, Jusletter 22.9.2014, Rz. 117 u. 133.

220 OFK-FASSBIND, Art. 377 ZGB N 2 m.w.H.; AEBI-MÜLLER, Jusletter 22.9.2014, Rz. 134.

221 AEBI-MÜLLER, Jusletter 22.9.2014, Rz. 133.

222 Hier sei beispielsweise an eine Situation gedacht, in der es durchaus dem mutmasslichen Willen des sich im Sterbeprozess befindenden Patienten entsprechen kann, eine medizinisch nicht mehr indizierte Therapie (z.B. die Gabe von weiteren Blutpräparaten) fortzuführen, um dadurch Zeit zu gewinnen, um sich noch von den in Kürze aus dem Ausland eintreffenden Kindern zu verabschieden. Die fehlende medizinische Indikation kann in solch seltenen Fällen bspw. durch eine soziale Indikation überlagert sein, welche die Fortführung der Therapie nach dem mutmasslichen Willen des Patienten rechtfertigen kann. Eine sorgfältige Differenzierung der Interessen der Angehörigen und der des Patienten ist jedoch erforderlich. Vgl. im Kontext der Patientenverfügung zur Ablehnung, dass ein Eingriff nur rechtmässig sein soll, wenn die Massnahme medizinisch indiziert ist, ZK-BOENTE, Art. 372 ZGB N 62 ff.
Die herrschende Ansicht vertritt jedoch, dass Vertreter nur in Behandlungen einwilligen können, welche medizinisch indiziert sind: KuKo-GASSMANN, Art. 377/378 ZGB N 12; OFK-FASSBIND, Art. 377 ZGB N 2;
WIDMER BLUM, 88 u. 157; AEBI-MÜLLER, Jusletter 22.9.2014, Rz. 135 «medizinisch indiziert bzw. jedenfalls nicht kontraindiziert».
Nach hier vertretener Auffassung würde das Kriterium «Verstoss gegen die guten Sitten» den Bedürfnissen der medizinischen Praxis im Hinblick auf die Selbstbestimmung des Patienten auch in Ausnahmefällen gerecht und wäre daher dem Kriterium der «medizinischen Indikation»

1.1.3. Interessen des Patienten

Mit «den Interessen» der urteilsunfähigen Person meint das Gesetz die objektiven Interessen, das bedeutet, die in der konkreten Behandlungssituation medizinisch gebotenen Massnahmen.[223] Wenn mehrere Massnahmen aus medizinischer Sicht gleichwertig sind oder sich für die konkrete Sachlage kein objektives Interesse bestimmen lässt, so ist der Vertreter in seinem Entscheid frei.[224]

1.1.4. Verhältnis mutmasslicher Wille und objektive Interessen

Wenn sich der mutmassliche Wille und die objektiven Interessen widersprechen, werden in der Literatur verschiedene Ansichten zur Gewichtung der beiden Kriterien vertreten.[225] Nach hier vertretener Ansicht gilt es in der Praxis grundsätzlich zu unterscheiden, ob es sich um eine kasuelle oder dauernde Urteilsunfähigkeit nach ursprünglich vorhandener Urteilsfähigkeit handelt oder um eine habituelle Urteilsunfähigkeit, etwa aufgrund einer Behinderung.[226] Für den ersten Fall ist relevant, ob der Patient vor Eintritt der Urteilsunfähigkeit Wertmassstäbe und Ansichten bezüglich medizinischer Massnahmen gebildet hat, sodass auf diese zurückgegriffen werden kann.[227] Hat der Patient seine Behandlungspräferenzen nicht verbindlich festgehalten, so können seine ganz persönlichen Wertvorstellungen und Wünsche am besten durch Beachtung seines mutmasslichen Willens umgesetzt werden. Im Sinne seiner Selbstbestimmung ist in diesen Fällen dem mutmasslichen Willen der Vorrang einzuräumen.[228] Erst wenn kein mutmasslicher Wille des Patienten zu eruieren ist, ist auf seine objektiven

---

vorzuziehen. Vgl. zu einer solchen Begriffsverwendung ZK-BOENTE, Art. 372 ZGB N 66; BSK-EICHENBERGER/KOHLER, Art. 377 ZGB N 14.

223 Botschaft Erwachsenenschutz, 7037; AEBI-MÜLLER, Jusletter 22.9.2014, Rz. 136.

224 AEBI-MÜLLER, Jusletter 22.9.2014, Rz. 136.

225 Den generellen Vorrang des mutmasslichen Willens befürwortend OFK-FASSBIND, Art. 370 ZGB N 2; CHK-BREITSCHMID/KAMP, Art. 372 ZGB N 15; ZK-BOENTE, Art. 372 ZGB N 49, Art. 377 ZGB N 33 u. Art. 378 ZGB N 69; KuKo-GASSMANN, Art. 377/378 ZGB N 12; FamKomm-BÜCHLER/MICHEL, Art. 370 ZGB N 23; auch SAMW (Urteilsfähigkeit), 24; zwar keinen grundsätzlichen Vorrang, jedoch dem mutmasslichen Willen zumindest einen hohen Stellenwert einräumend FamKomm-GUILLOD/HERTIG PEA, Art. 378 ZGB N 27; STEINAUER/FOUNTOULAKIS, N 1015; keinen positiven Vorrang eines der Kriterien hingegen bei CHK-FANKHAUSER, Art. 378 ZGB N 5, ders. in BJM 2010, 240, 259; TUOR/SCHNYDER/SCHMID/JUNGO, § 51 N 35.

226 Vgl. AEBI-MÜLLER, Jusletter 22.9.2014, Rz. 127 ff.; zur Unterscheidung von kasueller und habitueller Urteilsunfähigkeit siehe WIDMER BLUM, 44 ff.

227 Vgl. SPRECHER, 270, 280.

228 Vgl. AEBI-MÜLLER, Jusletter 22.9.2014, Rz. 130; SPRECHER, 270, 280 m.w.H.

Interessen zurückzugreifen.[229] Die Orientierung an den objektiven Interessen ist auch in Fällen der habituellen Urteilsfähigkeit massgeblich: Hier hat der Patient nicht nur aktuell keinen rechtlich relevanten Willen, sondern konnte einen solchen auch früher nicht äussern.[230] Der medizinische Entscheid kann daher – unter Vorbehalt des Partizipationsrechts – nicht gestützt auf Willensäusserungen des Patienten erfolgen, weshalb grundsätzlich die objektiven Interessen im Vordergrund stehen.[231] Auf eine in der Literatur vertretene Auffassung, dass es für die Massgeblichkeit des mutmasslichen Willens auf die Differenzierung einer Verweigerung oder Zustimmung der medizinischen Massnahme ankäme[232], ist nach hier vertretener Auffassung zu verzichten, da zur bestmöglichen Wahrung der Autonomie des Patienten von einem allgemeinen Vorrang des mutmasslichen Willens ausgegangen wird, sofern es sich um einen Fall von Urteilsunfähigkeit nach ursprünglich vorhandener Urteilsfähigkeit handelt.[233]

1.2. Dringlichkeit, Art. 379 ZGB

Nach Art. 379 ZGB ergreift in dringlichen Fällen der Arzt die medizinischen Massnahmen nach dem mutmasslichen Willen und den Interessen der urteilsunfähigen Person und schliesst damit die gesetzliche Vertretung aus.[234]

Dringliche Situationen kommen in der klinischen Praxis häufig vor, insbesondere da der Begriff der Dringlichkeit keineswegs nur auf Notfallbehandlungen im engeren Sinne beschränkt ist.[235] Zum einen kann damit die Notfallsituation gemeint sein, in der die Zeit nicht ausreicht, die Vertretungsberechtigung abzuklären oder die vertretungsberechtigte Person zu erreichen. Zum anderen kann sich die Dringlichkeit auch dann ergeben, wenn die Vertretungsberechtigung objektiv unklar ist und eine medizinische Massnahme zum Wohl des Patienten nicht aufgeschoben werden darf.[236] In einer dringlichen Situation wird sich oftmals keine Zeit finden lassen, den mutmasslichen Willen des Patienten zu erkunden, so dass die objektiven Interessen des Betroffenen im Vordergrund stehen dürften.[237]

---

229 Vgl. SPRECHER, 270, 280 f. m.w.H; Stellungnahme NEK «Patientenverfügung», 35.

230 Vgl. KuKo-GASSMANN, Art. 377/378 ZGB N 12; SPRECHER, 270, 280 f.; AEBI-MÜLLER, Jusletter 22.9.2014, Rz. 131.

231 Vgl. AEBI-MÜLLER, Jusletter 22.9.2014, Rz. 131.

232 GETH/MONA, ZSR 2009, 157, 174.

233 Vgl. FamKomm-GUILLOD/HERTIG PEA, Art. 378 ZGB N 27.

234 FANKHAUSER, BJM 2010, 240, 252.

235 AEBI-MÜLLER, Jusletter 22.9.2014, Rz. 137; BSK- EICHENBERGER/KOHLER, Art. 379 ZGB N 3.

236 Botschaft Erwachsenenschutz, 7037; CHK-FANKHAUSER, Art. 379 ZGB N 2; KuKo-GASSMANN, Art. 379/380 ZGB N 1.

237 AEBI-MÜLLER, Jusletter 22.9.2014, Rz. 138.

1.3. Behandlung einer psychischen Störung, Art. 380 ZGB

Art. 380 ZGB regelt für die Behandlung einer psychischen Störung einer urteilsunfähigen Person in einer psychiatrischen Klinik den Vorrang der Bestimmungen über die Fürsorgerische Unterbringung gegenüber den Regelungen über die Vertretung bei medizinischen Massnahmen nach Art. 377 ff. ZGB.[238]

Hintergrund der Regelung des Art. 380 ZGB ist, dass die Vertretungsbefugnis nach Art. 378 Abs. 1 ZGB auch die Zustimmung zu einer stationären Einweisung in eine geeignete Einrichtung beinhalten kann.[239] Der Gesetzgeber möchte die urteilsunfähige Person davor schützen, dass sie von nahestehenden Personen möglicherweise missbräuchlich in eine psychiatrische Klinik «versorgt» wird.[240] Die Verfahrensgarantien, die bei der Fürsorgerischen Unterbringung vorgesehen sind, sollen diesen Zweck erfüllen.[241] Zusätzlich soll der Botschaft nach sichergestellt werden, dass die betreffende Einrichtung nicht unterschiedliche Regelungen anwenden müsse.[242]

Nach dem deutschen Wortlaut der Regelung, der im Gegensatz zur französischen Version auf den Zusatz «untergebracht»[243] verzichtet, geht nicht eindeutig hervor, ob die Behandlung aller urteilsunfähigen Patienten mit psychischen Störungen in einer psychiatrischen Klinik nach den Voraussetzungen der Fürsorgerischen Unterbringung stattfinden soll.[244] Hier bedarf es einer sorgfältigen Differenzierung, nicht zuletzt deshalb, weil die Einschränkungen, die mit einer Fürsorgerischen Unterbringung einhergehen, gravierend sind: Eine allfällige Patientenverfügung ist nur noch zu beachten, die nach Art. 378 ZGB für medizinische Massnahmen vertretungsberechtigte Person (einschliesslich der in der Patientenverfügung oder dem Vorsorgeauftrag eingesetzten Person oder des Beistands) verliert ihre Entscheidbefugnis, für den Behandlungsplan wird die Vertrauensperson im Sinne von Art. 432 ZGB beigezogen und der Patient darf unter den Voraussetzungen des Art. 434 ZGB ohne seine Zustimmung behandelt werden.[245] Auf freiwillig in eine psychiatrische Klinik eingetretene Personen, die erst nach Eintritt ihre Urteilsfähigkeit verloren haben, scheint die Anwendung der Vorschriften mit den

---

238 BSK- EICHENBERGER/KOHLER, Art. 380 ZGB N 1.

239 FamKomm-GUILLOD/HERTIG PEA, Art. 380 ZGB N 1.

240 Botschaft Erwachsenenschutz, 7037.

241 FamKomm-GUILLOD/HERTIG PEA, Art. 380 ZGB N 1.

242 Botschaft Erwachsenenschutz, 7037 f.

243 «Le traitement des troubles psychiques d'une personne incapable de discernement **placée** dans un établissement psychiatrique...».

244 FamKomm-GUILLOD/HERTIG PEA, Art. 380 ZGB N 2.

245 Vgl. FamKomm-GUILLOD/HERTIG PEA, Art. 380 ZGB N 4.

angestrebten Zielen des Erwachsenenschutzes kaum vereinbar.[246] Mit eben erwähnten Einschränkungen – auch auf den Personenkreis der «Nicht- Untergebrachten» – würde in Kauf genommen, dass das «Verständnis einer paternalistischen bzw. direktiven Medizin»[247] weiterhin vorherrscht, obwohl es gerade Ziel der erwachsenenschutzrechtlichen Regelungen ist, diesem so wenig Raum wie möglich zu geben und die Selbstbestimmung des Patienten zu stärken.[248]

Dass es gerade auf die «Unterbringung» ankommt, legt auch der Bericht zum Vorentwurf nahe, in dem es – wie im französischen Wortlaut – heisst: «Ist eine urteilsunfähige Person zur Behandlung einer psychischen Störung untergebracht worden, so erfolgt die Behandlung nach den Artikeln…».[249] Nach hier vertretener Ansicht wird im Ergebnis den Rechten freiwillig Eingetretener nur dann ausreichend Rechnung getragen, wenn für sie die ordentlichen Regeln über die Patientenverfügung und die Vertretung bei medizinischen Massnahmen gelten.[250] Dies rechtfertigt sich nicht zuletzt auch dadurch, dass die ärztliche Leitung der psychiatrischen Klinik bei unabdingbar notwendiger Behandlung der psychischen Störung unter den Voraussetzungen von Art. 427 ZGB eine Zurückbehaltung für drei Tage anordnen und sie dann gestützt auf Art. 433 f. ZGB vornehmen kann.[251]

Aus dargelegten Gründen erscheint die möglicherweise hieraus resultierende Anwendung unterschiedlicher gesetzlicher Regelungen für Patienten der gleichen Institution weitaus mehr gerechtfertigt als die Untergrabung von Patientenrechten. Anbei bemerkt lässt sich die Anwendung verschiedener gesetzlicher Regelungen innerhalb der gleichen Institution schon deshalb nicht vermeiden, da sich die Behandlung einer somatischen Erkrankung auch dann nach den Bestimmungen von Art. 377 ff. ZGB richtet, wenn die betroffene Person wegen einer zusätzlich bestehenden psychischen Erkrankung in einer psychiatrischen Klinik untergebracht ist.[252]

---

246 Vgl. FamKomm-GUILLOD/HERTIG PEA, Art. 380 ZGB N 5 f.; KuKo-GASSMANN, Art. 379/380 ZGB N 3 m.w.H.

247 Im Zusammenhang mit der grundsätzlichen Bedeutung der Regeln der Fürsorgerischen Unterbringung, FANKHAUSER, BJM 2010, 240, 254.

248 Vgl. FamKomm-GUILLOD/HERTIG PEA, Art. 380 ZGB N 6.

249 Vgl. VE Erwachsenenschutz, 73.

250 So auch FamKomm-GUILLOD/HERTIG PEA, Art. 380 ZGB N 6; KuKo-GASSMANN, Art. 379/380 ZGB N 3; CHK-FANKHAUSER, Art. 380 ZGB N 2; BSK-EICHENBERGER/KOHLER, Art. 380 ZGB N 2; GUILLOD/HELLE, ZVW 2003, 347, 357; a.A. ZK-BOENTE, Art. 380 ZGB N 15; BSK-GEISER/ETZENSBERGER, Art. 434/435 ZGB N 6a: «Ohne Bedeutung ist für die Abgrenzung demgegenüber, ob eine FU vorliegt oder nicht.».

251 vgl. FamKomm-GUILLOD/HERTIG PEA, Art. 380 ZGB N 6; KuKo-GASSMANN, Art. 379/380 ZGB N 3.

252 Vgl. BÜCHLER/MICHEL, Medizin – Mensch – Recht, 120; HAUSHEER/GEISER/AEBI-MÜLLER, Erwachsenenschutzrecht, N 2.75; CHK-FANKHAUSER, Art. 380 ZGB N 2; BSK-EICHENBERGER/KOHLER, Art. 380 ZGB N 2; a.A. FASSBIND, IV N 2.2.5, nach dessen Auffassung das FU-Recht den Art. 377 ff. ganz allgemein vorgehen soll.

Die Regelung des Art. 380 ZGB wirft weitere Unsicherheiten und Fragen auf: In der Literatur wird bereits die unterschiedliche rechtliche Klassifikation von körperlichen und psychischen Erkrankungen kritisiert, da sie neben Abgrenzungsschwierigkeiten nur schwer mit der nach Art. 8 BV verfassungsrechtlich gewährleisteten Rechtsgleichheit vereinbar sei.[253] Zusätzlich kann es auch durch die unterschiedliche Definition des Begriffes der «psychiatrischen Klinik» von Zufälligkeiten abhängen, welche Regelungen Anwendung finden.[254] Bei einer engen Auslegung könnte z.B. eine zusätzliche somatische Erkrankung bei Verlegung in eine somatische Klinik dazu führen, dass die Art. 370 ff. zur Anwendung kommen, etwa, wenn die weitere Behandlung eines an Anorexie erkrankten Patienten aufgrund seines lebensbedrohlichen Zustandes in einem Akutspital stattfinden muss.[255] Streng genommen geht es bei der Frage der Begriffsbestimmung der «psychiatrischen Klinik» nicht nur um die Frage einer engen oder weiten Auslegung, sondern generell darum, ob der Begriff bei den heutigen medizinischen Bedingungen als Abgrenzungskriterium taugen kann: Als Reaktion auf die zunehmende Leistungsfähigkeit der Medizin und der demografischen Entwicklung, die zu einer Zunahme von Patienten führt, die in höherem Alter auch mit komplexen Krankheitsbildern leben, werden vermehrt Institutionen, Abteilungen und Klinikstrukturen angeboten, die gerade dieser Patientengruppe gerecht werden, sprich auf die Behandlung sowohl somatischen als auch psychiatrischen Leidens spezialisiert sind. In einer Altersmedizin etwa dürfte ein somatischer oder ein psychiatrischer Schwerpunkt der Behandlung häufig schwierig auszumachen sein. Die Annahme der «einen» (rein psychiatrischen) Klinik, in welcher der Patient aufgrund seiner psychischen Störung behandelt wird, scheint in vielen Fällen (nicht mehr) der Praxis zu entsprechen. Im Ergebnis sollte es damit gerade nicht entscheidend sein, ob es sich um eine psychiatrische Klinik im «engeren Sinne» handelt sodern eine Klinik, in die der Patient zur Behandlung seiner psychischen Störung untergebracht wurde, da sie dafür geeignet ist. Dies steht auch im Ein-

---

253 Siehe hierzu KuKo-GASSMANN, Art. 379/380 ZGB N 2; ROSCH, AJP 2011, 505, 509 f., OFK-FASSBIND, Art. 380 ZGB N 1; grundlegend die Kritik bei GUILLOD/HELLE, ZVW 2003, 347, 357 f.; TRACHSEL/BILLER-ANDORNO, Ethik in der Medizin 2016, 239 ff.; a.A. ZK-BOENTE, Art. 380 ZGB N 9, wonach die «Rechtsungleichheit mit einer ungleichen Schutzbedürftigkeit bei Eingriffen in körperliche und psychische Integrität zumindest begründbar» erscheint.

254 Einen weiten Begriff befürwortend etwa ZK-BOENTE Art. 380 ZGB N 10, der jede Einrichtung versteht, die die Behandlung der psychischen Störung vornimmt; OFK-FASSBIND, Art. 380 ZGB N 2; a.A. sind BSK-GEISER/ETZENSBERGER, Art. 434/435 ZGB N 6a u. Art. 426 N 5: «Zu beachten ist allerdings, dass die Einschränkung nur die Behandlung einer psychischen Störung in einer psychiatrischen Klinik betrifft, nicht aber die Behandlung einer solchen Störung in einem anderen Spital oder einer anderen Einrichtung...»; HAUSHEER/GEISER/AEBI-MÜLLER, Erwachsenenschutzrecht N 2.204 f.; ROSCH, AJP 2011, 505, 509 f.

255 BÜCHLER/MICHEL, Medizin – Mensch – Recht, 121.

klang mit den Bestimmungen zur fürsorgerischen Unterbringung, welche auf alle Unterbringungen in einer «geeigneten Einrichtung» anwendbar sind.[256]

Festzuhalten bleibt, dass die Vorschrift des Art. 380 ZGB als nicht überzeugende Abgrenzungsbestimmung zu Verunsicherungen in der Praxis und ungleicher Handhabung führt und deshalb dringend revisionsbedürftig ist.[257]

---

256 Vgl. BÜCHLER/MICHEL, Medizin – Mensch – Recht, 120.

257 Vgl. OFK-FASSBIND, Art. 380 ZGB N 1; in diese Richtung auch BSK-GEISER/ETZENSBERGER, Art. 434/435 ZGB N 6a, wonach die Abgrenzung der Art. 434/435 und 378/379 ZGB für die medizinische Praxis problematisch und überdies sachlich «wenig befriedigend» sei.

2. Einbezug des urteilsunfähigen Patienten nach Art. 377 Abs. 3 ZGB

Mit Art. 377 Abs. 3 ZGB wird bekräftigt, dass auch im Fall der Urteilsunfähigkeit nicht über den Patienten hinweg entschieden werden darf und er soweit möglich in die Entscheidfindung einzubeziehen ist.[258] Gerade weil das Gesetz bei der Bestimmung der Urteilsfähigkeit keine graduellen Abstufungen kennt und so den Persönlichkeitsrechten urteilsunfähiger Patienten nicht vollständig nachzukommen vermag (siehe auch unten, *Kapitel III 1.3. «Praktikabilität des dichotomen Konzepts der Urteilsfähigkeit»*), ist die Mitberücksichtigung des urteilsunfähigen Patienten gefordert.[259] Durch seine Partizipation kann der Patient bei der Entscheidungsfindung mitwirken, auch wenn er nicht als urteilsfähig im Rechtssinne gilt, aber über einen «natürlichen Willen» (eine zustimmende oder ablehnende faktische Willensäusserung[260]) verfügt und diesen auch zum Ausdruck bringen kann.[261]

Bei der praktischen Umsetzung der Partizipation stellt sich die Frage, wie und in welchem Umfang der Patient in die Entscheidung einbezogen werden kann und welche Verpflichtungen sich aus der Regelung ergeben. Neben dem Grundgedanken der Selbstbestimmung muss auch dem Erfordernis des Schutzbedürfnisses nachgekommen werden. In diesem Spannungsfeld ist eine sorgfältige Abwägung angezeigt, wieweit die Selbstbestimmung gestärkt werden muss bzw. soll und ab wann diese allenfalls eine Überforderung darstellt und somit der Schutzgedanke in den Vordergrund rückt.[262]

2.1. Rechtliche Entwicklung des Art. 377 Abs. 3 ZGB

Der Gedanke, urteilsunfähige Patienten soweit möglich in die Entscheidfindung über ihre medizinische Behandlung einzubeziehen, gewann mit der Ratifikation mehrerer internationaler Übereinkommen, welche die Mitwirkung des urteilsunfähigen Patienten vorsehen, an Bedeutung.[263]

---

258 AEBI-MÜLLER, FS GEISER 2017, 1, 12; AEBI-MÜLLER, FHB Erwachsenenschutzrecht 2016, 107, 143, N 6.101.

259 CHK-FANKHAUSER, Art. 377 ZGB N 5; SPRECHER, 270, 281; AEBI-MÜLLER, FS GEISER 2017, 1, 13.

260 AEBI-MÜLLER, Jusletter 22.9.2014, Rz. 62.

261 KuKo-GASSMANN, Art. 377/378 ZGB N 8.

262 Vgl. HOTZ, 481, 485.

263 FamKomm-GUILLOD/HERTIG PEA, Art. 377 ZGB N 26.

2.1.1. Empfehlungen des Ministerkomitees des Europarates

An einschlägigen Normen sind etwa der Grundsatz 9 Ziff. 3 der Empfehlung des Ministerkomitees des Europarates vom 23. Februar 1999 über die Grundsätze betreffend den Rechtsschutz der urteilsunfähigen Mündigen und Art. 12 der Empfehlung des Ministerkomitees des Europarats vom 22. September 2004 zum Schutz der Menschenrechte und Würde von Personen mit psychischen Störungen zu nennen. Diese fordern, die Meinung von Patienten mit psychischen Störungen oder von urteilsunfähigen Patienten zu berücksichtigen und sie so aufzuklären, dass sie eine Meinung äussern können.[264]

2.1.2. Veto- und Partizipationsrechte auf bundesgesetzlicher Ebene

Auch in anderen gesundheitsrechtlichen Bundesgesetzen und -verordnungen wurden Bestimmungen zur Einbeziehung Urteilsunfähiger in Form von Veto- und Partizipations-rechten erlassen, wie beispielsweise in Art. 13 Abs. 3 des Transplantationsgesetzes, durch welchen geregelt wird, dass eine urteilsunfähige Person so weit wie möglich in das Informations- und Zustimmungsverfahren einzubeziehen ist. Etwa auch im Bundesgesetz über die Forschung am Menschen (Humanforschungsgesetz) lassen sich entsprechende Regelungen zur Einbeziehung des Urteilsunfähigen finden. In Art. 21 Abs. 1 HFG ist festgelegt, dass Urteilsunfähige so weit wie möglich in das Einwilligungsverfahren einzubeziehen sind. Nach Art. 24 Abs. 1 lit. c. HFG darf ein Forschungsprojekt mit urteilsunfähigen Erwachsenen nur durchgeführt werden, wenn die betroffene Person die Forschungshandlung durch Äusserungen oder entsprechendes Verhalten nicht erkennbar ablehnt.

2.1.3. Art. 6 § 3 des Übereinkommens über Menschenrechte und Biomedizin (ÜMB)

Art. 6 § 3 des ÜMB diente dem Gesetzgeber als Vorlage für die Verankerung der Einbeziehung des urteilsunfähigen Patienten im Erwachsenenschutz.[265] Hiernach ist bei einer Intervention die betroffene, nicht einwilligungsfähige Person so weit wie möglich in das Einwilligungsverfahren einzubeziehen.

---

264 Vgl. FamKomm-GUILLOD/HERTIG PEA, Art. 377 ZGB N 27.

265 FamKomm-GUILLOD/HERTIG PEA, Art. 377 ZGB N 27 m.w.H.; CHK-FANKHAUSER, Art. 377 ZGB N 5.

Der Vorentwurf zum nunmehr geltenden Art. 377 Abs. 3 ZGB sah in Art. 435 Abs. 3 VE lediglich vor, dass die urteilsunfähige Person soweit möglich in geeigneter Weise informiert wird.[266] Der Gesetzgeber setzte aber schliesslich in Einklang mit Art. 6 § 3 des ÜMB in Art. 377 Abs. 3 ZGB um, dass die urteilsunfähige Person soweit möglich in die Entscheidfindung einbezogen wird.

2.2. Die «Einbeziehung» im Sinne des Art. 377 Abs. 3 ZGB

2.2.1. Einbeziehung «soweit möglich»

Anspruch auf Partizipation kann die urteilsunfähige Person nur erheben, soweit dies «möglich ist». «Möglich» ist dies, wenn der Patient in der Lage ist, Willensäusserungen kundzutun beziehungsweise Äusserungen wahrzunehmen.[267] «Soweit» möglich bedeutet, dass sich die Einbeziehung an den Fähigkeit des Patienten im Einzelfall ausrichtet.[268] Völlig unmöglich ist eine Einbeziehung nur dann, wenn auch ein situativ angepasster Einbezug des betroffenen Patienten offensichtlich nicht möglich erscheint.[269] Besteht die Möglichkeit der Einbeziehung, so hat der Patient auch das Recht auf entsprechende Partizipation.[270]

2.2.2. Adressat der Einbeziehungspflicht

Adressaten der Einbeziehungspflicht sind primär die Behandelnden, aber auch die vertretungsberechtigte Person.[271]

2.2.3. Normzweck im Lichte des Erwachsenenschutzrechts

Der Gesetzgeber setzte bewusst die Vorlage des Art. 6 § 3 des ÜMB um, wonach die betroffene Person in das Einwilligungsverfahren einzubeziehen und nicht nur soweit möglich zu informieren ist. Wichtig ist damit, dass die Einbezie-

---

266 VE Erwachsenenschutz, 21.
267 ZK-Boente, Art. 377 ZGB N 74.
268 ZK-Boente, Art. 377 ZGB N 74 m.w.H.
269 OFK-Fassbind, Art. 377 ZGB N 4.
270 ZK-Boente, Art. 377 ZGB N 75.
271 CHK-Fankhauser, Art. 377 ZGB N 5.

hung über die blosse Information an den Patienten hinausgehen soll und die Intention des Gesetzgebers jedenfalls ein «Mehr» als die einfache Information ist.

In der Einbettung des Erwachsenenschutzrechts ist folgendes für die Auslegung der Einbeziehung zu beachten: Wie der Name sagt, ist das Erwachsenschutzrecht «Schutzrecht»: Schutzbedürftige Personen, die nicht eigenverantwortlich handeln können, sollen vor den möglicherweise nachteiligen Folgen der Verantwortlichkeit für eigenes Verhalten entlastet werden.[272] Darüber hinaus soll der Schutz auch vor Drittpersonen gelten, die eine Schwäche ausnutzen könnten.[273] Auf der anderen Seite steht die Stärkung der Selbstbestimmung im Vordergrund.[274] Eine Abwägung zwischen der Stärkung der Selbstbestimmung des Patienten und seinem Schutzbedürfnis ist daher für den Einzelfall erforderlich.

2.2.4. Ausgestaltung der «Einbeziehung»

Bei der Ausgestaltung der Einbeziehung ist an ein Vetorecht oder ein Partizipationsrecht des urteilsfähigen Patienten zu denken.

a. *Vetorecht*

Dem urteilsunfähigen, aber äusserungsfähigen Patienten könnte ein Vetorecht zustehen. Unter einem Vetorecht ist das Recht des urteilsunfähigen Patienten zu verstehen, eine medizinische Massnahme abzulehnen.[275] Allerdings könnte das Vetorecht in Ausübung des «natürlichen Willens» (eine willensgetragene Handlung oder Äusserung einer im Sinne des Art. 16 ZGB urteilsunfähigen Person[276]) dem mutmasslichen Willen (dem, was der Patient im Zustand der Urteilsfähigkeit selbst entscheiden würde) (vgl. *Kapitel II B 1.1.2. « Mutmasslicher Wille»*), widersprechen.[277]

Da dem Patienten aufgrund seiner Urteilsunfähigkeit das Recht genommen wurde, den Entscheid über die Behandlung zu treffen, würde mit Einräumung eines generellen Vetorechts ein wesentlicher Teil des Schutzzwecks der Handlungsfähigkeitsregeln unterlaufen. Ihm die Verantwortung für den Entscheid durch ein Vetorecht wieder aufzuerlegen, ist mit dem Schutz vor der endgültigen

---

272 AEBI-MÜLLER, ZBJV 2013, 150, 158.

273 ESR Komm ZGB-ROSCH, Grundlagen N 2.2.

274 BSK-EICHENBERGER/KOHLER, Art. 377 ZGB N 21.

275 Siehe hierzu SPRECHER, 270, 281 f.

276 ZK-BOENTE, Art. 378 ZGB N 74, der jedoch zur Vermeidung von Missverständnissen die Begriffsverwendung des „Wunsches“ bevorzugt; so auch schon FamKomm-BÜCHLER/MICHEL, Art. 371 ZGB N 9.

277 AEBI-MÜLLER, ZBJV 2013, 150, 160; siehe hierzu im Kontext der Patientenverfügung JOX, 394 ff.

Verantwortung nicht in Einklang zu bringen. Infolge seiner Schwäche muss er gerade vor der endgültigen Verantwortung geschützt werden.[278]

b. Partizipationsrecht

Die Ablehnung eines Vetorechts lässt nun aber folgendes Problem aufkommen, welches gerade in der Praxis Anlass für Schwierigkeiten und moralischen Distress im Behandlungsteam und bei den Vertretern sein sowie die Würde des Patienten angreifen kann: Angenommen der urteilsunfähige Patient wehrt sich («natürlicher Wille») gegen eine medizinisch indizierte Massnahme, die seinem mutmasslichen Willen entspricht. Was bedeutet die Durchführung der Intervention gegen den Widerstand des Patienten? Konkreter: Wie mag sich der Patient in dieser Situation fühlen und welchen moralischen Stress erfahren seine Vertreter und das Behandlungsteam dadurch? Kann oder muss der Patient nicht auch ohne die Urteilsfähigkeit durch seinen natürlichen Willen zum Ausdruck bringen können, was er aktuell möchte? Können sich etwa ein schwacher Lebenswille und eine veränderte Sichtweise nicht auch nach Eintritt der Urteilsunfähigkeit glaubwürdig manifestieren, obschon sich der Patient im Vorfeld für eine andere Behandlung ausgesprochen hatte?

Würde man den Widerstand des Patienten in eben geschilderter Situation aufgrund der Ablehnung eines Vetorechts unberücksichtigt lassen, so bestünde die Gefahr, dass die Einbeziehung des Patienten nach Art. 377 Abs. 3 ZGB – die, wie oben dargestellt, über die blosse Information hinausgehen muss – ins Leere liefe. Um der gesetzlichen Forderung, auch den urteilsunfähigen Patienten – soweit möglich – einzubeziehen, muss der zum Ausdruck gebrachte Widerstand des Patienten jedoch in irgendeiner Art Berücksichtigung finden. Da dies nicht in Form unmittelbarer rechtlicher Wirkung[279] durch Einräumung eines Vetorechts geschehen kann, ist der «natürliche Wille» deshalb vielmehr mittelbar für die Beurteilung seines mutmasslichen Willens heranzuziehen.[280] Genau genommen muss dabei der «natürliche Wille» als aktueller mutmasslicher Wille in Beziehung zum mutmasslichen Willen des (damals) Urteilsfähigen gesetzt werden.[281] Dies hat zur

---

278 Vgl. AEBI-MÜLLER, FHB Erwachsenenschutzrecht 2016, 107, 143, N 6.102; AEBI-MÜLLER, Jusletter 22.9.2014, Rz. 67.

279 Vgl. ZK-BOENTE, Art. 378 ZGB N 74.

280 Vgl. ZK-BOENTE, Art. 378 N ZGB 74; BSK-WYSS, Art. 372 ZGB N 26; AEBI-MÜLLER/FELLMANN/GÄCHTER/RÜTSCHE/TAG, Arztrecht, § 5 Rz. 92; AEBI-MÜLLER, FHB Erwachsenenschutzrecht 2016, 107, 143, N 6.103.

281 Anders Stellungnahme NEK «Patientenverfügung», 30, wonach der «mutmassliche Wille» nach Schweizer Recht allein auf der Grundlage von Äusserungen rekonstruiert werde, welche die Person im urteilsfähigen Zustand getätigt hat. Ähnlich JOX, 394, 396.

Folge, dass jeweils im Einzelfall genau untersucht werden muss, inwieweit die Ablehnung des Patienten, also sein «natürlicher Wille» als Hinweis auf seinen mutmasslichen Willen in der heutigen Gesamtbetrachtung gedeutet werden kann.

Die Berücksichtigung des «natürlichen Willens» durch den Einbezug des urteilsunfähigen Patienten nach Art. 377 Abs. 3 ZGB rechtfertigt sich auch deshalb, da die Angaben zur Ermittlung des mutmasslichen Willens (Wille des damals Urteilsfähigen) einerseits durch die Werte und Präferenzen der vertretungsberechtigten Personen gefärbt sein können, andererseits auch keine festen Kriterien existieren, welche Voraussetzungen erfüllt sein müssen, um Äusserungen, Verhaltensweisen, etc. zur Ermittlung heranziehen zu können. In der Praxis erscheint es für die Prüfung, inwieweit der «natürliche Wille» für den mutmasslichen Willen in der heutigen Gesamtbetrachtung konkret zu beachten bzw. zu gewichten ist, aufschlussreich und unerlässlich, zu ergründen, auf welchen Wertvorstellungen und welchem Lebensbild die damals geäusserten Wünsche – die der jetzigen Ablehnung entgegenstehen – zum Zeitpunkt der Urteilsfähigkeit wurzelten und ob die veränderte Situation es im Hinblick auf diese Erkenntnisse zulässt, eine veränderte Sichtweise des Patienten anzunehmen. Gleichwohl gehört zu einer sorgfältigen Bewertung der ablehnenden Haltung auch die Prüfung, ob die Ablehnung nicht z.B. auf Angst vor der Massnahme beruht[282], und damit weniger geeignet erscheint, sie als Manifestation einer veränderten Sichtweise zu bewerten. In dieser Situation ist es primär erforderlich, durch verstärkte Einbindung des Patienten seine Ängste zu mindern.

Im Ergebnis ist demnach ein etwaiger Widerstand des urteilsunfähigen Patienten nicht als generelles Vetorecht zu verstehen, er spielt aber mittelbar für die Beurteilung seines mutmasslichen Willens in der heutigen Gesamtbetrachtung eine wichtige Rolle und muss in diesem Kontext beachtet werden. Nur so kann dem Erfordernis einer entsprechenden Einbeziehung in die Entscheidfindung nach Art. 6 § 3 des ÜMB ausreichend nachgekommen werden.[283]

Das Partizipationsrecht umfasst jedoch weitaus mehr als die soeben beschriebene Prüfung, inwieweit Widerstandsbekundungen des Patienten für die Bestimmung seines mutmasslichen Willens herangezogen werden können. Vielmehr muss ihm – gerade mit Blick auf die rechtlich fehlende Möglichkeit einer graduellen Abstufung der Urteilsfähigkeit[284] (siehe hierzu gleich die besondere Bedeutung etwa bei Menschen mit Demenz) – eine seinen Fähigkeiten und Bedürfnissen angepasste Beteiligung am Entscheidungsprozess ermöglicht werden.[285] Eine entsprechende Partizipation bedeutet, dass der urteilsunfähige Patient generell das Recht auf

---

282 Vgl. FamKomm-GUILLOD/HERTIG PEA, Art. 377 ZGB N 27.

283 Vgl. auch AEBI-MÜLLER, FS GEISER 2017, 1, 14 f.; AEBI-MÜLLER, FHB Erwachsenenschutzrecht 2016, 107, 143, N 6.104.

284 CHK-FANKHAUSER, Art. 377 ZGB N 5, ders. in BJM 2010, 240, 259 f.

285 Vgl. SPRECHER, 270, 282.

Information, das Recht an Entscheidungsprozessen teilzuhaben sowie das Recht auf Mitbestimmung bei der Ausgestaltung der medizinischen Behandlung hat.[286] Damit beinhaltet die Partizipation auch die Aufgabe des gesetzlichen Vertreters sowie der Ärzte, die Meinung und allfälligen Wünsche der urteilsunfähigen Person anzuhören und diese bei der Entscheidfindung zu berücksichtigen.[287] Die Einbeziehung umfasst auch die Aufklärung des Patienten. Zwar ist die vertretungsberechtigte Person der Adressat der Aufklärungspflicht als solcher nach Art. 377 Abs. 2 ZGB, jedoch gebietet es allein schon die Pflicht zur Achtung der Menschenwürde nach Art. 7 BV, dass auch der urteilsunfähige Patient Aufklärung erfährt.[288]

Kann der Patient nicht mehr (ausreichend) verbal kommunizieren, empfiehlt sich ein Vorgehen zur Partizipation von Demenzkranken, gemäss der SAMW-Richtlinie zur Betreuung und Behandlung von Menschen mit Demenz. Gerade bei Manschen mit Demenz kann die Partizipation eine besondere Rolle spielen, da vor allem in frühen Demenzstadien eine Urteilsunfähigkeit nicht ausschliesst, dass Betroffene ihre Anliegen und Bedürfnisse noch selbst formulieren können.[289] Dabei soll in besonderer Art und Weise das nonverbale und paraverbale Ausdrucksverhalten des Patienten (Stimmlage, Intonation etc.) aufgenommen werden. «Durch einfache, angepasste Kommunikation und das Achten auf nonverbale Signale können das Wohlbefinden, Hinwendungsreaktionen oder auch Missempfinden und Abwendungsreaktionen wichtige Hinweise auf die Bedürfnisse geben».[290] Entscheidend für die Einbeziehung des Patienten ist, dass nicht nur ein konkreter medizinischer Eingriff verletzend sein kann, sondern auch im Rahmen der psychischen Persönlichkeit, in seinen Gefühlen und Empfindungen übergangen und in seiner Meinungsäusserung nicht ernst genommen zu werden.[291] Urteilsunfähigkeit bedeutet nämlich nicht, keine Empfindungen mehr zu haben. (Siehe zu Erfahrungen aus der Ethikkonsultation hinsichtlich mangelnder Einbeziehung urteilsunfähiger Patienten z.B. *Kapitel II B 4.3.1. «Fallbeispiel 3»* und zum Verständnis der Befragten aus der Umfrage zum mutmasslichen Patientenwillen und der Bedeutung der Einbeziehung des urteilsunfähigen Patienten unter *Kapitel II B 3.2. «Auswertung des Fragebogens»*).

Durch entsprechende Umsetzung des Partizipationsrechts wird dem medizinethischen Autonomieverständnis und dem ethischen Prinzip der Hilfeleistung nachgekommen: Der Patient wird so weit in die Entscheidfindung einbezogen,

---

286 CHK-FANKHAUSER, Art. 377 ZGB N 5, ders. in BJM 2010, 240, 259 ff.; KuKo-GASSMANN, Art. 377/378 ZGB N 8; SPRECHER, 270, 282.

287 BSK-EICHENBERGER/KOHLER, Art. 378 ZGB N 14.

288 ZK-BOENTE, Art. 377 ZGB N 72.

289 SAMW (Demenz), 11 f.

290 SAMW (Demenz), 11.

291 AEBI-MÜLLER, FHB Erwachsenenschutzrecht 2016, 107, 143, N 6.102; HAUSHEER/AEBI-MÜLLER, FS BUCHER, 237, 250; AEBI-MÜLLER, Jusletter 22.9.2014, Rz. 116.

dass er die Möglichkeit hat, Teil des Entscheidungsprozesses zu sein. Dadurch kann zugleich Schaden vermieden werden, der durch eine Verletzung der Gefühle des Patienten zustande käme: Anhand der gewonnenen Erkenntnis kann auf die persönlichen Bedürfnisse und Fähigkeiten der urteilsunfähigen Person eingegangen werden, und die Person wird individuell und situativ angepasst beteiligt. Der Patient wird durch seine Einbeziehung darin unterstützt, geplante Behandlungen in ihrem Ablauf nachvollziehen und verstehen zu können, wodurch er die Möglichkeit hat, sich auf die geplante Behandlung einzustellen. Aber auch für das Behandlungsteam sind die Einbeziehung und die gemeinsame Behandlungsplanung eine wichtige Hilfestellung, da die Entscheidung dann Ausdruck eines Prozesses ist, bei dem alle Beteiligten beachtet und gehört wurden.

Im Ergebnis kann aufgrund der Partizipation des urteilsunfähigen Patienten nach Art. 377 Abs. 3 ZGB davon gesprochen werden, dass das Recht des Patienten auf Selbstbestimmung zumindest in gewisser Weise über die Urteilsfähigkeit hinausgeht.[292]

292 Vgl. AEBI-MÜLLER, Jusletter 22.9.2014, Rz. 116; AEBI-MÜLLER, FHB Erwachsenenschutzrecht 2016, 107, 143, N 6.102; ZK-BOENTE, Art. 378 ZGB N 72; WIDMER BLUM, 186; BSK-EICHENBERGER/KOHLER, Art. 377 ZGB N. 21.

3. Erkenntnisse aus der Praxis

3.1. Auswertung von Ethikkonsultationen

Mit folgender Auswertung soll der Frage nachgegangen werden, ob in den Ethikkonsultationen vertretungsberechtigte Personen für die Entscheidfindung und den Einwilligungsentscheid herangezogen wurden und ob bzw. welche Probleme hierbei auftraten.

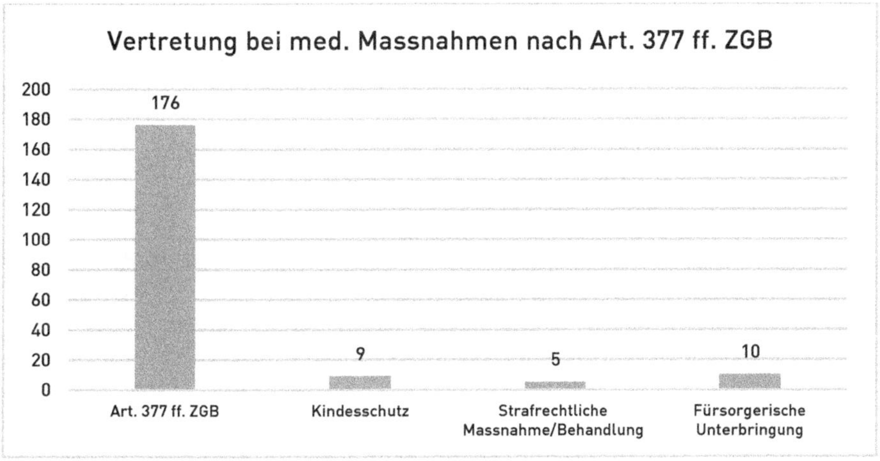

Abbildung 47: Vertretung bei med. Massnahmen nach Art. 377 ff. ZGB

Für die Auswertung wird auf die Protokolle zurückgegriffen, welche den Stellvertretungsregelungen der Art. 377 ff. ZGB folgen, insgesamt sind dies 176 Fälle.

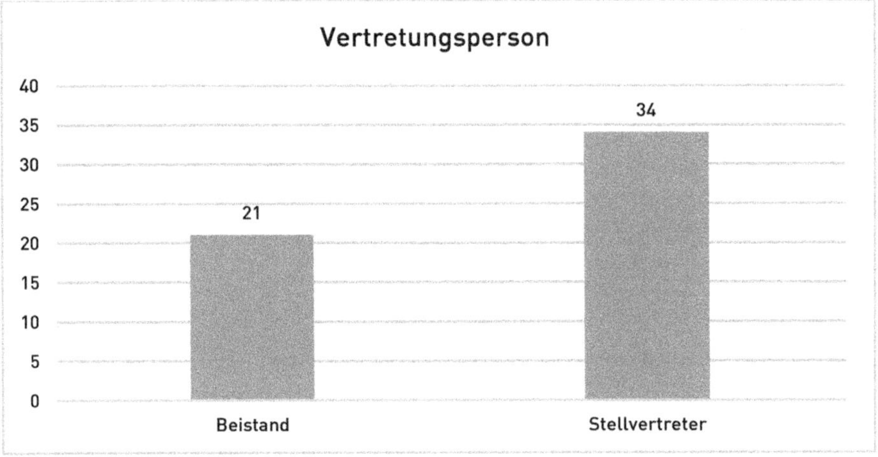

Abbildung 48: Vertretungsperson

In 21 der 176 Fälle war ein Beistand mit einem Vertretungsrecht für medizinische Massnahmen eingerichtet, davon 15-mal im USB und sechsmal in den UPK. In 34 Fällen wurde ein Stellvertreter herangezogen, davon 29-mal im USB und fünfmal in den UPK.

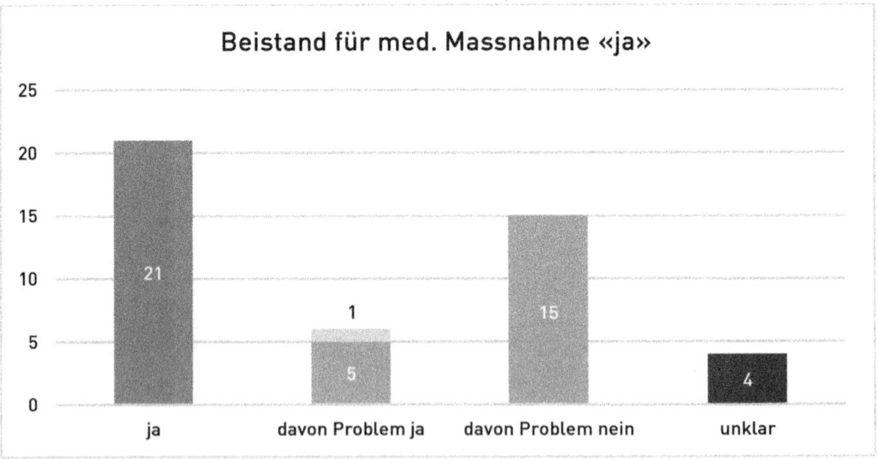

Abbildung 49: Beistand für med. Massnahme «ja»

Von den 21 Fällen, in denen ein Beistand für medizinische Angelegenheiten eingerichtet war, waren sechs problematisch. Vier davon aus Sicht der Behandelnden, weil

- in zwei Fällen (einmal USB, einmal UPK) der Beistand möglicherweise nicht den mutmasslichen Willen und die Interessen des Patienten vertrat und davon in einem Fall der angegebene mutmassliche Wille nach Maximaltherapie zudem nicht dem medizinisch indizierten Vorgehen entsprach.
- in einem Fall (USB) der Beistand nicht verfügbar war und von den Behandelnden für medizinisch inkompetent gehalten wurde.
- es in einem Fall (UPK) zu Uneinigkeiten zwischen dem Beistand und dem Behandlungsteam kam.

Zwei der sechs Fälle (beide USB) waren aus Sicht der Ethikkonsultation problematisch, weil

- der Beistand trotz Urteilsfähigkeit des Patienten für die Entscheidung herangezogen wurde. In einem dieser Fälle ist allerdings zu beachten, dass die Annahme der Urteilsfähigkeit darauf beruht, dass die Beurteilung der fraglichen Urteilsfähigkeit kein Ergebnis in «gegeben» oder «nicht gegeben» hervorbrachte und deshalb möglicherweise zu Unrecht nicht abgesprochen wurde.[293]

In 15 Fällen gab es keine Probleme mit dem Beistand.

In vier Ethikkonsultationen (zweimal USB, zweimal UPK) war für den für die konkrete Massnahme als urteilsunfähig befundenen Patienten ein Beistand eingerichtet; es war den Behandelnden oder dem Beistand selbst aber nicht klar, ob er auch ein Vertretungsrecht für medizinische Massnahmen hatte.

---

293 Dieser Fall, sowie weitere Fälle, bei denen der «Status» der Urteilsfähigkeit nicht auf einem Beurteilungsergebnis in «gegeben» oder «nicht gegeben» beruht, sind farblich abgesetzt.

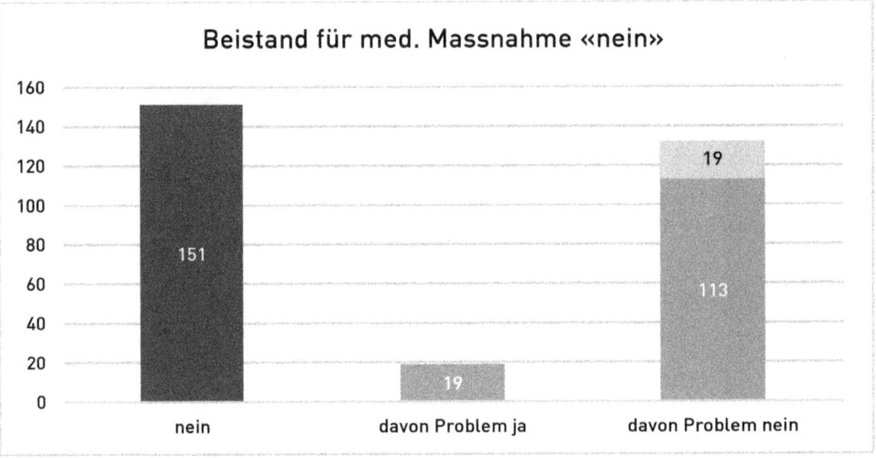

Abbildung 50: Beistand für med. Massnahme «nein»

In 151 der 176 Fälle war keine Beistandschaft für medizinische Angelegenheiten eingerichtet. In 19 Fällen stellte dies ein Problem dar, weil

- die Behandelnden in acht Fällen (siebenmal USB, einmal UPK) Zweifel hatten, ob der Stellvertreter nach dem mutmasslichen Willen und Interessen des Patienten handelte. Möglicherweise waren dadurch die Interessen des Patienten gefährdet, was – sofern erfüllt – die Bestimmung einer vertretungsberechtigten Person oder die Errichtung einer Beistandschaft erforderlich gemacht hätte, Art. 381 Abs. 2 Ziff. 3 ZGB.[294]
- in einem Fall (USB) zwar ein Beistand für den urteilsunfähigen Patienten angefordert, aber noch nicht eingerichtet war.
- in zwei Fällen (einmal USB, einmal UPK) die vertretungsberechtigten Personen unterschiedlicher Auffassung waren und deshalb eine vertretungsberechtigte Person hätte bestimmt oder ein Beistand eingerichtete werden müssen, Art. 381 Abs. 2 Ziff. 2 ZGB.[295]
- in einem Fall (USB) nicht klar war, ob die Patientenverfügung des nunmehr urteilsunfähigen Patienten in urteilsfähigem Zustand verfasst wurde, was möglicherweise – in Ermangelung einer potenziellen Vertretungsperson – die Errichtung einer Beistandschaft erforderlich gemacht hätte, Art. 381 Abs. 1 ZGB.

294 Vgl. OFK-Fassbind, Art. 381 ZGB N 2; Aebi-Müller, Jusletter 22.9.2014, Rz. 142.
295 Vgl. FamKomm-Guillod/Hertig Pea, Art. 378 ZGB N 25.

Sieben weitere Fälle (fünfmal USB, zweimal UPK) waren aus Sicht der Ethikkonsultation problematisch, weil

- der Patient für die konkrete Entscheidung urteilsunfähig war und in Ermangelung einer Patientenverfügung oder einer potenziellen Vertretungsperson ein Beistand hätte eingerichtet werden müssen, Art. 381 Abs. 1 ZGB.

In 132 Fällen, in denen kein Beistand eingerichtet war, stellte dies grundsätzlich kein Problem dar. Allerdings fallen hierunter 19 Fälle, in denen aus Sicht der Ethikkonsultation ein Problem möglich ist, weil

- in diesen Fällen (zehnmal USB, neunmal UPK) die Beurteilung der fraglichen Urteilsfähigkeit kein Ergebnis in «gegeben» oder «nicht gegeben» hervorbrachte bzw. keine Beurteilung vorgenommen worden war. Damit wurde dem Patienten die Urteilsfähigkeit nicht abgesprochen. Bei einer Beurteilung der Urteilsfähigkeit oder der Feststellung eines Beurteilungsergebnisses hätte ihm diese im Falle von Urteilsunfähigkeit jedoch abgesprochen werden müssen und in Ermangelung einer Patientenverfügung oder einer in Frage kommende vertretungsberechtigten Person ein Beistand eingerichtet bzw. in vier Fällen die bestehende Beistandschaft für medizinische Angelegenheiten erweitert werden müssen.

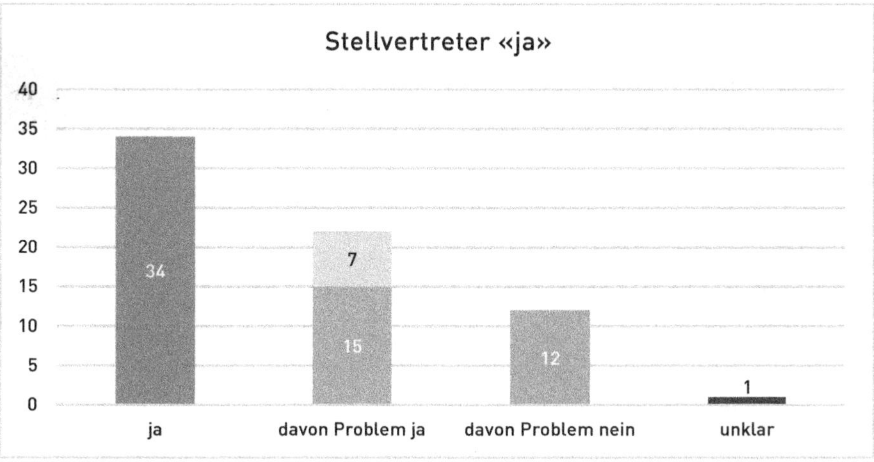

Abbildung 51: Stellvertreter «ja»

In insgesamt 34 der 176 Fälle wurde ein Stellvertreter für die Entscheidfindung herangezogen. In 22 Fällen traten dabei Probleme auf, weil

- in acht Fällen eine Massnahme durch den Vertreter gewünscht wurde, bei der fraglich war, ob diese dem mutmasslichen Willen und Interessen des Patienten entsprach oder möglicherweise eine Interessensgefährdung vorlag. Da

der durch den Vertreter geäusserte mutmassliche Wille zudem teilweise eine Überversorgung bedeutete, stellte sich für die Behandelnden zusätzlich das Problem der medizinischen Indikation.
Diese Fälle entsprechen den oben genannten acht Fällen, bei denen möglicherweise versäumt wurde, eine vertretungsberechtigte Person zu bestimmen oder eine Vertretungsbeistandschaft einzurichten (siehe Abb. 50 *«Beistand für med. Massnahmen nein»*, dort *«Problem ja»*).

- in zwei Fällen die vertretungsberechtigten Personen unterschiedlicher Auffassung waren. Diese Fälle entsprechen den oben genannten zwei Fällen, bei denen versäumt wurde eine vertretungsberechtigte Person zu bestimmen oder eine Vertretungsbeistandschaft einzurichten (vgl. ebenfalls Abb. 50 *«Beistand für medizinische Massnahmen nein»* und *«Problem ja»*).
- in einem Fall (USB) der Stellvertreter belastet war und nicht entscheiden wollte.[296]
- in einem Fall (UPK) der Stellvertreter unkooperativ war.

Zudem traten in zehn weiteren Fällen (achtmal USB, zweimal UPK) aus Sicht der Ethikkonsultation Probleme auf, weil

- ein «Stellvertreter» trotz Urteilsfähigkeit des Patienten für die Entscheidung als vertretungsberechtigt herangezogen wurde. In sieben dieser Fälle ist allerdings zu beachten, dass die Annahme der Urteilsfähigkeit darauf beruht, dass die Beurteilung der fraglichen Urteilsfähigkeit entweder nicht stattgefunden hatte oder kein Ergebnis in «gegeben» oder «nicht gegeben» getroffen wurde. Bei einer Beurteilung der Urteilsfähigkeit oder der Feststellung eines Beurteilungsergebnisses hätte ihm diese im Falle von Urteilsunfähigkeit abgesprochen werden müssen und die Heranziehung des Stellvertreters wäre rechtmässig erfolgt.

In zwölf der Fälle, in denen ein Stellvertreter für die Entscheidung herangezogen wurde, traten keine Probleme auf.

In einem Fall (USB) war den Behandelnden zum Zeitpunkt der Ethikkonsultation bei einem für die konkrete Massnahme als urteilsunfähig erklärten Patienten unklar, ob ein Stellvertreter vorhanden war.

---

[296] Im Gegensatz zu einem Beistand steht es den in Art 378 ZGB aufgeführten Personen frei, auf die Ausübung ihres Vertretungsrechts zu verzichten, vgl. FamKomm-GUILLOD/HERTIG PEA, Art. 378 ZGB N 1.

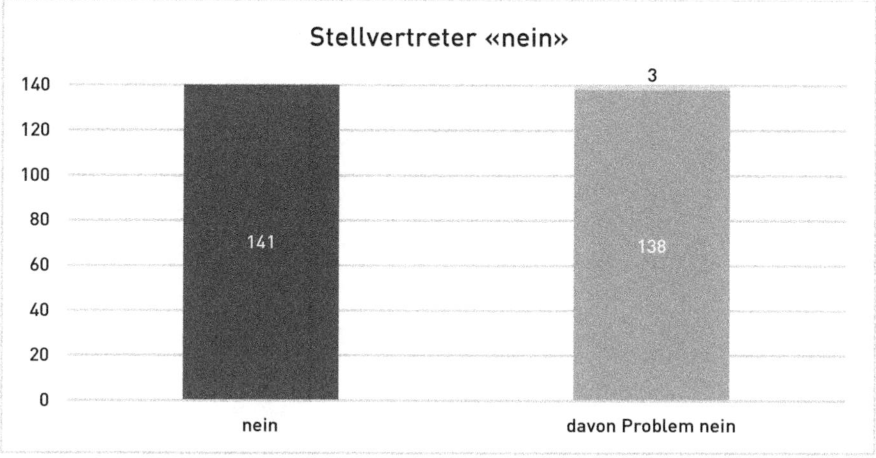

Abbildung 52: Stellvertreter «nein»

In allen 141 Fällen, in denen kein Stellvertreter hinzugezogen wurde, traten aus Sicht der Behandelnden keine Probleme auf. Aus Sicht der Ethikkonsultation gehören hierzu jedoch drei Fälle (alle UPK), in denen ein Problem möglich ist, weil

– die Beurteilung der Urteilsfähigkeit kein Ergebnis in «gegeben» oder «nicht gegeben» hervorbrachte bzw. in einem Fall keine Beurteilung vorgenommen worden war. Damit wurde dem Patienten die Urteilsfähigkeit nicht abgesprochen. Bei einer Beurteilung oder einem Beurteilungsergebnis hätte ihm diese im Falle von Urteilsunfähigkeit jedoch abgesprochen werden müssen und eine existente vertretungsberechtigte Person hätte für die Entscheidfindung und den Einwilligungsentscheid herangezogen werden müssen.

3.2. Auswertung des Fragebogens

Zusätzlich zu den Ergebnissen aus der Ethikkonsultationen soll die Auswertung des Fragebogens Anhaltspunkte dafür liefern, wie sich der Umgang mit Vertretungspersonen darstellt und ob die gesetzlichen Vorgaben gekannt und umgesetzt werden.

Abbildung 53: Reihenfolge der gesetzl. Vertretung

Bei der Frage, ob die gesetzliche Reihenfolge, der bei Urteilsunfähigkeit zur Vertretung berechtigten Personen den Teilnehmenden bekannt sei, gaben mehr als die Hälfte (52 %) an, diese nicht zu kennen. 46 % hingegen antworteten, die Reihenfolge zu kennen. Unter «anderes» fiel z.B. «kenne ich ungefähr (Partnerin, Kinder ... und dann?)».

Darüber hinaus wurden die Teilnehmenden befragt, was sie von der Einbeziehung von Angehörigen halten. Die Verteilung der Angaben auf die vorgegebenen Antworten zeigt folgendes Bild (tlw. Mehrfachnennungen):

- «macht Sinn; sie kennen den Patienten / die Patientin am besten» (106-mal genannt)
- «macht keinen Sinn; sie sind mit den Entscheidungen meist überfordert» (neunmal genannt)
- «macht keinen Sinn; sie sind dadurch zusätzlich belastet» (fünfmal genannt)
- «macht keinen Sinn; sie sind für die Entscheidung nicht kompetent» (dreimal genannt)
- «macht keinen Sinn; sie schliessen sich ohnehin meist dem ärztlichen Rat an» (dreimal genannt)
- «macht keinen Sinn; sie sind untereinander oft uneinig» (einmal genannt)

Neben den vorgegebenen Antworten wurden weitere 17 Angaben gemacht, worunter z.B. Folgendes fiel:

- «macht Sinn im Einzelfall»
- «meines Erachtens sinnvoll, dass die Angehörigen informiert sind, bei Ehepartnern macht es je nach Situation Sinn, diesen auch beim Ausfüllen miteinzubeziehen»
- «kann Sinn machen, Überforderung ist zu vermeiden, CAVE: Interessenskonflikt (Erben?)»
- «macht Sinn, aber im Zentrum steht immer noch der Wille des Patienten»
- «Angehörige dürfen jedoch nicht allein entscheiden, erweitertes Team»
- «kommt extrem auf die familiäre Situation an»
- «Pat. soll alleine entscheiden, dann aber Angehörige unbedingt informieren (sofern Pat. dies nicht anders will)»
- «insofern es Angehörige gibt, welche den Patienten gut kennen»
- «man muss Angehörigen erklären, dass sie sagen sollen, was Patient wollen würde und nicht was sie selbst wollen, ist teilweise recht belastend für Angehörige»

Ebenfalls wurden die Teilnehmenden befragt, was sie von der Einbeziehung des Beistandes des Patienten halten. Die Antworten (tlw. Mehrfachnennungen) auf die vorgegebenen Antwortmöglichkeiten verteilten sich folgendermassen:

- «sinnvoll» (81-mal genannt)
- «nicht verfügbar, wenn gebraucht» (21-mal genannt)
- «viel Aufwand» (20-mal genannt)
- «noch keine Erfahrung mit Beiständen gemacht» (16-mal genannt)
- «kommt kaum vor» (achtmal genannt)
- «oft unbekannt, ob es einen Beistand gibt» (siebenmal genannt)
- «hilft meist nicht weiter» (sechsmal genannt)
- «wenig» (dreimal genannt)
- «gar nichts» (zweimal genannt)

Unter den zwölf Einzelantworten wurde z.B. Folgendes angeführt:

- «schliessen sich meist med. Empfehlung an»
- «Beistand kennt sich nicht aus»
- «kommt auf die Situation an»

- «macht höchstens dann Sinn, wenn kein Amtsbeistand, sondern ein Freund/Bekannter des Patienten»
- «OFT nicht verfügbar»
- «gesetzl. Betreuer oft nicht genug in Materie bzw. Fall eingearbeitet»

Gefragt, was man unter dem «mutmasslichen Patientenwillen» verstehe, verteilten sich die Antworten auf die vorgegebenen Antwortmöglichkeiten wie folgt (tlw. Mehrfachnennungen):

- «Was der Patient/die Patientin wollen würde, könnte er/sie sich äussern» (97-mal genannt)
- «Was der Patient/die Patientin zum Zeitpunkt seiner/ihrer Urteilsfähigkeit festgelegt hätte» (67-mal genannt)
- «Was mir die Angehörigen über die Wünsche und Vorstellungen des Patienten/der Patientin sagen» (55-mal genannt)
- «Was objektiv das Beste für den Patienten/die Patientin wäre» (18-mal genannt)
- «Wie der Patient/die Patientin sich aktuell äussert, auch wenn er/sie NICHT urteilsfähig ist» (zwölfmal genannt)
- «Was ich mir für mich selbst in dieser Situation wünschen würde» (dreimal genannt)

4. Diskussion mit exemplarischen Fällen aus der Praxis

4.1. Relevanz von Vertreterentscheiden in der Ethikkonsultation

Situationen, in denen der Patient nicht selbst über seine Behandlung entscheiden und in diese rechtsgültig einwilligen oder sie ablehnen konnte, spielten in der Ethikkonsultation eine bedeutende Rolle. Besondere Relevanz hatten dabei diejenigen 176 Fälle, bei denen – sofern denn eine Vertretung erforderlich wurde – die Art. 377 ff. ZGB zur Anwendung kamen. Diesen Fällen soll im Folgenden nachgegangen werden.

In rund 30 % der 176 Fälle waren entweder ein Beistand oder ein Stellvertreter zum Zeitpunkt der Ethikkonsultation von den Behandelnden für die Entscheidfindung herangezogen worden. Dabei kam die Vertretung durch einen Stellvertreter häufiger vor als die durch einen Beistand; nur in wenigen Fällen waren Familienmitglieder als Beistände eingesetzt.

Aus rechtlicher und ethischer Sicht sind jedoch nicht nur diejenigen Fälle relevant, bei denen eine vertretungsberechtigte Person für die Entscheidung herangezogen wurde, sondern auch solche, bei denen im Falle von Urteilsunfähigkeit die Hinzuziehung einer vertretungsberechtigten Person versäumt wurde. Probleme rund um vertretungsberechtigte Personen konnten sich daher potenziell in allen der 176 Fälle ergeben.

4.2. Probleme bei Vertreterentscheiden in der Ethikkonsultation

4.2.1. Beistandschaft

Im Rahmen der Beistandschaften für medizinische Massnahmen traten diverse Schwierigkeiten auf. Diese betrafen z.B. die Unsicherheit, ob der mutmassliche Wille und die Interessen des Patienten durch den Beistand vertreten wurden oder den Umstand, dass ein Beistand nicht verfügbar war. Ebenfalls zu Schwierigkeiten führten Fälle, in denen entweder die Behandelnden oder der Beistand selbst nicht wussten, ob sein Vertretungsrecht auch für medizinische Massnahmen galt.

Die meisten Probleme traten aus Sicht der Ethikkonsultation jedoch deshalb auf, weil entweder bei urteilsunfähigen Patienten ohne eigene Vorsorge oder in Frage kommende nahestehende vertretungsberechtigte Personen kein Beistand eingerichtet worden war oder deshalb, weil möglicherweise die Bestimmung einer vertretungsberechtigten Person oder die Errichtung einer Beistandschaft versäumt wurde, sofern die vertretungsberechtigte Person nicht nach dem mutmasslichen Willen und Interessen des Patienten handelte (siehe hierzu sogleich unter Stellvertretung).

4.2.2. Stellvertretung

In weit über der Hälfte der Fälle, in denen ein Stellvertreter involviert war, traten Probleme auf. Der Grossteil dieser Fälle betraf entweder die Frage bzw. Zweifel daran, ob der mutmassliche Wille und die Interessen des Patienten vertreten wurden, oder Fälle, in denen eine Person als vertretungsberechtigt behandelt wurde, obwohl dem Patienten für die konkrete Massnahme die Urteilsfähigkeit nicht abgesprochen worden war. Der umgekehrte Fall, dass ein Stellvertreter trotz Urteilsunfähigkeit nicht herangezogen wurde, wie es im Kontext der Beistandschaft häufig zu beobachten war, ist hingegen nicht dokumentiert.

4.2.3. Zwischenfazit

Die Auswertung der Ethikkonsultationen zeigt Unterschiede in den Problemkonstellationen von Beiständen und Stellvertretern, wobei sich die Tendenz einer spiegelverkehrten Problemdarstellung abzeichnet.

Während bei den Beistandschaften das Hauptproblem war, dass diese bei Urteilsunfähigkeit des Patienten erst gar nicht beantragt wurden, so wurden Familienangehörige als Stellvertreter bereits bei urteilsfähigen Patienten als vertretungsberechtigt behandelt.

Für beide Konstellationen war jedoch relevant, ob der mutmassliche Wille und die Interessen des Patienten vertreten wurden. Die Frage, ob durch einen bereits vorhandenen Stellvertreter die Interessen der urteilsunfähigen Person gefährdet oder nicht mehr gewahrt wurden war gleichzeitig mit der Frage verknüpft, ob die Bestimmung einer vertretungsberechtigten Person oder die Errichtung einer Beistandschaft versäumt wurde.

Diese Aspekte sollen im Nachfolgenden weiter diskutiert werden.

4.3. Einbeziehung von Vertretungspersonen und Beachtung der Vertreterkaskade nach Art. 378 ZGB – Ethikkonsultation und Umfrage

Wie oben dargestellt, betrafen die Probleme bei der Einbeziehung vertretungsberechtigter Personen in der Ethikkonsultation insbesondere zwei Konstellationen: Zum einen wurden Beistände trotz Urteilsunfähigkeit des Patienten nicht beantragt, zum anderen aber auch nahestehende Personen als Stellvertreter behandelt, obschon die Urteilsfähigkeit dem Patienten nicht abgesprochen worden war. Folgendes Fallbeispiel soll der Demonstration letztgenannter Konstellation dienen.

4.3.1. Fallbeispiel 3

Ein Behandlungsteam schilderte folgendes Dilemma: Eine betagte Patientin lehne die meisten therapeutischen Massnahmen ab. Im Gespräch mit den Ärzten sei sie verschlossen und äussere ihren Willen selten klar. Manchmal lasse sich die Patientin doch zu Interventionen bewegen, was es erschwere, ihren authentischen Willen zu eruieren. Die Tochter und der Sohn der Patientin hätten dem Behandlungsteam gegenüber unterschiedliche Wünsche hinsichtlich der weiteren Behandlung der Mutter geäussert. Die Tochter wolle ihren Angaben nach den Wünschen der Mutter entsprechen, der Sohn wolle hingegen eine volle Therapie, damit es der Mutter besser gehe und sie dann über ein Weiterleben entscheiden könne. Tochter und Sohn seien durch den Dissens stark belastet. Es stelle sich nun für sie die Frage, welches der Vorgehen ethisch gerechtfertigt sei.

4.3.2. Analyse Fallbeispiel 3

Dieser Fall zeigt die in der Ethikkonsultation mehrfach dokumentierte Konstellation, in der Angehörige intensiv in die Behandlungsplanung miteinbezogen und trotz nicht beurteilter bzw. nicht abgesprochener Urteilsfähigkeit als entscheidungsbefugt behandelt werden. Der Dissens der Kinder bzw. der Umgang damit und die Herstellung eines Konsenses zwischen den vermeintlichen Vertretern beschäftigte das Behandlungsteam prioritär. Weniger Beachtung fand hingegen die Frage, was der Wille der Patientin ist und ob sie hinsichtlich der in Frage stehenden Entscheidungen urteilsfähig war. Ohne dieser Frage konsequent nachzugehen, setzt sich das Team vorrangig mit der Frage auseinander, ob dem «mutmasslichen Willen» der Patientin mit Befolgung der Anweisungen der Tochter oder denen des Sohnes besser nachgekommen würde.

Ausblick

In der Folge fand ein Gespräch zwischen den Behandelnden und der Patientin statt, in welchem die Patientin klar kundgab, dass sie palliativ betreut werden wolle. Die Patientin lehnte Medikamente, Diagnostik sowie lebensverlängernde Massnahmen ab und äusserte, bereit zu sein zu sterben. Der Sterbewunsch wurde von den Behandelnden als konstant angesehen und die Patientin hinsichtlich dieser Entscheidung als urteilsfähig eingeschätzt. Zudem entlastete die klare Aussprache der Patientin Tochter und Sohn stark und sie konnten die Entscheidung ihrer Mutter annehmen.

4.3.3. Einbeziehung von Personen bei Urteilsfähigkeit bzw. Urteilsunfähigkeit

a. *Frühzeitige Einbeziehung von Vertretungspersonen*

Weshalb nahe Angehörige als Stellvertreter herangezogen werden, obwohl keine Urteilsunfähigkeit des Patienten vorliegt, erscheint aus mehreren Gründen plausibel erklärbar. Zum einen scheint es nach den bisherigen Erkenntnissen einem erheblichen Anteil der Behandelnden nicht bewusst zu sein, dass es einer starren Einteilung der Urteilsfähigkeit in die Kategorien «gegeben» oder «nicht gegeben» bedarf. Solange das Erfordernis einer Schwarz-weiss-Entscheidung das Vorgehen des Arztes nicht leitet, scheint es einleuchtend, bei einem fraglich urteilsfähigen oder «eingeschränkt» urteilsfähigen Patienten wann immer möglich, Angehörige in die Behandlungsplanung miteinbeziehen – denn sie kennen den Patienten meist am besten. Ist man nicht sicher, ob der Patient noch selbst entscheiden kann, so kann durch Einholung aller Perspektiven und Einholung der Einwilligung der Angehörigen am ehesten sichergestellt werden, dass den Wünschen des Patienten am besten nachgekommen wird. Dieses Vorgehen dürfte in der Praxis dadurch gefördert werden, da Angehörige – gerade bei vulnerablen Patienten – häufig während der Behandlung präsent sind und vermehrt von sich aus das Gespräch mit den Ärzten suchen. Die Übergänge zwischen der Informationsweitergabe an Angehörige und/oder der Informationseinholung von diesen und Angehörige für die Einwilligung als vertretungsberechtigt anzusehen, dürften fliessend sein.

Sollte dem Behandelnden doch die Notwendigkeit einer Einteilung der Urteilsfähigkeit in die Kategorien «gegeben» oder «nicht gegeben» bekannt sein, so könnten aus seiner Sicht auch dann Gründe dafürsprechen, auf diese Einteilung zu verzichten, wenn die Angehörigen ohnehin in die Behandlungsplanung involviert und mit dem geplanten Vorgehen einverstanden sind. Im Falle von Urteilsunfähigkeit wäre sichergestellt, dass das Vorgehen (auch) mit der Einwilligung der Angehörigen als Vertretungsberechtigte erfolgte. Dieses Vorgehen könnte insbesondere bei einer schwierigen Beurteilungssituation in der medizinischen Praxis als effizient und praktisch empfunden werden (siehe zur Kritik an diesem Vorgehen *Kapitel III 1.3. «Praktikabilität des dichotomen Konzepts der Urteilsfähigkeit»*).

Ein weiterer Grund, Angehörige trotz Urteilsfähigkeit als Stellvertreter des Patienten zu behandeln könnte darin liegen, dass die Behandlungsplanung mit den Angehörigen eine Arbeitserleichterung für die Behandelnden darstellen könnte, da es schneller und einfacher sein kann, mit ihnen zu sprechen und ihre Einwilligung einzuholen als mit dem Patienten selbst. Es könnte aber auch das Bedürfnis sein, dem bereits geschwächten Patienten eine mühsame und ermüdende Diskussion zu ersparen.[297]

Aus Sicht der Behandelnden wird das Vorgehen, die Einwilligung von den Angehörigen einzuholen, keine Probleme aufwerfen, solange sich Patient und Angehörige (vermeintlich – sprich, der Patient äussert sich nicht aktiv in eine andere Richtung) einig sind und auch sonst keine Probleme auftreten. Weitere Probleme bei diesem Vorgehen können, wie die Auswertung der Ethikkonsultationen zeigt, etwa dann auftreten, wenn der geäusserte Behandlungswunsch der Angehörigen einer medizinisch nicht (mehr) indizierten Massnahme entspricht und der Arzt sichergehen möchte, ob die Angaben der Angehörigen tatsächlich auch dem Willen des Patienten entsprechen.

Auch die Ergebnisse der Umfrage machen deutlich, dass es aus Sicht der Behandelnden sinnvoll ist, Angehörige in die Behandlung des Patienten einzubeziehen. Fast alle Teilnehmenden befürworteten eine Einbeziehung, nur wenige gaben an, dass Angehörige überfordert oder belastet sein könnten. Vereinzelt wurde darauf hingewiesen, dass der Patient selbst entscheiden müsse, solange er dazu in der Lage sei.

b. (Versäumte) Errichtung einer Beistandschaft

Ganz anders scheint sich die Situation bei Patienten darzustellen, die keine (nahen) Angehörigen haben. Hier mangelt es gerade an Personen, die als Bindeglied zwischen Arzt und Patient fungieren und Angaben über die Wünsche des Patienten machen.

Gemäss zahlreichen Ethikkonsultationen sah sich der Arzt in diesen Fällen vor der Frage, welches das richtige Vorgehen für einen Patienten sei, der nicht mehr

297 Vgl. SAMW (Urteilsfähigkeit), 18.

selbst entscheiden kann und dessen Wünsche unklar sind. Das Gesetz sieht nach Art. 377 Abs. 1 ZGB vor, dass der behandelnde Arzt unter Beizug der zur Vertretung bei medizinischen Massnahmen berechtigten Person die erforderliche Behandlung plant, wenn sich eine urteilsunfähige Person zur Behandlung nicht in einer Patientenverfügung geäussert hat. Ist keine vertretungsberechtigte Person vorhanden so wird nach Art. 381 Abs. 1 ZGB die Einrichtung einer Vertretungsbeistandschaft erforderlich. Nach Art. 381 Abs. 3 ZGB handelt die Erwachsenenschutzbehörde unter anderem auch auf Antrag des Arztes, ihm steht insoweit eine Antragsberechtigung zu.[298]

Die Ethikkonsultationen zeigen, dass von diesem Antragsrecht häufig kein Gebrauch gemacht wurde, obwohl die Patienten schon längere Zeit (stationär) in Behandlung waren und für die in Frage stehende medizinische Massnahme als urteilsunfähig befunden wurden. Ihre Überlegungen betrafen vielmehr die Frage nach der Behandlungsplanung, weniger die Frage nach einer vertretungsberechtigten Person.

Zu den Gründen, weshalb eine Beistandschaft nicht beantragt wurde, gibt es in der Ethikkonsultation mehrere Hinweise, wie etwa, dass der Antrag auf eine solche einen Mehraufwand bedeutet. Zudem war dokumentiert, dass eine bereits seit längerem angeforderte Beistandschaft noch nicht eingerichtet war. Demnach könnte auch eine befürchtete Zeitverzögerung eine Rolle spielen. Zudem wurde die schlechte Erreichbarkeit oder die medizinische Inkompetenz des Beistandes bemängelt. Ein nicht dokumentierter, aber naheliegender Grund könnte sicherlich auch sein, dass schlicht das Wissen um die Notwendigkeit der Beantragung einer Beistandschaft durch den Arzt fehlte, möglicherweise auch, da der Gedanke wohl unangezweifelt war, selbst am besten für den Patienten entscheiden zu können.

Die Beobachtungen aus der Ethikkonsultation werden durch die Auswertung der Umfrage gestützt. Während die Beiziehung eines Stellvertreters 106-mal für sinnvoll gehalten wurde, war dies bei der Frage nach dem Beistand nur 81-mal der Fall. Auch wenn man diese Angabe einzeln betrachtet als hoch werten kann, ist das Ergebnis vorsichtig zu betrachten, da die Frage nach der «Einbeziehung» des Beistandes möglicherweise nur auf die Einbeziehung eines «bereits vorhandenen» Beistandes und nicht auch auf die Beantragung einer Beistandschaft bezogen wurde. Auch in der Umfrage wurde kritisiert, dass der Bestand nicht verfügbar sei, wenn er gebraucht werde oder dies viel Aufwand bedeute. Unter den individuellen Angaben wurde z.B. genannt, dass sich Beistände meist der medizinischen Empfehlung anschliessen würden und ein Amtsbeistand sich in der Materie bzw. dem Fall nicht auskenne.

---

298 Vgl. CHK-Fankhauser, Art. 381 ZGB N 3.

Dies ist ein wichtiger Punkt für die Praxis, denn aus Sicht der Behandelnden kann es durchaus sein, dass sie den Patienten besser kennen als ein Amtsbeistand oder zumindest genauso wenig, jedoch mit der medizinischen Behandlung vertraut sind und ihnen nicht zuletzt gesetzlich die Behandlungsplanung (unter Beizug der vertretungsberechtigten Person) obliegt, Art. 377 Abs. 1 ZGB. Die Errichtung bzw. Beantragung einer Vertretungsbeistandschaft kann sie zusätzlich Zeit und Aufwand kosten, ihnen jedoch für die konkrete Entscheidungsfindung keine Entlastung bringen, die diesen Aufwand rechtfertigen würde. Die juristische Notwendigkeit, dass es für die Vornahme der medizinischen Massnahme bei Urteilsunfähigkeit der Einwilligung eines Vertreters bedarf, scheint oftmals nicht prioritär gewesen zu sein – dies möglicherweise auch unter dem Aspekt, dass der Arzt in dringlichen Situationen (die hier zweifelsohne überschritten waren) nach Art. 379 ZGB selbst die medizinischen Massnahmen nach dem mutmasslichen Willen und den Interessen des Patienten ergreift.

4.3.4. Beachtung der Vertreterkaskade nach Art. 378 ZGB

Zusätzlich erwies sich die Reihenfolge der zur Vertretung berechtigten Personen nach Art. 378 ZGB in der Ethikkonsultation oft als wenig massgeblich. Waren beispielsweise mehrere Angehörige präsent, wurde in der Regel darauf verzichtet zu prüfen, wer vertretungsbefugt ist. Die Behandelnden waren darauf bedacht, mit allen Anwesenden im Konsens zu handeln oder sahen diejenige Person als vertretungsberechtigt an, die im Spital am präsentesten war. Dies führte erst dann zu Problemen, wenn sich die «Vertreter» untereinander uneinig waren.

Ein Grund hierfür dürfte sicherlich sein, dass die gesetzliche Kaskadenordnung schlicht nicht bekannt war oder es eine unangenehme Aufgabe darstellte, den «einen» Vertreter unter allen Angehörigen ausfindig zu machen und zu benennen. Diese Annahme wird zusätzlich durch die Auswertung der durchgeführten Umfrage gestützt, wonach über die Hälfte der Teilnehmenden angab, die Reihenfolge der gesetzlichen Vertreterregelungen nicht zu kennen.

Gleiches wird auch durch eine andere Studie[299] belegt, in der neben der Unkenntnis der gesetzlichen Kaskade angenommen wird, dass sich das medizinische Personal teils auch bei Kenntnis über die gesetzliche Reihenfolge hinwegsetzt, entweder aus Gründen der Bequemlichkeit oder weil die Näheverhältnisse für den konkreten Fall anders eingeschätzt werden, als der Gesetzgeber dies in seiner Ordnung getan hat.

---

299 BASS-Studie, 13 ff.; vgl. AEBI-MÜLLER, Jusletter 22.9.2014, Rz. 121.

4.4. Bestimmung des mutmasslichen Willens und der Interessen des Patienten

Der zweite zentrale Aspekt im Rahmen von Vertreterentscheiden, der in der Ethikkonsultation häufig zu Problemen führte, betraf die Frage der Behandelnden, ob die von den Vertretern gewünschte Behandlung dem mutmasslichen Willen und den Interessen des Patienten entsprach.

4.4.1. Untersuchung: Mutmasslicher Wille

Die Angaben aus der Umfrage zeigen, dass in der Praxis unterschiedliche Aspekte zur Bestimmung des mutmasslichen Willens herangezogen werden. Unter den vorgegebenen Antworten wurde am häufigsten ausgewählt, dass entscheidend sei, was der Patient wollen würde, könnte er sich äussern. Was die Angehörigen über die Wünsche und Vorstellungen des Patienten aussagen, scheint dabei häufig ausschlaggebend zu sein. Jedoch wählten auch knapp 15 % der Befragten aus, dass unter dem mutmasslichen Willen zu verstehen sei, was objektiv das Beste für den Patienten ist.

Aus den Protokollen der Ethikkonsultationen sind aus Sicht der Behandelnden insbesondere zwei für den mutmasslichen Willen problematische Fallkonstellationen auszumachen: Zum einen betrifft dies Fälle, in denen eine von den Vertretern gewünschte Therapie – oft die Maximaltherapie – nicht (mehr) dem medizinisch indizierten Vorgehen entsprach, andererseits aber auch solche, bei denen das gewünschte Vorgehen aus ihrer Sicht nicht das medizinisch bestmögliche Vorgehen erfüllte.

4.4.2. Fallbeispiel 4

Das folgende Fallbeispiel soll Herausforderungen im Umgang mit der Evaluation des mutmasslichen Willens in der medizinischen Praxis aufzeigen:

Ein Behandlungsteam stellte eine Anfrage für eine retrospektive Ethikkonsultation: Der Stellvertreter (Ehemann) der urteilsunfähigen und sich am Lebensende befindenden Patientin habe gewünscht, von der Gabe von Opiaten abzusehen, obwohl seine Ehefrau augenscheinlich unter schwersten Schmerzen gelitten habe. Das Behandlungsteam habe sich unter dieser Situation ohnmächtig gefühlt. Nachdem der Ehemann auch nach langem Gespräch nicht in die Opiatgabe eingewilligt hatte, konnte immerhin eine palliative Sedation[300] durch entsprechende Medikation mit ihm vereinbart werden, worunter sich die Patientin entspannte und am gleichen Abend verstarb.

Das Behandlungsteam stellte sich im Nachhinein die Frage, ob die Haltung des Ehemannes dem mutmasslichen Patientenwillen entsprach; es war unsicher, ob es moralisch in Ordnung war, dem Ehemann die Entscheidung so weitgehend zu überlassen und dadurch zumindest für den Zeitraum von ein bis zwei Tagen die starken Schmerzen der Patientin in Kauf zu nehmen.

4.4.3. Analyse Fallbeispiel 4

Nach Art. 378 Abs. 3 ZGB entscheidet die vertretungsberechtigte Person nach dem mutmasslichen Willen und den Interessen des Patienten. Fallen diese auseinander, so muss wie oben erläutert (siehe *Kapitel II B 1.1.4. «Verhältnis mutmasslicher Wille und objektive Interessen»*) jedenfalls im Fall erworbener oder kasueller Urteilsunfähigkeit dem mutmasslichen Willen des Patienten der Vorrang eingeräumt werden, denn die Regelungen des Erwachsenenschutzrechts sollen gerade die Selbstbestimmung des Patienten stärken und eine individuell an ihn angepasste Behandlung ermöglichen. Die Vorstellung des medizinisch bestmöglichen Vorgehens weicht der Berücksichtigung seiner individuellen Interessen. Individuelle Interessen sind dabei nicht grenzenlos, sondern sind grundsätzlich durch eine fehlende medizinische Indikation limitiert, da bei einem Therapiewunsch, der aus medizinischer Sicht nicht (mehr) indiziert ist, die ethischen Prinzipien des Nichtschadens und der Gerechtigkeit (Überversorgung) in den Vordergrund rücken (siehe hierzu auch *Kapitel II B 1.1.2. « Mutmasslicher Wille»* mit Verweis auf eine Beispielssituation, in der es seitens der Behandelnden ausnahmsweise gerechtfertigt sein kann, eine (nicht) mehr indizierte medizinische Behandlung anzubieten, in welche die Vertretungsperson nach dem mutmasslichen Willen des Urteilsunfähigen einwilligen kann und *Kapitel II C 1.2. «Rechtswirkung»*).

Die Herausforderung für die Behandelnden kann aber auch – wie in diesem Fall – in der gegenteiligen Situation liegen, nämlich darin, dass der Stellvertreter einen mutmasslichen Patientenwillen angibt, der die Befürchtung einer Unterversorgung des Patienten hervorruft. Da jedoch nicht das objektiv beste Vorgehen, sondern der mutmassliche Wille des Patienten massgeblich ist, kann dies bedeuten, dass der Patient ganz bewusst auf eine medizinisch indizierte Therapie verzichtet und etwa Schmerzen in Kauf nimmt.

---

[300] Die Durchführung einer palliativen Sedation als Behandlungsmassnahme im Sterbeprozess bedarf einer besonders sorgfältigen Abwägung und darf nur dann und in Ausnahmefällen zur Anwendung kommen, wenn andere Massnahmen ausscheiden, siehe KUHN, 19 ff.

Im konkreten Fall stellte der durch den Stellvertreter geäusserte mutmassliche Wille der Patientin für das Behandlungsteam eine kaum auszuhaltende Situation dar: einerseits, weil nicht sicher war, ob der Verzicht auf Opiate tatsächlich dem mutmasslichen Willen der Patientin entsprach, andererseits deshalb, weil die Frage aufkam, ob man es ethisch verantworten könne, die Patientin so leiden zu lassen, selbst wenn es ihr mutmasslicher Wille wäre.[301]

In der retrospektiven Ethikkonsultation wurde untersucht, worin die ethischen Schwierigkeiten einerseits auf der Ebene Ehemann-Patientin und andererseits auf der Ebene Behandlungsteam-Patientin/Ehemann lagen und welche Argumente für ein anderes Vorgehen angeführt werden konnten. Für die Durchsetzung einer medizinisch adäquaten Schmerztherapie sprach die Pflicht zur Leidenslinderung für die Patientin, sei es mittels Eskalation oder als ultima ratio über die Erwachsenenschutzbehörde. Mit diesem Vorgehen hätte man jedoch auch ein Zerwürfnis mit dem Ehemann riskiert, welches auch die Patientin selbst (psychosozial) erheblich hätte belasten können. Darüber hinaus war der mutmassliche Wille der Patientin nicht eindeutig zu identifizieren. Retrospektiv wurde aber erkannt, dass die Befragung zu Wertvorstellungen und die Einbeziehung der Religion möglicherweise nicht im erforderlichen Umfang stattgefunden hatte. Der Wunsch, auf die Gabe von Opiaten zu verzichten war seitens des Ehepaares möglicherweise in religiösen Überzeugungen begründet; das rechtzeitige Aufgreifen von Wertvorstellungen und Religion hätte möglicherweise zu einem besseren Umgang mit der Situation und entsprechender Lösungsfindung beitragen können.

4.4.4. Exkurs: Gefährdung der Interessen des Patienten, Art. 381 ZGB

Bei einer Gefährdung der Interessen des urteilsunfähigen Patienten sieht Art. 381 Abs. 2 Ziff. 3 ZGB die Bestimmung einer vertretungsberechtigten Person oder die Errichtung einer Vertretungsbeistandschaft vor. Zwar hat den Ausführungen der Botschaft zufolge die Erwachsenenschutzbehörde in diesem Zusam-

---

[301] Wie weit ein Wunsch, bewusst Schmerzen in Kauf zu nehmen, ethisch tragbar und gerechtfertigt sein kann, ist nach Ansicht von FOUNTOULAKIS/ROSCH im Rahmen einer Interessensabwägung zu eruieren, in schweren Fällen mit Hilfe einer interdisziplinären Ethikkommission, Handbuch ESR-FOUNTOULAKIS/ROSCH, N 1170.
Im Kontext solcher Wünsche in einer Patientenverfügung äussert sich die nationale Ethikkommission in ihrer Stellungnahme zu Patientenverfügungen (S. 7 u. 22) wie folgt: «So darf man z.B. weder …, noch Massnahmen ablehnen, die eine schwere Verwahrlosung der Person oder unerträgliche Schmerzen verhindern sollen.» Diese Einschränkungen seien aus Gründen der Sozialethik, der beruflichen Integrität und der Fremdschädigung zu akzeptieren. Siehe zur Rechtswirkung solcher Wünsche in der Patientenverfügung FamKomm-BÜCHLER/MICHEL, Art. 372 ZGB N 7 u. KuKo-GASSMANN, Art. 372 ZGB N 3.

menhang «einen relativ grossen Ermessensspielraum»[302], die Reihenfolge der Aufzählung der Bestimmung einer vertretungsberechtigten Person an erster Stelle und die Errichtung einer Beistandschaft an zweiter Stelle impliziert jedoch insoweit ein Stufenverhältnis, dass geeignete Angehörige ohne gute Gründe (bspw. ernsthafte Nachteile) nicht umgangen werden dürfen.[303] Aufgrund der im Erwachsenenschutz im Fokus stehenden Solidarität der Familie muss die Einsetzung einer in Art. 378 ZGB genannten nahestehenden Person vorrangig geprüft werden[304], doch in Fällen schwieriger Familiensituationen muss der Behörde im Einzelfall auch die Option offenstehen, die Situation durch Einsetzung eines unabhängigen Beistandes zu entschärfen, wenn dadurch Schaden vermieden werden kann.[305]

Darüber hinaus soll nach der Botschaft die Behörde bei der Bestimmung einer vertretungsberechtigten Person nicht an die Kaskade des Art. 378 ZGB gebunden sein, sondern das Vertretungsrecht an die geeignetste Person übertragen können.[306] Dies erscheint bedenklich, weil das Gesetz keine Kriterien vorgibt, nach welchen die Eignung zu beurteilen wäre. Vorrangig sollten deshalb Personen berücksichtigt werden, bei denen das Vorhandensein der in Art. 378 Abs. 1 ZGB aufgeführten Kriterien (gemeinsamer Haushalt, persönlicher Beistand) unumstritten ist.[307]

Ohnehin sollte für die Praxis folgendes Vorgehen beachtet werden: Bevor es zur Annahme einer Gefährdung nach Art. 381 Abs. 2 Ziff. 3 ZGB kommt – etwa, weil mutmasslich eigene Wünsche des Angehörigen statt denen des Patienten vertreten werden[308] – muss im Hinblick auf die Schadensvermeidung das Gespräch mit der vertretungsberechtigten Person geführt werden, wenn möglich mit dem Angebot der Unterstützung für die nahestehende Person selbst. Denn die enge Verbindung naher Angehöriger zum Patienten und ihre emotionale Einbindung darf keinesfalls unterschätzt werden. Etwaige Ängste vor Verlust offen anzusprechen und auf diesem Weg zu einer Behandlungsplanung- und Entscheidung im Sinne des Patienten zu gelangen, erscheint im Sinne des Patientenwohls vordringlich. Schaden kann nämlich nicht nur dadurch entstehen, dass nicht die Wünsche des Patienten vertreten werden, sondern auch dadurch, dass eine andere vertretungsberechtigte Person bestimmt wird. Die Folgen könnten der Bruch des Vertrauensverhältnisses zu den Behandelnden sowie eine Traumatisierung für den Pati-

---

302 Botschaft Erwachsenenschutz, 7038.

303 Vgl. OFK-FASSBIND, Art. 381 ZGB N 2; ähnlich ZK-BOENTE, Art. 381 ZGB N 21; kein Stufenverhältnis bei KuKo-GASSMANN, Art. 381 ZGB N 2; BSK-EICHENBERGER/KOHLER, Art. 381 ZGB N 3.

304 Vgl. OFK-FASSBIND, Art. 381 ZGB N 2 m.w.H.

305 Vgl. hierzu auch FamKomm-GUILLOD/HERTIG PEA, Art. 381 ZGB N 12.

306 Botschaft Erwachsenenschutz, 7038; vgl. BSK-EICHENBERGER/KOHLER, Art. 381 ZGB N 3.

307 Vgl. FANKHAUSER, BJM 2010, 240, 258; FamKomm-GUILLOD/HERTIG PEA, Art. 381 ZGB N 12.

308 Siehe hierzu KuKo-GASSMANN, Art. 381 ZGB N 2.

enten und die nahestehende Person sein. Erst wenn eine Behandlung im Sinne des Patienten nach entsprechendem Bemühen nicht gelingt, ist die Einschaltung der Erwachsenenschutzbehörde angezeigt.

4.4.5. Untersuchung: Interessen des Patienten

Wie die Auswertung der Ethikkonsultationen zeigt, kann die Bestimmung des mutmasslichen Willens und der Interessen einer Person auch dann besonders herausfordernd sein, wenn keine nahen Angehörigen existent sind, die für eine Vertretung in Frage kommen und die Errichtung einer Amtsbeistandschaft erforderlich ist. Erkenntnisse für den mutmasslichen Willen des Patienten können in solchen Situationen durch Befragung anderer Personen, z.B. durch einen Hausarzt oder einen Bekannten gewonnen werden, ggf. auch im Rahmen des Einbezugs des urteilsunfähigen Patienten selbst (vgl. *Kapitel II B 2.2.4.b. «Partizipationsrecht»*). Lassen sich jedoch anhand früherer Äusserungen oder des früheren Verhaltens des Patienten keine Anhaltspunkte für seinen mutmasslichen Willen finden, so stehen seine objektiven Interessen im Vordergrund. (Siehe zum *«Verhältnis mutmasslicher Wille und objektive Interessen» Kapitel II B 1.1.4.*). Für die Bestimmung der objektiven Interessen spielt die medizinische Indikation eine entscheidende Rolle, welche oftmals den interdisziplinären Austausch der behandelnden Fachdisziplinen erfordert. Dabei sollten die verschiedenen Aspekte der medizinischen Behandlung unter einer Risiko-Nutzen Abwägung beleuchtete werden. Hierzu gehört nicht nur der kurzfristige Outcome des Patienten, sondern auch seine langfristige Lebensqualität. Neben dem Grundsatz «in dubio pro vita» dürfte dabei häufig der Fokus auf dem ethischen Prinzip des Nichtschadens[309] liegen.

4.5. Weitere Probleme aus Sicht der Ethikkonsultation

Zusätzlich zu oben genannten Konstellationen stellen aus Sicht der Ethikkonsultation all diejenigen Fälle für die rechtliche Vertretung des Patienten ein Problem dar, bei denen entweder trotz Zweifeln an der Urteilsfähigkeit keine systematische Beurteilung vorgenommen oder kein Beurteilungsergebnis getroffen wurde. In diesen Fällen wurde der Patient als urteilsfähig behandelt, obwohl ihm nach einer Beurteilung und der Feststellung eines Beurteilungsergebnisses

---

309 Vgl. FRIESEN/GLIGOROV, 57, 59 ff.

die Urteilsfähigkeit möglicherweise hätte abgesprochen werden und ein gesetzliches Surrogat zur Anwendung kommen müssen.

Zudem sind aus Sicht der Ethikkonsultation auch diejenigen Fälle (24 Stück) problematisch, bei denen die Urteilsfähigkeit zunächst fraglich war, diese dann aber spätestens in der Ethikkonsultation für die konkrete Massnahme zugesprochen wurde. Damit wurde zwar für die konkret in Frage stehende Massnahme festgestellt, dass der Patient selbstbestimmt eine Entscheidung treffen konnte, die Einschränkungen seiner Fähigkeiten konnten jedoch unvermindert weiterbestehen oder weiter zunehmen. In diesen Fällen kann die Beurteilung der Urteilsfähigkeit bereits für die nächste in Frage stehende Massnahme anders ausfallen und eine Vertretung des Patienten erforderlich werden. Der Bedarf vorausschauender Massnahmen zur Förderung der Selbstbestimmung des Patienten und Vermeidung von Schaden liegt auf der Hand (siehe Empfehlungen für die Praxis *Kapitel III 2.5. «Präventive Massnahmen zur Förderung der Selbstbestimmung und Beachtung eines Schutzbedürfnisses ergreifen»*).

4.6. Versäumnisse in der medizinischen Praxis im Zusammenhang mit der Stellvertretung

Versäumnisse bei der Umsetzung der erwachsenschutzrechtlichen Vorgaben im Zusammenhang mit einer rechtlichen Vertretung des Patienten traten hauptsächlich dann auf, wenn bei urteilsunfähigen Patienten ohne eigene Vorsorge oder nahe Angehörige ein für den Einwilligungsentscheid bzw. die Behandlungsverweigerung erforderlicher Beistand nicht beantragt wurde oder wenn nahe Angehörige bereits als Stellvertreter behandelt wurden, obwohl dem Patienten für die konkrete Massnahme die Urteilsfähigkeit nicht abgesprochen worden war. Indessen wurde nicht nur der Einsatz von Vertretungspersonen nicht von der Urteilsfähigkeit des Patienten abhängig gemacht, sondern auch bei der Einbeziehung der vertretenden Personen die gesetzlich vorgesehene Kaskade des Art. 378 Abs. 1 ZGB nicht immer befolgt. So wurde etwa der Hausarzt dem Beistand vorgezogen oder (mehrere) anwesende Angehörige – gleich ihres Näheverhältnisses zum Patienten – als vertretungsberechtigt angesehen. Dass hierbei nicht nur der Wunsch der Behandelnden, mit den Angehörigen im Konsens zu handeln, ausschlaggebend war, sondern schlicht die Kenntnis über die rechtlich vorgegebene Reihenfolge der zur Vertretung berechtigten Personen fehlte, legt die Auswertung der Umfrage nahe.

Konkret lässt sich aus den Protokollen der Ethikkonsultationen entnehmen, dass in 21 der 176 für die Vertretung untersuchten Fälle zum Zeitpunkt der Ethikkonsultation diesbezügliche erwachsenenschutzrechtliche Vorgaben nicht umgesetzt wurden.

In zehn Fällen wurden Stellvertreter für die Entscheidung als vertretungsberechtigt herangezogen, obwohl dem Patienten die Urteilsfähigkeit nicht abgesprochen worden war. In zwei weiteren Fällen war es ein bereits vorhandener Beistand, der trotz Urteilsfähigkeit des Patienten entscheiden sollte. Hingegen wurde in sieben Fällen von Urteilsunfähigkeit eine erforderliche Beistandschaft nicht beantragt. In zwei Fällen wurde keine vertretungsberechtigte Person bestimmt oder ein Beistand eingerichtet, obwohl die vertretungsberechtigten Personen unterschiedliche Auffassungen über die weitere Behandlung hatten und die Interessen des Patienten gefährdeten.

In acht dieser 21 Fälle hatte jedoch entweder keine Beurteilung der Urteilsfähigkeit stattgefunden oder es wurde kein Beurteilungsergebnis festgestellt. Möglicherweise wäre bei Absprechen der Urteilsfähigkeit der Einbezug des Stellvertreters (siebenmal) oder der des Beistandes (einmal) rechtmässig erfolgt.

In weiteren 22 Fällen kann es möglicherweise zu Versäumnissen der erwachsenenschutzrechtlichen Vorgaben im Zusammenhang mit der Stellvertretung gekommen sein. In diesen Fällen wurde trotz fraglicher Urteilsfähigkeit entweder keine Beurteilung oder keine Zuteilung dieser in die Kategorien «gegeben» oder «nicht gegeben» vorgenommen. Hätte dem Patienten jedoch die Urteilsfähigkeit abgesprochen werden müssen, so wäre die Hinzuziehung einer vertretungsberechtigten Person versäumt worden.

Auch in Fällen, in denen den Behandelnden unklar war oder nicht eindeutig aus dem Protokoll hervorging, ob die Interessen des Patienten gefährdet waren, kann es zu Versäumnissen gekommen sein, wenn möglicherweise unterlassen wurde, eine vertretungsberechtigte Person zu bestimmen oder eine Vertretungsbeistandschaft einzurichten.

An dieser Stelle sei angemerkt: Da die Ethikkonsultation in den meisten Fällen prospektiv einberufen wurde, konnte sie dazu beitragen, Versäumnisse bei der Umsetzung der rechtlichen Vorgaben aufzuzeigen und so möglicherweise Verstösse gegen geltendes Recht zu verhüten. Insoweit ist aus den Protokollen nicht ersichtlich, ob die zum Zeitpunkt der Ethikkonsultation aufgetretenen Versäumnisse letzten Endes zur Missachtung der erwachsenschutzrechtlichen Vorgaben führten.

4.7. Konsequenzen aus den Versäumnissen

Die Missachtung der gesetzlichen Vorschriften kann für den Patienten weitreichende Folgen haben: Die Einbeziehung der Angehörigen als vertretungsberechtigte Personen trotz Urteilsfähigkeit birgt die Gefahr, dass die Autonomie des Patienten nicht ausreichend berücksichtigt wird. Es besteht das Risiko, dass sich die Behandlungsentscheidung zu sehr auf die Wünsche der Angehörigen konzentriert und Präferenzen des Patienten übergangen werden. Auch wenn Informationen mit dem Einverständnis des Patienten an die Angehörigen weitergegeben werden oder diese in die Behandlungsplanung auf Wunsch des Patienten eingebunden werden, so muss sichergestellt sein, dass dem Patienten genug Raum für eigene Gespräche mit den Behandelnden gegeben wird und er derjenige ist, der die Entscheidung trifft.

Liegt der Annahme der Urteilsfähigkeit zugrunde, dass bei fraglicher («eingeschränkter») Urteilsfähigkeit keine abschliessende Beurteilung vorgenommen wurde, kann dies zur Folge haben, dass ein erforderlicher Vertreter nicht hinzugezogen wird, obschon der Patient für die anstehende Entscheidung urteilsunfähig ist. In dieser Situation könnte der Patient mit medizinischen Informationen und der Entscheidung allein gelassen werden, was eine Überforderung darstellen kann. Seinem Schutzbedürfnis würde insoweit nicht ausreichend Rechnung getragen.

Ist der Patient für die anstehende Entscheidung als urteilsunfähig befunden worden und wird keine vertretungsberechtigte Person herangezogen, besteht die Gefahr, dass der Patient dennoch weiterhin als urteilsfähig behandelt wird. Vor dieser Überforderung soll er gerade geschützt werden. Möglicherweise stimmt er einem Behandlungsvorgehen zu, dessen Bedeutung er nicht mehr überschauen kann. Die Konsequenz hieraus kann sein, dass sich die Behandlung danach richtet, was der Arzt als das medizinisch präferierte Vorgehen ansieht und wozu der urteilsunfähige Patient zustimmt. Während es in dieser Konstellation zu einer unzulässigen Ausweitung der Partizipation des Patienten kommen kann, kann bei Urteilsunfähigkeit auch der Fall eintreten, in dem der Patient überhaupt nicht mehr in die Entscheidfindung einbezogen wird, etwa wenn es für die Ärzte bequemer oder einfacher ist, allein mit den Vertretern zu kommunizieren. Dies kann nicht nur Schaden in dem Sinne bedeuten, dass Hinweise auf die Wünsche des urteilsunfähigen Patienten missachtet werden, sondern auch die Würde des Patienten nicht gewahrt wird (siehe hierzu auch *Kapitel II B 2. «Einbezug des urteilsunfähigen Patienten nach Art. 377 Abs. 3 ZGB*).

Nicht zuletzt ist zu bedenken, dass ein von Art. 377 ff. ZGB abweichendes Verhalten das Risiko einer widerrechtlichen Persönlichkeitsverletzung birgt. Soweit der Patient urteilsfähig ist, darf der Arzt ohne dessen ausdrückliches oder konkludentes Einverständnis keine persönlichen Informationen an Angehörige oder andere nahestehende Personen weitergeben oder diese um ihre Meinung hinsichtlich der vorzunehmenden Behandlung fragen. Andernfalls würde er gegen die ärztliche Schweigepflicht verstossen.[310] Er ist auch nicht dazu berechtigt, vom Vertreterentscheid oder der gesetzlichen Kaskadenordnung abzuweichen.[311] Das

---

310 Vgl. FamKomm-GUILLOD/HERTIG PEA, Art. 377 ZGB N 24; AEBI-MÜLLER, Jusletter 22.9.2014, Rz. 17.

311 Vgl. AEBI-MÜLLER, Jusletter 22.9.2014, Rz. 135.

Einholen der Einwilligung von der «falschen» Person, sprich entweder vom urteilsunfähigen Patienten oder aber vom konkret nicht einwilligungsbefugten gesetzlichen Vertreter kann Folgen haben: Selbst eine fachgerecht ausgeführte Behandlung kann eine Disziplinarbusse sowie ggf. zusätzlich zivil- und strafrechtliche Sanktionen nach sich ziehen.[312]

[312] Vgl. AEBI-MÜLLER, Jusletter 22.9.2014, Rz. 76; KuKo-GASSMANN, Art. 372 ZGB N 4; siehe auch BGE 134 II 235, E. 4.4, S. 242.

C. Patientenverfügung

1. Gesetzliche Regelungen, Art. 370 ff. ZGB

Durch das neue Erwachsenschutzrecht konnte mit dem gesetzlich in Art. 370 ff. ZGB verankerten Instrument der Patientenverfügung die Verunsicherung, wie weit eine urteilsfähige Person im Voraus für sich selbst – insbesondere für den Fall ihrer dauerhaften Urteilsunfähigkeit – Entscheidungen treffen kann, aus dem Weg geräumt werden.[313] Patientenverfügungen existieren jedoch nicht erst seit der Einführung des Erwachsenenschutzrechts. Schon zuvor hielten Menschen ihre Wünsche zu einer medizinischen Behandlung für den Fall ihrer Urteilsunfähigkeit fest. Allerdings beschränkten sich die Regelungen auf einzelne Kantone, an einer gesamtschweizerischen Regelung fehlte es.[314]

In einer Patientenverfügung kann zum einen verbindlich festgelegt werden, welchen konkreten medizinischen Massnahmen die Person im Fall ihrer Urteilsunfähigkeit zustimmt oder nicht zustimmt (Art. 370 Abs. 1 ZGB), zum anderen kann eine Person bestimmt werden, welche im Fall der Urteilsunfähigkeit entscheidet (Art. 370 Abs. 2 ZGB).[315] Beide Arten von Verfügungen können auch kombiniert werden.[316]

Der Begriff der «medizinischen Massnahmen» ist dabei in einem weiteren Sinne zu verstehen. Darunter können auch allgemeine medizinische Massnahmen in jeglichen Lebenssituationen, d.h. auch seelsorgerische, diagnostische, therapeutische und pflegerische Anordnungen fallen.[317]

Mit Hilfe einer Patientenverfügung kann das Selbstbestimmungsrecht des Patienten durch seine antizipierte und rechtlich verbindliche Anordnung zu medizinischen Massnahmen auch über die Zeit der eigenen Urteilsfähigkeit hinaus ge-

---

313 ESR Komm ZGB-ROSCH, Grundlagen N 1.9.

314 BÜCHLER/MICHEL, Medizin – Mensch – Recht, 129; ESR Komm ZGB-ROSCH, Grundlagen N 1.10; FASSBIND, IV N 1.2.1.

315 BÜCHLER/MICHEL, Medizin – Mensch – Recht, 130.

316 AEBI-MÜLLER, Jusletter 22.9.2014, Rz. 153.

317 So auch FASSBIND, IV N 1.2.2, dort Anmerkung in Fn. 367; BSK-WYSS, Art. 370 ZGB N 14; KuKo-GASSMANN, Art. 370 ZGB N 7; NAEF/BAUMANN-HÖLZLE/RITZENTHALER-SPIELMANN, 42 f.; HRUBESCH-MILLAUER/BRUGGISSER, 16, 21; STEINAUER/FOUNTOULAKIS, N 921; einschränkend FamKomm-BÜCHLER/MICHEL, Art. 370 ZGB N 5 und BÜCHLER/MICHEL, Medizin – Mensch – Recht, 130, wonach eine Beeinträchtigung der körperlichen Integrität gefordert wird; noch enger ZK-BOENTE, Art. 370 ZGB N 13 ff., wonach unter medizinischen Massnahmen nur solche ärztlicher Medizinalpersonen i.S.d. MedBG zu verstehen sind; Überblick zum Ganzen in HRUBESCH-MILLAUER/BRUGGISSER, 16, 18.

wahrt werden.[318] (Zur Kritik und Schwierigkeiten im Hinblick auf eine antizipierte Einwilligung siehe sogleich unter *Kapitel II C 2.1. «Antizipierte Patientenwünsche und Auslegungsbedürftigkeit»*).

1.1. Gültigkeitsvoraussetzungen und Widerruf

Die Patientenverfügung muss von einer urteilsfähigen Person verfasst worden sein.[319] Sie ist nach Art. 371 Abs. 1 ZGB schriftlich zu errichten, zu datieren und zu unterschreiben. Solange der Patient urteilsfähig ist, kann er die Patientenverfügung jederzeit nach den Formvorschriften des Art. 371 Abs. 3 ZGB (mit Verweis auf die Bestimmung über den Widerruf des Vorsorgeauftrags) widerrufen. In die Praxis stellt sich die Frage, ob ein Widerruf demnach immer schriftlich zu erfolgen hat. Weil die Vorschriften über den Widerruf des Vorsorgeauftrags jedoch nur «sinngemäss» zur Anwendung kommen (was sich bereits mit Blick auf die erhöhten Formerfordernisse des Vorsorgeauftrags rechtfertigt) und andernfalls Persönlichkeitsrechte verletzt sein können und eine Unvereinbarkeit mit dem Recht auf Selbstbestimmung eintreten kann[320], müssen auch zeitnähere Willenserklärungen einer urteilsfähigen Person gegenüber den Behandelnden der Patientenverfügung vorgehen.[321]

Eine nicht den Formerfordernissen entsprechend errichtete Patientenverfügung ist nicht unbeachtlich, sondern kann bei der Bestimmung des mutmasslichen Willens Rechtswirkung entfalten.[322]

---

318 FASSBIND, IV N 1.2.1; ZK-BOENTE, Art. 372 ZGB N 50; KuKo-GASSMANN, Art. 372 ZGB N 2; BSK-WYSS, Art. 370 ZGB N 3 u. 16; BSK-WYSS, Art. 372 N 9, wonach eine Patientenverfügung i.S.v. Art. 372 ZGB «als wirklicher (und aktueller) Wille» gilt.

319 FamKomm-GEISER, Art. 360 ZGB N 4.

320 FamKomm-BÜCHLER/MICHEL, Art. 371 ZGB N 7.

321 OFK-FASSBIND, Art. 372 ZGB N 2; FASSBIND, IV N 1.2.6, wonach insbesondere kurz vor einem medizinisch riskanten Eingriff nicht ein schriftlicher Widerruf bzw. eine Vernichtung der Patientenverfügung verlangt werden kann; FamKomm-BÜCHLER/MICHEL, Art. 371 ZGB N 4; GETH/MONA, ZSR 2009, 157, 166; WIDMER BLUM, 212; BÜCHLER/MICHEL, Medizin – Mensch – Recht, 131; a.A. BSK-Wyss, Art. 370 ZGB N 15, wonach ein mündlicher Widerruf den Formerfordernissen nicht genügt, jedoch indirekte Wirkung entfalten kann, wenn der behandelnde Arzt hiervon Kenntnis erlangt und der Patientenverfügung wohl kaum entsprechen wird, wenn sie nicht mehr dem mutmasslichen Willen der verfügenden Person entspricht.

322 Botschaft Erwachsenenschutz, 7031 f.; FASSBIND, IV N 1.2.5; CHK-FANKHAUSER, Art. 378 ZGB N 5; AEBI-MÜLLER, Jusletter 22.9.2014, Rz. 151; ZK-BOENTE, Art. 372 ZGB N 92; FamKomm-BÜCHLER/MICHEL, Art. 371 ZGB N 4.

1.2. Rechtswirkung

Die Patientenverfügung kommt zum Tragen, wenn der Patient für die in Frage stehende Entscheidung nicht mehr urteilsfähig ist. Die Patientenverfügung stellt eine vorweggenommene Einwilligung dar, welche unter Beachtung der Inhaltsschranken (Art. 372 Abs. 2 ZGB) und der Formvorschrift (Art. 372 Abs. 1 ZGB) als Rechtfertigungsgrund für einen medizinischen Eingriff nach Art. 28 Abs. 2 und Art. 122 ff. StGB genügt.[323] Aufgrund der Relativität der Urteilsfähigkeit ist dabei für jede einzelne Massnahme zu prüfen, ob Urteilsfähigkeit oder Urteilsunfähigkeit vorliegt. Der Patientenverfügung ist zu entsprechen, es sei denn, diese verstösst gegen gesetzliche Vorschriften oder es bestehen begründete Zweifel, dass sie auf dem freien Willen beruht oder noch dem mutmasslichen Willen des Patienten entspricht, Art. 372 Abs. 2 ZGB (siehe zur «Partizipation des urteilsunfähigen Patienten trotz Patientenverfügung» *Kapitel II C 2.2*). Dabei ist zu beachten, dass kein Anspruch auf die Vornahme medizinisch nicht indizierter Therapien besteht.[324] Dass ein Eingriff jedoch nur rechtmässig sein soll, wenn die Massnahme medizinisch indiziert ist, ist abzulehnen.[325] Richtigerweise kommt der Einwilligung in einen gleichwohl vorgenommen Eingriff nur dann keine rechtfertigende Wirkung zu, wenn sie einen widerrechtlichen Inhalt hat oder gegen die guten Sitten verstösst.[326] Andernfalls könnte man in der Praxis in Einzelfällen der Selbstbestimmung des Patienten nicht ausreichend nachkommen (vgl. *Kapitel II B 1.1.2. « Mutmasslicher Wille»*).[327]

Die abschliessende Aufzählung der Abweichungsgründe in Art. 372 Abs. 2 ZGB stellt sicher, dass eine Patientenverfügung nicht schon dann hinterfragt werden darf, wenn sie eine Anweisung erhält, welche aus Sicht der Behandelnden unvernünftig oder unpassend ist.[328]

In Notfällen nach Art. 372 Abs. 1, 2. Satz und Art. 379 ZGB sowie bei der Behandlung psychischer Störungen im Rahmen einer Fürsorgerischen Unterbringung nach Art. 433 und Art. 435 ZGB kommt der Patientenverfügung von Gesetzes wegen eine eingeschränkte Bedeutung zu.[329]

---

323 FASSBIND, IV N 1.2.2.

324 Botschaft Erwachsenenschutz, 7031; AEBI-MÜLLER, Jusletter 22.9.2014, Rz. 172; FASSBIND, IV N 1.2.6; KuKo-GASSMANN, Art. 372 ZGB N 3.

325 siehe hierzu ausführlich ZK-BOENTE, Art. 372 ZGB N 62 ff.; a.A. HAUSHEER/GEISER/AEBI-MÜLLER, Erwachsenenschutzrecht, N 2.53; MEIER/LUKIC, N 291; BSK-WYSS, Art. 372 N 10; KuKo-GASSMANN, Art. 372 ZGB N 3; OFK-FASSBIND, Art. 370 ZGB N 2; FamKomm-BÜCHLER/MICHEL, Art. 370 ZGB N 20 u. Art. 372 N 6; wohl auch CHK-BREITSCHMID/KAMP, Art. 370 N 17.

326 Vgl. ZK-BOENTE, Art. 372 ZGB N 62.

327 Vgl. ZK-BOENTE, Art. 372 ZGB N 65.

328 FASSBIND, IV N 1.2.6.

329 FASSBIND, IV N 1.2.6.

Im Rahmen einer Fürsorgerischen Unterbringung ist die Patientenverfügung bei der Aufstellung eines Behandlungsplans gemäss Art. 433 Abs. 3 ZGB als lex specialis lediglich zu berücksichtigen.[330] Mit der Regelung soll sichergestellt werden, dass die in einer Patientenverfügung festgelegten Behandlungswünsche eine sinnvolle Behandlung der psychischen Störung nicht vereiteln (vgl. auch oben *Kapitel II B 1.3. «Behandlung einer psychischen Störung, Art. 380 ZGB»*).[331] An dieser Stelle sei erwähnt, dass die Regelung im Hinblick auf die Rechtsgleichheit[332] und die Patientenautonomie bedenklich ist[333], jedoch im Rahmen dieser Arbeit nicht vertieft dargestellt werden kann.

In dringlichen Situationen ist zu beachten, dass zwar die Abklärung einer Patientenverfügung verunmöglicht sein kann, grundsätzlich jedoch auch bei Dringlichkeit einer vorhandenen Patientenverfügung zu entsprechen ist, wenn den Behandelnden der Inhalt bekannt ist.[334]

---

330 FASSBIND, IV N 1.2.6.

331 Botschaft Erwachsenenschutz, 7033.

332 Handbuch ESR-FOUNTOULAKIS/ROSCH, N 1487; BÜCHLER/MICHEL, Medizin – Mensch – Recht, 129 f.

333 TRACHSEL/BILLER-ANDORNO, Ethik in der Medizin 2016, 239 ff.

334 BSK-WYSS, Art. 372 ZGB N 6; AEBI-MÜLLER, Jusletter 22.9.2014, Rz. 161.

2. Schwierigkeiten für die medizinische Praxis

2.1. Antizipierte Patientenwünsche und Auslegungsbedürftigkeit

Die Patientenverfügung kann einen wesentlichen Beitrag für die Patientenselbstbestimmung bedeuten. Gleichwohl ist sie kein Garant für eine reibungslose Entscheidungsfindung.

Grundsätzlich stellt sich für das Instrument der Patientenverfügung die Frage, inwieweit der Betroffene beim Verfassen derselben in der Lage war, die nun konkret eingetretene Situation zu antizipieren.[335] Es ist anzunehmen, dass es schwierig ist, sich in einer Phase der (relativen) Gesundheit in die Grenzsituation einer schweren Erkrankung oder des eigenen Sterbens zu versetzen und vorab zu entscheiden, welchen medizinischen Massnahmen man in dieser Situation zustimmen und welche man ablehnen würde.[336] Befürwortet wird daher auch, der Patientenverfügung lediglich «Indizwirkung»[337] zukommen zu lassen oder sie «unter Berücksichtigung des mutmasslichen Willens dieser Person sowie des gesetzgeberischen Willens mit einer gewissen respektvollen, individualisierten Relativität"[338] zu betrachten. Der eindeutige Wortlaut des Art. 372 Abs. 2 ZGB gibt jedoch vor, dass die Ärztin oder der Arzt der Patientenverfügung «entspricht» und die Verfügung deshalb als verbindliche Einwilligung anzusehen ist.[339] Diese Annahme steht auch in Einklang mit der Botschaft, wonach die in einer Patientenverfügung enthaltene Willenserklärung als Zustimmung zu einer Behandlung oder als deren Ablehnung gilt.[340] Nach hier vertretener Auffassung wird zu Recht angenommen, dass der Ersteller einer Patientenverfügung durchaus in der Lage ist, in Ausübung seiner Autonomie grundlegende Entscheidungen zu treffen, beispielsweise in Bezug auf eine würdevolle Beendigung seines Lebens. Genauso kann ein Patient – sei es aus der eigenen Erfahrung oder derer (nahestehender) Personen – wissen, welche Behandlung auf ihn zukommt und welchen Umgang er für sich wünscht.[341] Für die Zustimmung oder Ablehnung einer medizinischen Massnahme mittels Patientenverfügung ist davon auszugehen, dass sich eine Person, die sich zur Erstellung einer solchen entschliesst, im Vorfeld über alle für die Willensbildung rele-

---

335 Vgl. AEBI-MÜLLER, Jusletter 22.9.2014, Rz. 163.

336 Vgl. SAMW (Patientenverfügungen), 5; FamKomm-BÜCHLER/MICHEL, Art. 370 ZGB N 4; ZIEGLER, 79, 102; AEBI-MÜLLER, ZBJV 2013, 150, 165; BÜCHLER/MICHEL, Medizin – Mensch – Recht, 129.

337 AEBI-MÜLLER, ZBJV 2013, 150, 160.

338 CHK-BREITSCHMID/KAMP, Art. 372 ZGB N 4.

339 Vgl. ZK-BOENTE, Art. 372 ZGB N 55.

340 Vgl. Botschaft Erwachsenenschutz, 7033.

341 Vgl. Botschaft Erwachsenenschutz, 7033.

vanten Aspekte, einschliesslich medizinischer Implikationen, informiert hat und damit auf zusätzliche Aufklärung verzichtet.[342] Eine Patientenverfügung kann dabei auch ohne ärztliche Aufklärung des Verfassers rechtsgültig errichtet werden, was dem zentralen Grundsatz des Informed Consent widerspricht.[343] Auf (minimale) Aufklärung sollte jedoch nicht verzichtet werden.[344]

Unsicherheiten können in der Praxis auch dadurch hervorgerufen werden, dass das Gesetz keine Vorschrift über die Form des Inhalts enthält und dieser frei formuliert werden kann, zumal verschiedene Vorlagen für Patientenverfügungen vorhanden sind und genutzt werden. Ebenso wenig ist eine fachkundige Hilfe beim Ausfüllen der Patientenverfügung vorgeschrieben. In der Praxis können getroffene Anweisungen in einer Patientenverfügung deshalb zu wenig konkret sein, als dass sich daraus ein konkretes medizinisches Vorgehen ableiten liesse (vgl. hierzu auch die *«Auswertung von Ethikkonsultationen»* unter *Kapitel II C 3.1.*).[345] Ob z.B. zu den «lebenserhaltenden Massnahmen», die abgelehnt werden, schon eine Antibiotikatherapie bei Aspirationspneumonie zählt, kann im Einzelfall unklar sein. Die Anordnung muss deshalb hinreichend konkret formuliert sein.[346] Ist die Verfügung zu allgemein gehalten, so ist der Inhalt dennoch zur Bestimmung des mutmasslichen Willens heranzuziehen.[347]

Eine Beratungspflicht im Zusammenhang mit der Patientenverfügung könnte einer zumindest minimalen Aufklärung sowie Unsicherheiten in der Praxis bei der Auslegung der Verfügung Rechnung tragen.[348] Im Rahmen der Auswertung der Umfrage (siehe *Kapitel II C 3.2. «Auswertung des Fragebogens»*) gaben rund 84 % der Befragten an, sie wären bereit, bei der Erstellung einer Patientenverfügung behilflich zu sein.

Bei der Anwendung von Patientenverfügungen ist auch zu berücksichtigen, dass sich Behandlungspräferenzen und Vorstellungen von der Sinn- und Werthaftigkeit des Lebens verändern und sich ggf. begründete Zweifel auftun können, ob die Ausführungen der Patientenverfügung den Wünschen des Patienten nicht mehr gerecht werden (siehe hierzu das folgende Kapitel).

---

342 Vgl. Botschaft Erwachsenenschutz, 7033; KuKo-GASSMANN, Art. 372 ZGB N 2.

343 So auch FASSBIND, IV N 1.2.2; BSK-WYSS, Art. 370 ZGB N 5a; CHK-BREITSCHMID/KAMP, Art. 372 ZGB N 6; SAMW (Rechtliche Grundlagen), 54; einen strengen Massstab vertretend FamKomm-BÜCHLER/MICHEL, Art. 370 ZGB N 32, wonach im Einzelfall ein Willensmangel vorliegen und die Verfügung unwirksam sein kann, wenn es an entsprechendem Wissen und Erfahrungshorizont des Betroffenen über seine Verfügungen fehlt.

344 Siehe ausführlich zum Ganzen AEBI-MÜLLER, ZBJV 2013, 150, 160 ff.; ein Entfallen der ärztlichen Aufklärungspflicht im Zusammenhang mit der Patientenverfügung annehmend, z.B. FASSBIND, IV N 1.2.2; CHK-BREITSCHMID/KAMP, Art. 372 ZGB N 6.

345 Vgl. BASS-Studie, 77 ff.; AEBI-MÜLLER, Jusletter 22.9.2014, Rz. 153 u. 166.

346 BSK-WYSS, Art. 370 ZGB N 16.

347 AEBI-MÜLLER, Jusletter 22.9.2014, Rz. 136.

348 Siehe hierzu ausführlich AEBI-MÜLLER, ZBJV 2013, 150, 163.

2.2. Partizipation des urteilsunfähigen Patienten trotz Patientenverfügung

Im Zusammenhang mit veränderten Patientenwünschen ist zu beachten, dass das Gesetz kein entsprechendes Partizipationsrecht des urteilsunfähigen Patienten bei Vorliegen einer Patientenverfügung nennt; in Art. 372 ZGB fehlt eine analoge Bestimmung zu Art. 377 Abs. 3 ZGB. Aus dem Wortlaut des Art. 377 Abs. 1 ZGB «Hat sich eine urteilsunfähige Person zur Behandlung nicht in einer Patientenverfügung geäussert, ...» ergibt sich vielmehr, dass die Einbeziehung des urteilsunfähigen Patienten bei Vorliegen einer Verfügung nicht vorgesehen ist.[349]

Hieraus ergeben sich folgende Überlegungen: Derjenige, der eine Patientenverfügung verfasst, unternimmt dies in der Regel deshalb, weil er sicherstellen möchte, dass seine Wünsche auch nach seiner Urteilsfähigkeit Beachtung finden. Der Inhaber einer Patientenverfügung soll sich darauf verlassen dürfen, dass seine Wünsche umgesetzt werden.[350] Möglicherweise möchte er sich gerade auch vor dem eigenen Sinneswandel schützen.

Nun birgt ein antizipierter Wunsch aber die Gefahr, dass der Verfasser zum Zeitpunkt der Erstellung der Patientenverfügung nicht damit gerechnet hat, dass er sich als Mensch mit seinen Gefühlen und Empfindungen, Wertanschauungen und Wünschen weiterentwickelt. Ein nun urteilsunfähiger Patient könnte inzwischen anderen Sinnes geworden sein und beispielsweise – entgegen seiner Ablehnung lebenserhaltender Massnahmen gemäss Patientenverfügung – solche nun doch tolerieren oder sogar bevorzugen. Es könnte die Gefahr bestehen, dass eine Patientenverfügung formuliert wurde, die den Wünschen und Bedürfnissen des Betroffenen später, in der konkreten Krankheitssituation nicht angemessen Rechnung trägt. Der Verzicht auf seine Einbeziehung könnte ein Übergehen seiner Persönlichkeitsrechte darstellen und in der Praxis zu einem Dilemma führen. Auch die in der Praxis vielfach notwendige Auslegungsbedürftigkeit von Patientenverfügungen[351] lässt Bedenken aufkommen, auf die Partizipation des urteilsunfähigen Patienten zu verzichten.[352] Als weiteres Argument für seine Partizipation ist heranzuziehen, dass nach hier vertretener Auffassung der Partizipation des urteilsunfähigen Patienten mittelbar Bedeutung bei der Bestimmung des mutmasslichen Willens zukommt (siehe zu den Ausführungen im Rahmen des Art. 377 Abs. 3 ZGB *Kapitel II B 2.2.4.b. «Partizipationsrecht»*).[353] Da einer Pa-

---

349 Vgl. zur Diskussion AEBI-MÜLLER, ZBJV 2013, 150, 170 ff.

350 Vgl. zur Funktion der Patientenverfügung GETH/MONA, ZSR 2009, 157, 164.

351 Vgl. FamKomm-BÜCHLER/MICHEL, Art. 370 ZGB N 21.

352 Vgl. BASS-Studie, 77 ff.

353 So auch CHK-BREITSCHMID/KAMP, Art. 372 ZGB N 11; ZK-BOENTE, Art. 372 ZGB N 89; WIDMER BLUM, 186 f.; SAMW (Patientenverfügung), 17; AEBI-MÜLLER, ZBJV 2013, 150, 168; AEBI-MÜLLER, Jusletter 22.9.2014, Rz. 175; BSK-WYSS, Art. 372 ZGB N 25; ZIEGLER, 79, 102 f.

tientenverfügung nach Art. 372 Abs. 2 ZGB nicht entsprochen wird, wenn begründete Zweifel bestehen, dass sie noch dem mutmasslichen Willen des Patienten entspricht, ist seine Partizipation schon aus diesem Grund gefordert. Der natürliche Wille bildet dabei «ein» Element bei der Beurteilung, ob die Patientenverfügung noch dem aktuellen mutmasslichen Willen entspricht.[354] Eine Minderansicht, die es für erforderlich ansieht, dass sich der Wille des Patienten nach der Erstellung der Patientenverfügung und vor Eintritt der Urteilsunfähigkeit verändert haben muss[355], ist abzulehnen.

Aufgrund der dargelegten Aspekte und auch mit Blick auf die fehlende Möglichkeit des Rechts, die Urteilsfähigkeit graduell abzustufen[356], scheint ein Verzicht auf die Einbeziehung des urteilsunfähigen Patienten bei Vorliegen einer Patientenverfügung seinen Persönlichkeitsrechten nicht genügend nachzukommen.[357] Die Pflicht zur Partizipation des Patienten ergibt sich dabei zwar nicht direkt aus den (insofern verkürzenden) Be-stimmungen über die Patientenverfügung, aber aus den allgemeinen Regeln betreffend der Behandlung urteilsunfähiger Patienten und ihrer Persönlichkeitsrechte.[358] Dies auch unter dem Aspekt, dass die Partizipation nicht nur einem etwaigen Sinneswandel Rechnung trägt, sondern auch der Sicherstellung seines Persönlichkeitsschutzes dahingehend dient, da er trotz Urteilsunfähigkeit Empfindungen und Wahrnehmungen hat.

Bei der Partizipation des Patienten ist jedoch stets zu beachten, dass bei Vorliegen einer Patientenverfügung ein strengerer Massstab bei der Prüfung gelten muss, ob ein Abweichen im Ausnahmefall angezeigt ist. Zwar darf der Unterzeichner der Patientenverfügung nicht «zum Gefangenen seiner selbst»[359] gemacht werden, gleichzeitig bedarf es aufgrund der Verbindlichkeit der Verfügung zwingend der Berücksichtigung der Hintergründe, weshalb der Patient Entsprechendes in seiner Patientenverfügung dokumentiert hat. Es darf ihm keinesfalls verwehrt sein, etwa auf Massnahmen zu verzichten, wenn ihm gerade dies ein Anliegen war, obschon er aktuell z.B. noch Lebensfreude o.Ä. zeigt. Um keine Tendenz zu schaffen, der an sich verbindlichen Patientenverfügung lediglich Indizwirkung zukommen zu lassen und Raum für Paternalismus zu eröffnen, darf nur im Zweifel untersucht werden, ob sie noch dem mutmasslichen Willen entspricht.[360] Im Zweifel ist nach dem Wortlaut des Art. 372 Abs. 2 ZGB «...entspricht der Patientenverfügung, wenn nicht...» davon auszugehen, dass die Patientenverfügung noch

---

[354] FamKomm-BÜCHLER/MICHEL, Art. 371 ZGB N 9; AEBI-MÜLLER, ZBJV 2013, 150, 168; AEBI-MÜLLER, Jusletter 22.9.2014, Rz. 175; BSK-WYSS, Art. 372 ZGB N 25; ZIEGLER, 79, 102 f.

[355] So Stellungnahme NEK «Patientenverfügung», 30; ähnlich JOX, 394, 396.

[356] CHK-FANKHAUSER, Art. 377 ZGB N 5, ders. in BJM 2010, 240, 259 f.; FamKomm-BÜCHLER/MICHEL, Art. 371 ZGB N 9; BÜCHLER/MICHEL, Medizin – Mensch – Recht, 134; vgl. auch Fn. 259.

[357] ZIEGLER, 79, 102 f.

[358] AEBI-MÜLLER, Jusletter 22.9.2014, Rz. 169; BÜCHLER/MICHEL, Medizin – Mensch – Recht, 134.

[359] AEBI-MÜLLER, ZBJV 2013, 150, 168 m.w.H.

[360] Vgl. GETH/MONA, ZSR 2009, 157, 169 ff.

diesem entspricht; es besteht somit eine Vermutung zugunsten der Patientenverfügung.[361]

In der Praxis kann die Umsetzung des Selbstbestimmungsrechts des Patienten sehr schwierig sein, und oftmals kann der exakte Wille in der gefragten Situation nicht mit absoluter Sicherheit geklärt werden. Praktische Anwendungshilfe finden Behandelnde in der durch die SAMW erarbeiteten Richtlinie zu Patientenverfügungen.

---

361 Vgl. BSK-WYSS, Art. 372 ZGB N 27 u. 30.

3. Erkenntnisse aus der Praxis

3.1. Auswertung von Ethikkonsultationen

Anhand der Auswertung der Protokolle soll untersucht werden, ob Patientenverfügungen in den Ethikkonsultationen zum Einsatz kamen und ob bzw. welche Probleme hierbei auftraten.

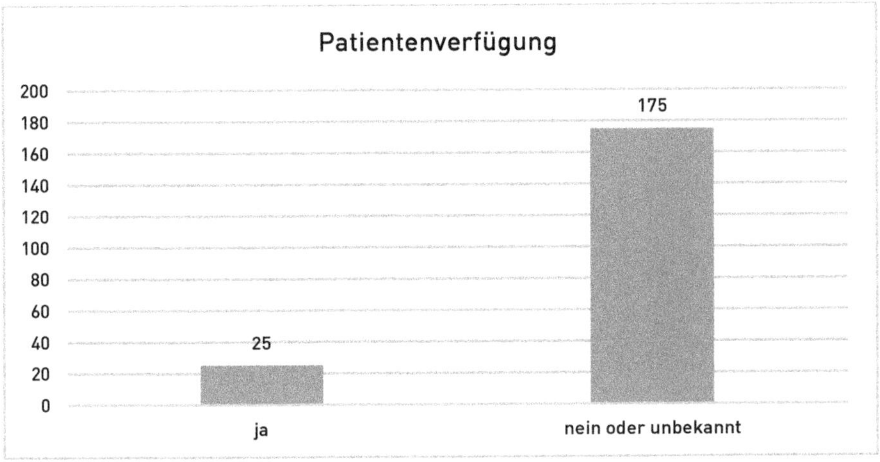

Abbildung 54: Patientenverfügung

In 25 der 200 Ethikkonsultationsprotokollen war das Vorliegen einer Patientenverfügung dokumentiert, in 175 Fällen hingegen existierte keine solche oder ihre Existenz war unbekannt.

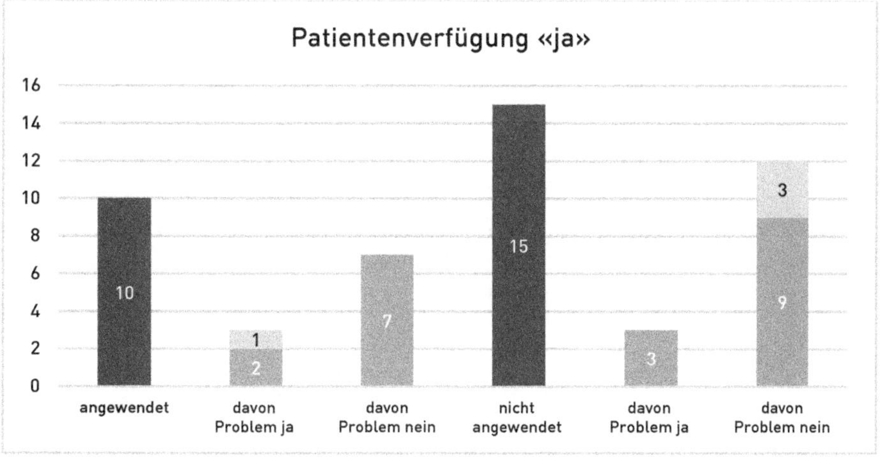

Abbildung 55: Patientenverfügung «ja»

Von den 25 Ethikkonsultationen (22 USB, drei UPK), in denen eine Patientenverfügung dokumentiert war, kam diese in zehn Fällen (neunmal im USB und einmal in den UPK) zur Anwendung.

Der Einsatz einer Patientenverfügung warf in drei Fällen ein Problem auf. Davon in zwei Fällen aus Sicht der Behandelnden, weil

- in einem Fall nicht klar war, ob die Patientenverfügung des Patienten in urteilsfähigem Zustand verfasst wurde.
- in einem Fall die Patientenverfügung Spielraum zuliess und für die Behandelnden das vom Patienten gewünschte Vorgehen nicht eindeutig festgestellt werden konnte.

In einem Fall aus Sicht der Ethikkonsultation, weil

- die Patientenverfügung durch die Behandelnden herangezogen wurde, obwohl dem Patienten die Urteilsfähigkeit nicht abgesprochen worden war. Für diesen Fall ist zusätzlich problematisch, dass noch keine Beurteilung der Urteilsfähigkeit stattgefunden hatte. Zudem entsprach die Patientenverfügung nicht dem aktuellen Willen des Patienten.

In sieben Fällen führte die Anwendung der Patientenverfügung zu keinen Problemen.

In 15 weiteren Fällen existierten Patientenverfügungen, diese kamen aber nicht zur Anwendung, da der Patient urteilsfähig war.

In drei dieser Fälle stellte die Patientenverfügung aus Sicht der Behandelnden für einen zukünftigen Einsatz ein Problem dar, weil

- in einem Fall unklar war, ob die Patientenverfügung dem Willen des Patienten entsprach oder dem seiner Mutter, die möglicherweise zu viel Einfluss beim Ausfüllen dieser auf ihn genommen hatte. Die Behandelnden fragten sich, ob die Patientenverfügung für die Zukunft anwendbar sei.[362]
- in einem Fall der aktuelle Wille nicht mit den dokumentierten Wünschen in der Patientenverfügung übereinstimmte.
- in einem Fall drei verschiedene Patientenverfügungen existierten und das Behandlungsteam unsicher war, welche im Fall von Urteilsunfähigkeit gelte (siehe hierzu *«Gültigkeitsvoraussetzungen und Widerruf» einer Patientenverfügung Kapitel II C 1.1.).*

In drei weiteren dieser 15 Fälle bestand aus Sicht der Ethikkonsultation ein mögliches Problem, da trotz Zweifeln an der Urteilsfähigkeit bislang keine Beurteilung dieser stattgefunden hatte oder kein Beurteilungsergebnis getroffen wurde. Bei einer Beurteilung oder Feststellen eines Beurteilungsergebnisses wäre dem Patienten möglicherweise die Urteilsfähigkeit abgesprochen worden und seine Patientenverfügung wäre massgeblich gewesen.

[362] Hier ist die Frage entscheidend, ob die Mutter bei der Anfertigung der Patientenverfügung so erheblichen Einfluss auf den Sohn nahm, dass diese nicht mehr auf seinem freien Willen beruht und die Verfügung nach Art. 372 Abs. 2 ZGB unbeachtlich ist. Vgl. zu einer allfälligen «Willensschwäche» und der Erforderlichkeit, dass eine übermässige Beeinflussbarkeit tatsächlich Auswirkungen auf die Abgabe einer Willenserklärung gehabt haben muss, BSK-FANKHAUSER, Art. 16 ZGB N 12 f.

3.2. Auswertung des Fragebogens

Aus den Ergebnissen der Umfrage soll Erkenntnis darüber gewonnen werden, welche Bedeutung Patientenverfügungen für die Befragten haben und vor welchen praktischen Herausforderungen sie sich in der Umsetzung der diesbezüglichen rechtlichen Vorgaben sehen.

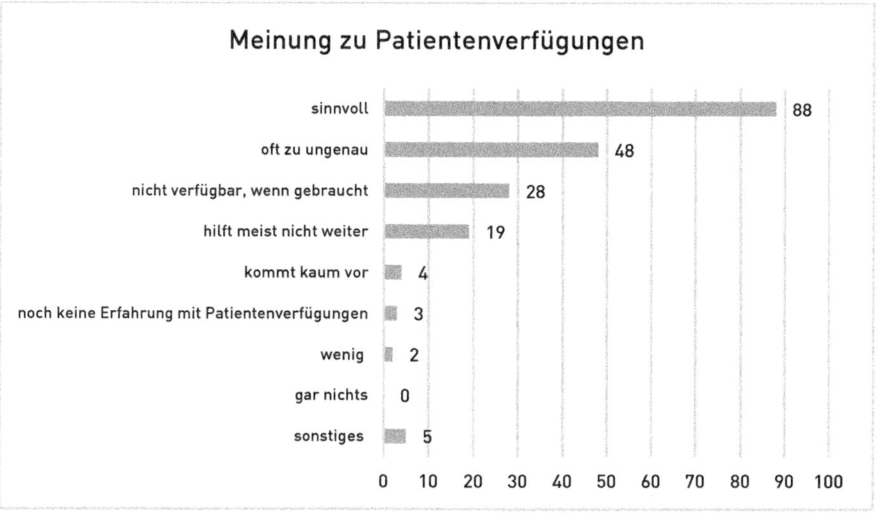

Abbildung 56: Meinung zu Patientenverfügungen

Mit 88-mal wurde die Antwort «sinnvoll» (Mehrfachnennungen möglich) am häufigsten genannt. Jedoch wurde auch 48-mal benannt, dass eine Patientenverfügung oft zu ungenau sei und 28-mal, dass sie nicht verfügbar sei, wenn sie gebraucht werde. 19 Angaben fielen auf die Antwort, dass eine Patientenverfügung meist nicht weiterhelfe.

Unter den sonstigen individuellen Antworten wurde genannt:

- «nicht dem Spitalalltag angepasst, wo es heissen soll REA/IPS ja oder nein»
- «sollte jeder haben»
- «wenig individuell; kann sich im Verlauf ändern»
- «oft schlecht formuliert»

Die durchschnittliche Angabe darüber, wieviel der Patienten der Befragten geschätzt eine Patientenverfügung haben, lag bei ca. 20 %.

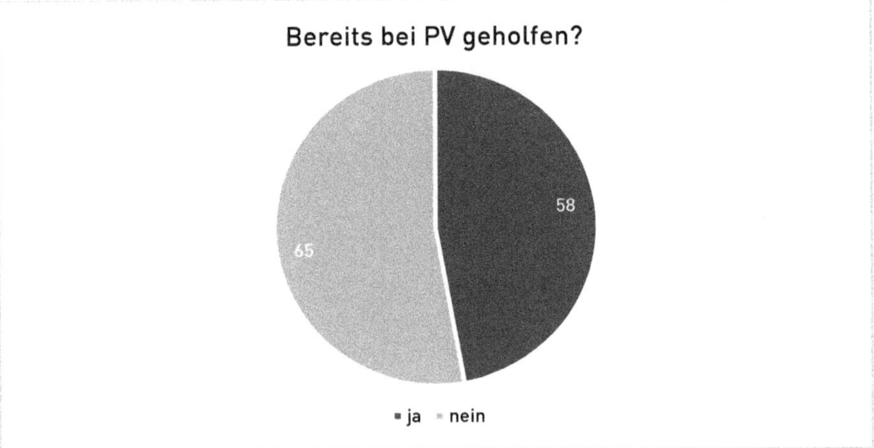

Abbildung 57: Bereits bei PV geholfen?

Knapp die Hälfte der Befragten hatte einem Patienten bereits beim Ausfüllen einer Patientenverfügung geholfen.

Ca. 84 % der Befragten würden dem Patienten beim Ausfüllen einer Patientenverfügung helfen, ca. 14 % gaben an, dies nicht machen zu wollen.

Von denjenigen, die beim Ausfüllen der Patientenverfügung nicht helfen würden, wurden als Gründe angeführt:

- «keine Zeit» (fünfmal genannt)
- «keine Kompetenz» (fünfmal genannt)
- «keine Erfahrung/Kenntnis» (viermal genannt)
- «Aufgabe des Hausarztes» (zweimal genannt)
- «kein Standard» (einmal genannt)
- «Einbezug ambulanter Behandler sinnvoller und Angehörige» (einmal genannt)
- «mangelnde rechtliche Kenntnisse» (einmal genannt)

Ca. 74 % der Befragten gaben an, zu wissen, an wen sich der Patient zum Ausfüllen einer Patientenverfügung wenden kann.

4. Diskussion mit exemplarischen Fällen aus der Praxis

4.1. Relevanz von Patientenverfügungen

In 25 der 200 Ethikkonsultationen war das Vorliegen einer Patientenverfügung dokumentiert, wohingegen in 175 Fällen entweder keine Patientenverfügung vorhanden oder ihre Existenz nicht bekannt war. In zehn Fällen kam eine Patientenverfügung zur Anwendung. Insgesamt spielten Patientenverfügungen in den Ethikkonsultationen eine eher untergeordnete Rolle. Dies zeigt auch die Auswertung der Ethikfokusse aus den Ethikkonsultationen: Hier wurde die Kategorie «Patientenverfügung und Advance Care Planning» lediglich dreimal als Hauptfokus und dreimal als Nebenfokus benannt.

In der Umfrage gaben die Befragten an, dass geschätzt etwa 20 % der Patienten eine Patientenverfügung hätten.

4.2. Probleme bei Patientenverfügungen in der Ethikkonsultation

4.2.1. Bereits angewendete Patientenverfügungen

Auch wenn die Auswertung der Ethikkonsultationsprotokolle aufgrund ihrer geringen Einschlägigkeit im Hinblick auf Patientenverfügungen keinesfalls geeignet ist, allgemeine Aussagen zu treffen, so können doch einzelne Problemkonstellationen aufgezeigt werden. Interessant dabei ist, dass ebenso viele Patientenverfügungen, die (aufgrund von Urteilsfähigkeit des Patienten) noch nicht zur Anwendung kamen aber den Behandelnden bereits bekannt waren, Probleme darstellten, wie bereits angewendete Patientenverfügungen.

Zu Problemen bei bereits angewendeten Patientenverfügungen führten Situationen, in denen den Behandelnden nicht klar war, ob die Patientenverfügung in urteilsfähigem Zustand verfasst wurde oder es den Behandelnden aufgrund der Angaben nicht gelang, das vom Patienten gewünschte Vorgehen eindeutig festzustellen, weil die Patientenverfügung Spielraum zuliess. Ein anderer Fall war deshalb problematisch, weil die Patientenverfügung nicht dem aktuellen Willen der fraglich urteilsfähigen Patientin entsprach. Zusätzlich spielte in diesem Fall einmal mehr die Nichtbeachtung der Beurteilung der Urteilsfähigkeit und der entsprechenden Feststellung eines Beurteilungsergebnisses eine Rolle. Dieser Fall soll im folgenden Abschnitt ausführlicher dargestellt werden.

a. Fallbeispiel 5

Das Behandlungsteam schilderte folgende Anfrage für eine nachträglich einberufene Ethikkonsultation:

Auf ihrer Station sei eine stark mangelernährte Patientin hospitalisiert gewesen, die jedoch die Legung einer Ernährungssonde abgelehnt habe. Es habe die Befürchtung bestanden, dass die Patientin verhungern oder verdursten könne. Die Patientin hätte über eine Patientenverfügung verfügt, in der sie festgelegt habe, dass lebenserhaltende Massnahmen (z.B. Sondenernährung) durchgeführt werden sollen. Die Aussagen der Patientenverfügung hätten damit in Widerspruch zu den Wünschen der Patientin gestanden, die sie während der Hospitalisation geäussert hatte.

In der Ethikkonsultation wurde geschildert, dass die Aufnahme fester Nahrung ein sehr grosses Risiko für eine Aspirationsgefahr dargestellt und die Patientin eine Sondenlegung abgelehnt habe. Sie habe auf eigenen Wunsch weiche Kost zu sich genommen, sei dadurch aber stark mangelernährt gewesen und zudem sei zu befürchten gewesen, dass die Medikamenteneinnahme über die Nahrung nicht vollständig gewährleistet war. Aufgrund einer Kommunikationsstörung habe die Patientin sich nur eingeschränkt ausdrücken können (Buchstabentafel, Handzeichen, eingeschränkte verbale Kommunikation), was die Erhebung des Patientenwunsches erschwert habe. Laut Patientenverfügung seien lebenserhaltende Massnahmen gewünscht gewesen, weshalb die Patientenverfügung für die Behandelnden nicht die nötige Klarheit gebracht hätte. Der Patientin sei letztlich keine Sonde gelegt worden, bevor sie wieder zurück in das Altersheim verlegt worden sei.

Auf Nachfrage hinsichtlich der Urteilsfähigkeit der Patientin wurde erläutert, dass die Patientin nur schwer habe kommunizieren können. Eine Abklärung der Urteilsfähigkeit habe nicht stattgefunden. Es sei davon auszugehen, dass die Urteilsfähigkeit hinsichtlich der konkreten Massnahmen aber nicht voll vorhanden, sondern «eingeschränkt» gewesen sei.

b. Analyse Fallbeispiel 5

Das ethische Dilemma der Anfragenden betraf die Frage, was der Wunsch der Patientin war und wie man eine bestmögliche Betreuung in ihrem Sinne gewährleisten konnte. Für die entsprechende Abwägung wurden von den Behandelnden alle zur Verfügung stehenden Informationen in die Waagschale geworfen. Dies waren die aktuellen Äusserungen der fraglich urteilsfähigen Patientin, das medizinisch indizierte Vorgehen und die festgehaltenen Wünsche der Patientin aus der Patientenverfügung. Bei der im Vorfeld der Ethikkonsultation vorgenommenen Abwägung stellte sich heraus, dass sich der aktuell geäusserte Wunsch und die Angaben aus der Patientenverfügung widersprachen. Die Frage danach, ob die Patientin hinsichtlich der in Frage stehenden Massnahmen urteilsfähig war, wurde erst in der Ethikkonsultation behandelt. Dass das Nichtvorliegen der Urteilsfähigkeit Voraussetzung für die Anwendung der Patientenverfügung war, scheint zuvor nicht klar gewesen zu sein.

Hätte man die Urteilsfähigkeit der Patientin beurteilt und sie für die Ablehnung der Sondeneinlage für urteilsfähig befunden, so wäre eindeutig gewesen, dass ihre aktuellen Äusserungen der Patientenverfügung vorgehen. Die Frage, wie man mit der anderslautenden Patientenverfügung verfahren sollte, hätte man – um spätere Unsicherheiten zu vermeiden – mit der Patientin besprechen sollen (ethisches Prinzip der Hilfeleistung); andernfalls stünde man bei eintretender Urteilsunfähigkeit vor der Frage, ob die Patientenverfügung noch dem mutmasslichen Patientenwillen entspräche, Art. 372 Abs. 2 ZGB. Hätte man die Patientin für die anstehende Entscheidung dagegen für urteilsunfähig befunden, so wäre erst dann die Frage nach dem Umgang mit einer Patientenverfügung, die dem aktuell geäusserten («natürlichen») Willen der Patientin widerspricht, relevant geworden (siehe zu dieser Problematik *Kapitel II C 2.2. «Partizipation des urteilsunfähigen Patienten trotz Patientenverfügung»*).

Dieser Fall demonstriert, dass die Unkenntnis oder Nichtbeachtung der rechtlichen Vorgaben – neben dem Verstoss gegen die Rechte und Bedürfnisse des Patienten – auch für die Behandelnden nicht nur widerrechtliches Handeln bedeuten, sondern eine Entscheidungsfindung erheblich erschweren kann.

4.2.2. Noch nicht angewendete Patientenverfügungen

In den 15 Fällen, in denen die Patienten (noch) nicht urteilsunfähig, den Behandelnden aber bereits ihre Patientenverfügungen bekannt waren, traten in drei Fällen Probleme auf, welche den eben beschriebenen ähneln. Diese betrafen zum einen die Frage nach der Gültigkeit der Verfügung, weil mehrere Verfügungen existierten, die Frage, ob möglicherweise beim Verfassen der Patientenverfügung zu viel Einfluss von aussen genommen wurde, oder den Umstand, dass der aktuelle Wille des Patienten nicht mit den dokumentierten Wünschen in der Patientenverfügung übereinstimmte.

Aus Sicht der Ethikkonsultation waren weitere drei Fälle im Hinblick auf die (Nicht-) Anwendung einer Patientenverfügung problematisch, da in diesen Fällen keine Beurteilung der fraglichen Urteilsfähigkeit vorgenommen oder kein Beurteilungsergebnis festgestellt wurde. Im Falle von Urteilsunfähigkeit hätten die bereits errichteten Patientenverfügungen zur Anwendung kommen müssen.

Fälle, in denen eine Patientenverfügung zur Klärung von Patientenwünschen hätte beitragen können und die aus diesem Grund als problematisch betrachtet werden könnten, bleiben unbeachtet, da eine solche Annahme aus den Protokollen nicht geschlossen werden kann.

4.3. Probleme bei Patientenverfügungen aus der Umfrage

Im Rahmen der Umfrage hielten die meisten der Befragten Patientenverfügungen für sinnvoll, jedoch wurde auch häufig benannt, dass eine Patientenverfügung oft zu ungenau sei oder meist nicht weiterhelfe. Ebenfalls wurde angegeben, dass eine Patientenverfügung nicht vorhanden sei, wenn sie gebraucht werde.

4.4. Versäumnisse in der medizinischen Praxis im Zusammenhang mit Patientenverfügungen und daraus resultierende Konsequenzen

Versäumnisse im Rahmen von Patientenverfügungen waren in den Ethikkonsultationen kaum zu beobachten. Insbesondere der Fall, dass bei Urteilsunfähigkeit eine Patientenverfügung nicht beachtete wurde, war nicht dokumentiert. Versäumnisse bei der Beurteilung der Urteilsfähigkeit respektive der Feststellung eines Beurteilungsergebnisses können allerdings zur Folge gehabt haben, dass ein Patient als urteilsfähig behandelt, und seine Patientenverfügung nicht berücksichtigt wurde. Das Abverlangen einer Entscheidung durch den urteilsunfähigen Patienten kann eine Überforderung darstellen und den Schutz, den das Gesetz gewährleisten möchte, untergraben.

Teil III: Ausblick und Empfehlungen für die Praxis

1. Zusammenfassung und Würdigung

1.1. Allgemein

Die Urteilsfähigkeit des Patienten spielt für die medizinische Praxis eine bedeutende Rolle. Sie ist Entscheidungskriterium für die Frage, ob der Patient sein Recht auf Selbstbestimmung ausüben und rechtswirksam in eine medizinische Massnahme einwilligen kann, oder ob vielmehr sein Schutzbedürfnis in den Vordergrund rückt. Zwischen Selbstbestimmung und Schutzbedürfnis bewegen sich auch die Normen des Erwachsenenschutzgesetzes. Für ethische Fragen in diesem Spannungsfeld bietet die Urteilsfähigkeit praktische Hilfestellung bei der Abwägung der ethischen Prinzipien des Respekts vor der Autonomie des Patienten einerseits und der Fürsorge andererseits.[363] Gleichzeitig ist dieses Spannungsfeld Auslöser für rechtliche und ethische Fragestellungen.

Probleme, die das Selbstbestimmungsrecht bzw. das Schutzbedürfnis des Patienten betreffen, traten in allen drei untersuchten Bereichen auf. Dabei kann der erste Bereich – die Beurteilung der Urteilsfähigkeit – als Fundament und Weichensteller bezeichnet werden: Kommt es bereits hier zu Problemen oder Versäumnissen, so kann dies Konsequenzen für die beiden anderen untersuchten Bereiche (Vertreterentscheide und Patientenverfügungen) haben. Jedoch traten im Rahmen von Vertreterentscheiden und Patientenverfügungen auch bei einer lege artis durchgeführten Beurteilung Probleme auf.

1.2. Beurteilung der Urteilsfähigkeit

Die Beurteilung der Urteilsfähigkeit stellte ein wesentliches Problem dar, sowohl in der Grundversorgung als auch in der psychiatrischen und somatischen Patientenbehandlung. Dies deckt sich auch mit anderen Studienergebnissen.[364]

Die Probleme bei der Beurteilung – sofern sie denn vorgenommen wurde – betrafen in den Ethikkonsultationen und laut der Umfrage häufig die Zuschreibung der Urteilsfähigkeit in eine der Kategorien «gegeben» oder «nicht gegeben». Dies ist vor allem deshalb nachvollziehbar, weil der Beurteilende die Fähigkeiten des

---

363 Vgl. TRACHSEL/HERMANN/BILLER-ANDORNO, Schweiz Med Forum 2014, 221.

364 HERMANN/TRACHSEL/MITCHELL/BILLER-ANDORNO, 1, 3 FF.

Patienten den durch die Literatur definierten Kriterien zuschreiben muss, ohne dass es hierfür eine Werteskala gäbe, an der das Ergebnis abgelesen werden könnte. Die meisten Faktoren, die zu Einschränkungen der Fähigkeiten des Patienten führten, wurden durch psychiatrische Erkrankungen bzw. deren Symptome ausgelöst, unabhängig davon, in welcher Institution der Patient behandelt wurde. Dies ist besonders mit Blick auf die somatische Praxis relevant, da die Gefahr besteht, dass hier psychiatrische Einschränkungen und daraus folgende Probleme mit der Urteilsfähigkeit unentdeckt bleiben.

Neben Schwierigkeiten bei der Zuschreibung kognitiver Fähigkeiten konnten im Rahmen dieser Arbeit weitere Umstände identifiziert werden, die Ursache einer schwierigen Beurteilung der Urteilsfähigkeit waren. Diese beruhten zwar nicht auf einer der in Art. 16 ZGB genannten objektiven Gründe – welche Voraussetzung für ein Absprechen der Urteilsfähigkeit sind, dennoch erschwerten sie in der medizinischen Praxis die Beurteilung. Dies waren einerseits Umstände aus der Sphäre des Patienten, wie etwa seine Noncompliance, sie betrafen aber auch äussere Umstände, z.B. eine Sprachbarriere.

Komplexe Beurteilungssituationen hatten häufig die Konsequenz, dass die Patienten durch die Behandelnden als «eingeschränkt» urteilsfähig bezeichnet wurden und keine Zuschreibung der Urteilsfähigkeit in eine der beiden Kategorien «gegeben» oder «nicht gegeben» stattfand.

Die Zuordnung der Urteilsfähigkeit in die Kategorie «eingeschränkt» urteilsfähig konnte aber auch damit zusammenhängen, dass das dichotome Konzept und eine damit erforderliche eindeutige Zuschreibung der Urteilsfähigkeit nicht gekannt wurde. Darüber hinaus gab es Fälle, in denen generell das Wissen um die Urteilsfähigkeit fehlte. Dies hatte zur Folge, dass eine erforderliche Beurteilung überhaupt ausblieb und der Patient für die Behandelnden entweder keinen bzw. einen unklaren Status der Urteilsfähigkeit besass.

Sowohl die Feststellung einer «eingeschränkten» Urteilsfähigkeit als auch das Unterlassen einer notwendigen Beurteilung sind aus Sicht der Ethikkonsultation häufig als ein Aspekt für die ethischen Fragestellungen auszumachen. Dies gilt etwa dann, wenn sich die Behandelnden fragten, ob der Patient in der Lage sei, selbst über seine Behandlung zu entscheiden, oder ob jemand anders für ihn entscheiden solle bzw. wie man die Situation auflösen könne. Die Problematik erschien für die Behandelnden oftmals allein als eine ethische Abwägung und nicht als die Frage nach der Urteilsfähigkeit.[365]

Dass das Feststellen einer «eingeschränkten» oder auch «fluktuierenden» Urteilsfähigkeit für die weiteren Behandlungsschritte, für die es einer Einwilligung bedarf, nicht ausreichend ist, wurde oft erst in der Ethikkonsultation erkannt.

---

[365] Vgl. hierzu auch Fn. 200.

1.3. Praktikabilität des dichotomen Konzepts der Urteilsfähigkeit

Ist das dichotome Konzept der Urteilsfähigkeit in der medizinischen Praxis praktikabel? Nach dem dichotomen Konzept der Urteilsfähigkeit können durchaus die Fähigkeiten, die für vernunftgemässes Handeln und damit für das Vorliegen der Urteilsfähigkeit gefordert sind, eingeschränkt sein, nicht jedoch die Urteilsfähigkeit im Hinblick auf eine konkrete Massnahme selbst. Nach diesem Verständnis führen die Einschränkungen der Fähigkeiten zu einer eindeutigen Kategorisierung der Urteilsfähigkeit in «schwarz» oder «weiss», Abstufungen gibt es gerade nicht. Wie dargestellt, kann in dieser strengen Kategorisierung in der Praxis jedoch gerade die Schwierigkeit liegen: Den «Cut» zwischen Urteilfähigkeit und Urteilsunfähigkeit scheint es in der medizinischen Praxis häufig so nicht zu geben. Die fliessenden Übergänge, die durch eine «eingeschränkte» Urteilsfähigkeit beschrieben wurden, finden im Rahmen des dichotomen Konzepts der Urteilsfähigkeit gerade keine Berücksichtigung.[366] Für diese Situationen kann der Auswertung der Ethikkonsultationen entnommen werden, dass von den Behandelnden oftmals eine andere Vorgehensweise als eine Einteilung bzw. Zuschreibung der Urteilsfähigkeit praktiziert wurde: Die Behandelnden trugen alle Ihnen zur Verfügung stehenden Informationen zusammen, um herauszufinden, welches das beste Vorgehen sei. Als Informationsquelle dienten der Patient selbst und beispielsweise Angehörige, eine Patientenverfügung oder ein Hausarzt. Zusätzlich zu den so gewonnenen Erkenntnissen über die Patientenwünsche spielte die medizinische Indikation eine Rolle. Auf die Feststellung eines «Status» der Urteilsfähigkeit wurde im Rahmen dieses Verfahrens verzichtet. Es wurde dementsprechend auch keine Differenzierung zwischen dem Willen und dem mutmasslichen Willen des Patienten vorgenommen. In Fällen, in denen der aktuelle Wille des Patienten mit den gewonnenen Erkenntnissen über seine Wünsche übereinstimmte und die medizinische Indikation nicht gegen das von ihm und/oder seinen Angehörigen gewünschte Vorgehen sprach, schien die Verfolgung eines graduellen Konzepts der Urteilsfähigkeit, ohne eine Beurteilung bzw. Entscheidung über den genauen Status der Urteilsfähigkeit treffen zu müssen, für die Behandelnden «funktioniert» zu haben. Die damit für die medizinische Praxis möglicherweise praktikable(re) Alternative eines «graduellen Urteilsfähigkeitsspektrums» zu dem dichotomen Konzept der Urteilsfähigkeit wirft jedoch im Hinblick auf den Respekt vor der Autonomie und den Schutz des Patienten erhebliche Bedenken auf: Es ist zu befürchten, dass durch ein Zusammentragen von Details aus verschiedenen Informationsquellen der eigentliche Patientenwunsch nicht ausreichend Beachtung findet. Insbesondere durch die Hinzuzie-

---

366 Siehe hierzu auch APPELBAUM/GRISSO, N Engl J Med. 1988, 1635, 1637; CHK-FANKHAUSER, Art. 377 ZGB N 5, ders. in BJM 2010, 240, 259 f.

hung Angehöriger kann es zu einer ungewollten Beeinflussung oder dem Übergehen des Patienten selbst kommen. Wie bereits oben dargelegt, kann es deutlich einfacher sein, das Gespräch über das weitere Behandlungsvorgehen mit den Angehörigen zu führen als mit dem kognitiv eingeschränkten Patienten selbst. Gleichzeitig wurde aber auch festgestellt, dass Angehörige teilweise Wünsche angeben, bei denen erhebliche Zweifel aufkommen, ob diese denen des Patienten oder nicht vielmehr ihren eigenen entsprechen. Auch das von den Behandelnden präferierte Vorgehen könnte zu viel Einfluss auf die weitere Behandlung haben. Ein weiterer Punkt lässt ebenfalls an diesem Vorgehen zweifeln: Sofern die zusammengetragenen Informationen und Überlegungen gerade nicht zu einem eindeutigen Ergebnis führten, war dies häufig Auslöser für ethische Dilemmata und die Einberufung einer Ethikkonsultation. Wie die Auswertung zahlreicher Ethikkonsultationen zeigt, kam in den beschriebenen Situationen bei den Behandelnden die Frage danach auf, wer über das Vorgehen entscheiden und wie eine Entscheidung getroffen werden soll. Gerade der Status der Urteilsfähigkeit war es aber, der schliesslich in der Ethikkonsultation Klarheit für die Abwägung der ethischen Prinzipien leisten konnte, wie hoch das Prinzip des Respekts vor der Autonomie des Patienten bzw. das Prinzip der Hilfeleistung oder des Nichtschadens zu gewichten war. Ein weiterer Punkt schliesst sich an diese Überlegung an: Wer wäre letztverantwortlich befugt, in die Behandlung einzuwilligen oder diese abzulehnen? Würde man auf einen Entscheid über die Urteilsfähigkeit verzichten und diese in ein Spektrum ändern, würde ein Bereich eröffnet, in dem Rechtsunsicherheit herrscht.[367] Darf der fraglich urteilsfähige Patient noch selbst entscheiden oder bereits sein Vertreter? Welche Kriterien wären anzuwenden? Zwar kann sich die Urteilsfähigkeit des Patienten faktisch in einem Spektrum befinden – vermindert urteilsfähig (ähnlich wie vermindert schuldfähig im Strafrecht) zu sein – scheint möglich, ein «bisschen entscheiden» hingegen nicht. Spätestens hier würde es an klaren Grenzen und letztlich der Entscheidungsverantwortung fehlen. Insoweit würde die Verfolgung eines graduellen Konzepts aus rechtlicher Sicht Probleme nur verlagern, jedoch nicht lösen können.

Darüber hinaus ist zu bedenken, dass das Gesetz dem Umstand, dass es für die Beantwortung der Frage der Urteilsfähigkeit nur einen «Schwarz-weiss-Entscheid» kennt und Abstufungen nicht vorgesehen sind, Rechnung trägt, indem es in Art. 377 Abs. 3 ZGB die Partizipation des Patienten vorsieht. In diesem Zusammenhang muss jedoch darauf hingewiesen werden, dass die praktische Umsetzung und Bedeutung des Partizipationsrechts dadurch gefährdet erscheint, dass es an klaren Vorgaben für die Praxis, welche «Verpflichtung» und welche

---

[367] Vgl. hierzu BSK-FANKHAUSER, Art. 16 ZGB N 40, wonach sich die klare Zuschreibung der Urteilsfähigkeit aus dem im Zivilrecht (anders als im Strafrecht) notwendigen Interesse an der Geschäfts- und Rechtssicherheit ergibt.

«Wirkung» diese Einbeziehung hat, fehlt, insbesondere wie sie im Verhältnis zum mutmasslichen Willen des damals Urteilsfähigen steht.

1.4. Kompetenz für die Beurteilung der Urteilsfähigkeit

Ein weiterer Bereich, der für Schwierigkeiten bei der Beurteilung der Urteilsfähigkeit identifiziert wurde, betraf die Kompetenz der Evaluierenden. In den Ethikkonsultationen konnte in einigen Fällen angenommen werden, dass es an Kompetenz für eine fachkundige Beurteilung mangelte, insbesondere in Fällen, in denen nicht einmal die Notwendigkeit einer Beurteilung erkannt wurde oder dann, wenn erst in der Ethikkonsultation eine gemeinsame Einschätzung zur Urteilsfähigkeit vorgenommen werden konnte. Gleichwohl gab es auch Fälle, in denen es möglicherweise nicht eine faktische Inkompetenz war, die eine Beurteilung für den Beurteilenden erschwerte, sondern ein subjektiver Zweifel am eigenen Fachwissen. Eindrucksvoll waren hinsichtlich der eigenen Kompetenz für die Beurteilung auch die Ergebnisse der Selbsteinschätzung aus der Umfrage, wonach sich nur 35 % der Befragten für die Vornahme einer Beurteilung generell kompetent fühlten. Dabei waren zudem deutliche Unterschiede zwischen der somatischen und der psychiatrischen Praxis zu erkennen: Die eigene Kompetenzeinschätzung bei den Befragten aus dem USB noch deutlich niedriger als die der Befragten aus den UPK.

1.5. Stellvertretung und Patientenverfügungen

Eine unterlassene Beurteilung bzw. keine klare Einteilung der Urteilsfähigkeit in eine der Kategorien «gegeben» oder «nicht gegeben» konnte zur Folge haben, dass die gesetzlich vorgeschenen Regelungen zur Stellvertretung und zu Patientenverfügungen nicht umgesetzt wurden. Versäumnisse hinsichtlich Stellvertretung und Patientenverfügungen waren jedoch nicht zwingend die Folge einer mangelhaften oder nicht vorgenommenen Beurteilung; auch nach abgeschlossener Beurteilung traten sie zahlreich auf.

Besonders hervorzuheben sind hier das nicht berücksichtigte Schutzbedürfnis von Personen, zu deren Fürsorge die Errichtung einer Beistandschaft erforderlich gewesen wäre; in einigen Ethikkonsultationen war zu sehen, dass die Beantragung einer Beistandschaft nicht in die Wege geleitet wurde. Dass es für medizinische Massnahmen einer Einwilligung bedarf und der Arzt die Massnahmen nur in dringlichen Fällen ohne den Einbezug der vertretungsberechtigten Person nach dem mutmasslichen Willen und Interessen des urteilsunfähigen Patienten ergreift, scheint demnach für die Behandelnden nicht immer handlungsleitend gewesen zu sein. Ausserdem konnte festgestellt werden, dass nahe Angehörige bereits als vertretungsbefugt behandelt wurden, obwohl dem Patienten für die konkrete Massnahme die Urteilsfähigkeit nicht abgesprochen worden war (häufig war in diesen Fällen überhaupt keine Beurteilung vorgenommen oder kein Beurteilungsergebnis festgestellt worden). Für diese Fälle besteht die Gefahr, dass sich die Behandlung zu sehr nach den Wünschen der Angehörigen richtet und dem Patienten selbst zu wenig Gelegenheit gegeben wird, sich zu äussern. Beim Einbezug von Angehörigen als Stellvertreter war auch zu beobachten, dass die gesetzlich vorgegebene Kaskade nicht hinreichend Berücksichtigung fand.

Die Frage nach dem mutmasslichen Willen und den Interessen des Patienten konnte Unsicherheiten hervorrufen, insbesondere dann, wenn die Befürchtung bestand, dass der von den vertretungsberechtigten Personen geäusserte mutmassliche Wille nicht dem des Patienten entsprach.

2. Empfehlungen für die Praxis

Die Ergebnisse der vorliegenden Untersuchung zeigen, dass die erwachsenenschutzrechtlichen Regelungen in der medizinischen Praxis zu wenig Beachtung finden, was eine Gefährdung und Missachtung der Patientenrechte und teilweise das Fortbestehen der altrechtlichen Kultur, sprich des paternalistischen Rollenverständnisses, bedeuten dürfte. Obschon die Ergebnisse der Auswertung und der Umfrage auf Grund der begrenzten Stichprobe nicht generalisierbar sind, so kann doch davon ausgegangen werden, dass die aufgezeigten Problemfelder inhaltlich valide sind und auch über diese Untersuchung hinaus Relevanz besitzen: Die beobachteten Mängel in der Umsetzung der gesetzlichen Regelungen gehen nicht nur auf Einzelfälle zurück, sondern auf strukturelle Defizite. Dem steht auch keineswegs entgegen, dass sich nur wenig einschlägige Gerichtsurteile in diesem Bereich finden lassen. Die Erklärung hierfür scheint vielmehr darin liegen, dass es an Personen fehlen dürfte, die gegen die Nichtbeachtung der gesetzlichen Regelungen vorgehen, sei es, weil sie diese nicht kennen, sei es, weil angesichts von schwerer Krankheit und Tod andere, existenzielle Fragen in den Vordergrund treten.

Zusammenfassend konnten in dieser Arbeit fünf Bereiche zur Umsetzung der erwachsenenschutzrechtlichen Reglungen im Hinblick auf die Urteilsfähigkeit identifiziert werden, für die Handlungsbedarf zu bestehen scheint. Diese sind:

1. Die Notwendigkeit einer Beurteilung der Urteilsfähigkeit zu erkennen,
2. die (eigene) Zuständigkeit für die Beurteilung der Urteilsfähigkeit wahrzunehmen,
3. die Beurteilung der Urteilsfähigkeit (kompetent) vorzunehmen,
4. die Konsequenzen von Urteils(un)fähigkeit richtig umzusetzen und
5. präventive Massnahmen zur Förderung der Selbstbestimmung und Beachtung eines Schutzbedürfnisses zu ergreifen.

In Folgenden soll für den jeweils identifizierten Bereich aufgezeigt werden, welches geeignete Strategien zur Umsetzung der gesetzlich geforderten und ethisch gebotenen Handhabung von Urteils(un)fähigkeit sein können, die gleichzeitig auf die Gegebenheiten und Bedürfnisse des medizinischen Personals zugeschnitten sind.

2.1. Die Notwendigkeit einer Beurteilung der Urteilsfähigkeit erkennen

Die Ergebnisse der Untersuchung zeigen, dass Probleme einer patientenorientierten Behandlung im Sinne des Erwachsenenschutzes nicht nur in einer herausfordernden Beurteilung der Urteilsfähigkeit liegen können, sondern oftmals bereits darin, dass es an Wissen um die Notwendigkeit einer Beurteilung der Urteilsfähigkeit fehlt. Sind die Behandelnden nicht geschult, an die Abklärung der Urteilsfähigkeit zu denken, erübrigt sich die Frage nach der kompetenten Durchführung derselben. Handlungsbedarf besteht demnach nicht nur für das «Wie» der Beurteilung, sondern prioritär für die Frage nach dem «Ob».

Bei der Frage nach dem «Ob» der Beurteilung konnte in den Ethikkonsultationen festgestellt werden, dass explizit nicht vorgenommene Beurteilungen oder vermutlich erst eine in der Ethikkonsultation erkannte Notwendigkeit der Beurteilung sowohl im USB als auch in den UPK häufig vorkamen. Empfehlungen für die Praxis sollten demzufolge beide Bereiche gleichermassen ansprechen und die Frage beantworten, welche Voraussetzungen gegeben sein müssten, damit sich die Behandelnden der Beurteilung der Urteilsfähigkeit – kompetent – annehmen können. Ohne Frage gehört hierzu die Wissensvermittlung über die rechtliche Bedeutung der Urteilsfähigkeit und die Erforderlichkeit, bei Zweifeln eine strukturierte Beurteilung derselben vorzunehmen. Dabei scheint es in der Praxis nicht daran zu mangeln, allgemein Einschränkungen von kognitiven Fähigkeiten zu erkennen, sondern diese mit der Notwendigkeit einer Durchführung der Beurteilung zu verknüpfen. Um an diesem Punkt ansetzen zu können, ist für die Praxis neu eine verpflichtende Dokumentation der Urteilsfähigkeit im elektronischen Patientendossier oder dem Klinikinformationssystem, die bislang nicht besteht, zu empfehlen. Bereits stattgefundene Implementierungsprozesse zu weiteren medizinethisch-rechtlichen Themen (z.B. die Implementierung der Dokumentation des REA-Status in der Patientenakte im USB[368]) haben gezeigt, dass eine verpflichtende Dokumentation praktikabel und breit akzeptiert sein kann. Dieses Vorgehen würde die Sensibilität für die Notwendigkeit der Beurteilung, sprich das «Ob» der Abklärung adressieren, da die verpflichtende Dokumentation gleichzeitig eine Sensibilisierung bedeutet. Da die Beurteilung der Urteilsfähigkeit aufgrund ihrer Relativität für die jeweils vorzunehmende Massnahme zu beurteilen ist, bedarf die Dokumentation einer hierfür angepassten Lösung. Diese kann darin bestehen, die Urteilsfähigkeit in einem Freitextfeld hinsichtlich der entscheidungsrelevanten Massnahme zu konkretisieren. Aus Praktikabilitätsgrün-

---

368 Reglement Reanimationsentscheidungen USB: https://www.unispital-basel.ch/fileadmin/unispitalbaselch/Patienten_Besucher/Klinische_Ethik/Pr%C3%A4sentationen/Reglement_Reanimationsentscheidungen._V1.0.pdf.

den könnte sich die Dokumentationspflicht der Urteilsfähigkeit etwa auf schriftlich erteilte Einwilligungen und das festgelegte Therapieziel beschränken.

2.2. Die (eigene) Zuständigkeit für die Beurteilung der Urteilsfähigkeit wahrnehmen

Handlungsbedarf besteht neben der Sensibilisierung für das Erkennen der Notwendigkeit einer Beurteilung auch für die damit verbundene Wahrnehmung der (eigenen) Zuständigkeit, diese vorzunehmen. Dass die Frage der Zuständigkeit oftmals unbekannt ist, wird insbesondere durch die Umfrage offensichtlich, in der zahlreiche Teilnehmenden angaben, nicht zu wissen, wessen Aufgabe die Vornahme der Beurteilung ist (siehe auch die Ausführungen zum *«Exkurs: Zuständige Person für die Beurteilung der Urteilsfähigkeit» Kapitel I A 3.5.3.c.*).

Durch die oben empfohlene, verpflichtende Dokumentation der Urteilsfähigkeit in der elektronischen Patientenakte wäre die Frage der Zuständigkeit der Dokumentation und der ggf. erforderlichen strukturierten Beurteilung dahingehend adressiert, dass die verantwortliche(n) Person(en) definiert werden müsste(n). Damit würde unklaren Zuständigkeiten und einem ggf. hieraus resultierenden Unzuständigkeitsempfinden, begegnet. Indem die Urteilsfähigkeit für die jeweils konkrete Massnahme zu dokumentieren wäre, würden die unterschiedlichen Behandelnden in die Verpflichtung genommen.

Die Definition klarer Kompetenzen, wie sie mancherorts laut Umfrage praktiziert wird (z.B. dass der Assistenzarzt zusammen mit dem Oberarzt für die Beurteilung verantwortlich ist), kann genauso wie weitere organisationsethische Strukturen zielführend sein, etwa solche, die vorsehen, komplexe Abklärungen der Urteilsfähigkeit an eine dafür spezifisch geschulte Fachperson zu übergeben (z.B. einen Konsiliarpsychiater) oder bei den sich aus einer «Urteilsfähigkeitsproblematik» ergebenden ethischen Herausforderungen niederschwellige klinisch-ethische Beratung in Anspruch zu nehmen.

2.3. Die Beurteilung der Urteilsfähigkeit (kompetent) vornehmen

In der wissenschaftlichen Literatur und klinischen Praxis existieren zahlreiche Ansätze und Bestrebungen, die Kompetenz im Beurteilungsprozess zu fördern, etwa durch die Weiterentwicklung von Richtlinien und Tools (z.B.

SAMW-Richtlinie zur Urteilsfähigkeit, U-Doc, MacCAT-T, etc.). Dennoch scheinen vorhandene Materialien bislang noch nicht den gewünschten Einzug in die Praxis gefunden zu haben.[369] Nur ca. 35 % der Teilnehmenden der Umfrage fühlten sich in der Beurteilung der Urteilsfähigkeit generell kompetent, und nur ebenso wenigen waren Richtlinien hierzu bekannt.

Die Frage nach dem «Wie» der Beurteilung ist somit: Welche Voraussetzungen muss ein Beurteilungsinstrument erfüllen, damit es im medizinischen Alltag so implementiert werden kann, dass es zweckmässig angewendet wird.

Die FMH[370] schreibt in ihrer Stellungnahme von 2018 zur Vernehmlassung der SAMW-Richtlinie «Urteilsfähigkeit in der medizinischen Praxis», dass es, um die Anwendbarkeit der Evaluation und Beurteilung im Praxisalltag sicherzustellen, essenziell sei, dass sowohl die Richtlinie als auch die zur Verfügung gestellten weiteren Dokumente einfach in ihrer Handhabung seien. Der Arzt müsse in der entsprechenden Situation ohne grossen Vorbereitungs- und / oder Anwendungsaufwand eine Evaluation durchführen können. Es sei wohl davon auszugehen, dass die Richtlinie der SAMW im Praxisalltag kaum studiert werden könne und eher einer grundsätzlichen einführenden Lektüre in dieses Thema diene. Deshalb sei es umso wichtiger, dass das U-Doc-Formular eine rasche Orientierung biete.

Diese Kritik aufgreifend und vor dem Hintergrund, dass zahlreiche Teilnehmende der Befragung angaben, keine Unterstützung in Form von Richtlinien bzw. Tools an der Hand zu haben, geht als Empfehlung dieser Arbeit hervor, den Behandelnden ein digitales Beurteilungsinstrument als schnell zugänglichen Wegweiser zur Beurteilung der Urteilsfähigkeit zur Verfügung zu stellen, welches ihnen ohne grossen Mehraufwand Hilfestellung bietet. Als Online-Tool bietet das zur Bestimmung der Urteilsfähigkeit bereits durch Unterstützung der SAMW entwickelte und validierte U-Doc[371] eine mögliche Grundlage. Dabei ist es denkbar, das U-Doc in seiner bestehenden Form zu digitalisieren oder eine schrittweise, interaktive Führung durch den Beurteilungsprozess, zu programmieren. Idealerweise würde dabei das Feld für die Dokumentation der Urteilsfähigkeit in der elektronischen Patientenakte oder dem Klinikinformationssystem (siehe oben) mit dem digitalen Tool zur Bestimmung der Urteilsfähigkeit verlinkt. Damit stünde das Tool bei schwierigen Beurteilungssituationen unmittelbar als Hilfestellung zur Verfügung. Neben dem «Ob» der Beurteilung wäre damit gleichzeitig auch das «Wie» der Beurteilung adressiert.

Auch ohne eine Verpflichtung der Dokumentation der Urteilsfähigkeit in der elektronischen Patientenakte oder im Klinikinformationssystem hätte die digitale Version des Beurteilungs-Tools den Vorteil, dass dieses in der Praxis schnell und

369 Hermann/Trachsel/Mitchell/Biller-Andorno, 1, 5 f.

370 Stellungnahme FMH zur SAMW Richtlinie (Urteilsfähigkeit).

371 SAMW (Urteilsfähigkeit), 26.

niederschwellig genutzt und somit ohne grossen Mehraufwand Hilfe bei Unsicherheiten im Rahmen der Beurteilung fraglich urteilsfähiger Patienten angeboten werden kann.

Daneben wird empfohlen, – dem mehrheitlichen Wunsch aus der Umfrage entsprechend (siehe *Abb. 46*) – institutsweite Schulungen über Zweck und Inhalt des Erwachsenenschutzgesetzes sowie Grundwissen zur Vornahme einer Beurteilung der Urteilsfähigkeit durchzuführen. Denkbar sind dabei auch verpflichtende Schulungen mittels der Lernplattform «Easylearn» oder im Rahmen bestehender Weiterbildungen zur ethischen Kompetenz im Gesundheitswesen.

Gleichzeitig soll nicht unbeachtet bleiben, dass die Beurteilung der Urteilsfähigkeit eine Zuschreibung von Fähigkeiten durch den Beurteilenden erfordert, weshalb eine Beurteilung immer schwierig bleiben kann. Um diesen Schwierigkeiten in der Praxis begegnen zu können, sollten institutionelle Konzepte wie die Einberufung eines psychiatrischen Konsils oder die Einberufung einer interdisziplinären Ethikberatung gefördert werden.

2.4. Konsequenzen von Urteils(un)fähigkeit richtig umsetzen

Neben Empfehlungen für den Umgang mit der Beurteilung der Urteilsfähigkeit muss auch der Umgang mit Konsequenzen von Urteilsfähigkeit bzw. Urteilsunfähigkeit angegangen werden. Hierzu gehören den Ergebnissen dieser Arbeit zufolge besonders die Wissensvermittlung über den angemessenen Umgang mit Angehörigen, insbesondere deren Stellung bei vorliegender Urteilsfähigkeit des Patienten sowie über die Gültigkeit und Anwendung von Patientenverfügungen. Hinsichtlich urteilsunfähiger Patienten, vor allem derjenigen ohne nahe Angehörige, scheint darüber hinaus Bedarf zu bestehen, die Kooperation zwischen den Spitälern und der Kindes- und Erwachsenenschutzbehörde (KESB) zu fördern, um die Gefahr unrepräsentierter Patienten zu vermeiden. Neben dem Wissen über eine erforderliche Beantragung einer Beistandschaft bei der KESB gehören feste, spitalinterne Strukturen zu einem reibungslosen Ablauf. Denkbar ist eine verstärkte Einbindung des Sozialdienstes als Bindeglied zwischen den Ärzten und der Behörde, aber auch eine Liaisonperson von Spital und Behörde zur Stärkung der Verbindung und schnellen Interaktion. Hierdurch könnten auch diejenigen Vorbehalte gegenüber der KESB, welche dazu beitragen, dass die Behandelnden den Kontakt oder die Meldung vermeiden wollen (z.B. Zeitverzögerung, schlechte Erreichbarkeit eines Beistandes) abgebaut werden.

2.5. Präventive Massnahmen zur Förderung der Selbstbestimmung und Beachtung eines Schutzbedürfnisses ergreifen

Die Urteilsfähigkeit des Patienten kann sich in einem «Graubereich» befinden, wenn sie nicht eindeutig einer der beiden geforderten Kategorien «gegeben» oder «nicht gegeben» zugeordnet werden kann, oder wenn die Urteilsfähigkeit zwar für die konkret in Frage stehende Massnahme als gegeben beurteilt wurde, die kognitiven Fähigkeiten des Patienten aber inkonstant sind, sodass eine drohende Urteilsunfähigkeit vorherzusehen ist. Aus ethischer Sicht stellt sich die Frage, wie in diesen Fällen einerseits die Selbstbestimmung des Patienten für die Zukunft gefördert und andererseits ihm drohender Schaden vermieden werden kann.

Um diesen Situationen präventiv zu begegnen, sollte verstärkt auf die Möglichkeiten einer Patientenverfügung und der Benennung einer vertretungsberechtigten Person hingewiesen sowie beim Erstellen der Patientenverfügung geholfen werden; laut Umfrage wären dazu auch viele der Ärzte bereit (ca. 84 %). Dies hätte zudem den Vorteil, dass Patientenverfügungen nicht allein durch Laien erstellt würden, was zur Konkretisierung der Patientenwünsche beitragen und ein Mindestmass an Aufklärung erfüllen könnte. Dabei empfiehlt es sich besonders, Wertvorstellungen und Präferenzen des Patienten zu erkunden und den Umgang mit Situationen festzuhalten, in denen es zu Konflikten zwischen der Vorausverfügung und dem «natürlichen Willen» kommen kann.[372] Solche Angaben können Sicherheit im Umgang mit dem mutmasslichen Willen erzeugen.[373] Zudem ist zur Kenntnisnahme einer vorhandenen Patientenverfügung erforderlich, dass bei Spitaleintritt nach dieser gefragt und diese gelesen wird und eine Dokumentation an einem Ort in der Patientenakte stattfindet, der allen Behandelnden zugänglich ist.

Sollte dem Patienten nicht genug Hilfestellung durch die behandelnde Institution angeboten werden können, so sollte an externe Hilfsangebote oder auch die frühe Kontaktaufnahme durch den Patienten mit der KESB gedacht werden, insbesondere bei Patienten ohne nahe Angehörige. Eine Möglichkeit der Unterstützung kann hier auch in der Errichtung einer Begleitbeistandschaft nach Art. 393 ZGB liegen. In deren Rahmen kann der urteilsfähige Patient mit seiner Zustimmung Unterstützung im Hinblick auf sein gesundheitliches Wohl durch einen Beistand

---

[372] Die SAMW empfiehlt hierzu in ihrer Richtlinie zur Patientenverfügungen (S. 9) die Beschreibung von Therapiezielen durch den Patienten, in welchen Situationen primär kurative oder palliative Massnahmen ergriffen werden sollen, ohne sich dabei auf bestimmte Mittel und Methoden zu beschränken; siehe auch KuKo-GASSMANN, Art. 372 ZGB N 8.

[373] Vgl. BSK-WYSS, Art. 370 ZGB N 15.

erhalten.[374] Die Aufgabe des Beistandes liegt darin, den Patienten bei der Erschliessung medizinischer Massnahmen zu unterstützen und ihm aufzuzeigen, welche Möglichkeiten im Falle künftiger Urteilsunfähigkeit bestehen.

Neben der Patientenverfügung hat sich in jüngerer Zeit in der medizinischen Praxis, bei absehbarer Beeinträchtigung der Urteilsfähigkeit die Strategie des Advance Care Planning etabliert, um dem Recht auf Selbstbestimmung besser nachkommen zu können. Advance Care Planning ist ein Konzept für und mit dem Patienten, um seine Behandlung und Pflege in seinem Sinne zu gestalten und zu planen. Durch einen kontinuierlichen und strukturierten Beratungs- und Begleitungsprozess werden mögliche Erwartungen festgestellt sowie verständlich festgehalten. Durch den stetigen Austausch soll sichergestellt werden, dass der Patient umfassend informiert und aufgeklärt ist und seine Wünsche dem jeweiligen Behandlungsteam und Angehörigen bekannt sind. Advance Care Planning kann insofern als eine «dynamische Form der Patientenverfügung» angesehen werden.[375] Durch die Förderung der vorausschauenden Behandlungsplanung im Sinne von Advance Care Planning, kann Sicherheit für ein Handeln im Sinne des Patienten bei später eintretende Urteilsunfähigkeit gewonnen werden.

---

374 FASSBIND, V N 1.2.1.

375 Siehe BARNIKOL/BECK/BIRNBACHER/FANGERAU.

3. Rolle der Klinischen Ethik als Brücke zwischen Theorie und Praxis

Durch die klinische Ethikberatung können Behandelnde, Patienten und Angehörige bei der ethischen Entscheidungsfindung unterstützt werden.

Die Auswertung dieser Arbeit hat gezeigt, dass die klinische Ethikberatung für den verantwortungsvollen Umgang mit dem Thema Urteils(un)fähigkeit in der Patientenversorgung einen erheblichen Beitrag leistet. Da die Urteilsfähigkeit des Patienten eng mit dem ethischen Prinzip des Respekts vor der Autonomie verbunden ist, kann die klinische Ethikberatung die Rechte des Patienten in ethischer als auch in rechtlicher Sicht fördern: Indem im Rahmen der Ethikkonsultation auf die Notwendigkeit einer Beurteilung der Urteilsfähigkeit aufmerksam gemacht und diese vorgenommen, oder – falls dies nicht möglich war – auf die Notwendigkeit weiterer Abklärungen hingewiesen wurde, konnte die Feststellung eines Schutzbedürfnisses bzw. das Anerkennen des Rechts auf Selbstbestimmung des Patienten gefördert werden. In der Konsequenz, dass die Urteilsfähigkeit oftmals auch im Rahmen der Ethikkonsultation nicht abschliessend beurteilt werden konnte, wurde für die Ethikkonsultation die Regel etabliert, dass die Anfragenden – soweit angebracht – in Vorbereitung auf die Ethikkonsultation bereits auf die Frage nach der Urteilsfähigkeit des Patienten hingewiesen wurden. Bei Lücken wurde darum gebeten, fehlende Informationen bis zur Ethikkonsultation zu recherchieren, Dokumente wie eine Patientenverfügung zu übermitteln bzw. Vertretungspersonen einzubinden. Letztere werden zunehmend in die Ethikkonsultationen involviert.[376] Insofern kommt der Ethikkonsultation auch präventive Wirkung und Sensibilisierungswirkung zu. Daneben wirkte die Ethikkonsultation[377] auch bei der konkreten Umsetzung der rechtlichen Vorgaben im Hinblick auf die Folgen von Urteilsfähigkeit bzw. Urteilsunfähigkeit unterstützend, nicht selten allein dadurch, dass die vorgesehenen rechtlichen Konsequenzen aufgezeigt oder Behandelnde darin bestärkt wurden, Patientenwünschen nachzukommen, z.B. solchen, die nicht der Maximaltherapie entsprachen, weil sie die Notwendigkeit erkannten, die Selbstbestimmung des Patienten zu respektieren.

Aus Patientensicht kann die Klinische Ethik und eine damit verbundene Wissensvermittlung der gesetzlich normierten Werte an die Behandelnden Einfluss auf Therapieentscheide und auch die Qualität der medizinischen Versorgung insgesamt nehmen. Durch den Beitrag der Ethikkonsultation zur Einhaltung rechtlicher Vorgaben kann zur Vermeidung nicht patientengerechter Versorgung beigetragen werden. Ein wichtiges Desiderat scheint daher auch eine Katamnese zu

---

[376] REITER-THEIL/WETTERAUER, 271, 280 f.

[377] Siehe zur Wirkung von ethischer Beratung allgemein z.B. HAUSSENER, 149, 172 f.

sein, um zu prüfen, ob nach der Ethikkonsultation angemessene Folgerungen gezogen und umgesetzt wurden.[378]

Zusammenfassend kommt der Klinischen Ethik damit als Brücke zwischen Theorie und Praxis im Lichte der erwachsenenschutzrechtlichen Normen vor allem die Aufgabe der Sensibilisierung, Prävention, Wissensvermittlung und Unterstützung bei der Umsetzung der rechtlichen Regelungen zu. Als zusätzliches Fazit ist auch festzuhalten, dass man als Fachperson der Klinischen Ethik gut daran tut, Kenntnis über die geltende Rechtslage zu haben, da diese häufig Teil der ethischen Entscheidungsfindung ist und die Wissensvermittlung von den Behandelnden beansprucht wird.

---

[378] Vgl. REITER-THEIL/SCHÜRMANN, Bioethica Forum 2016, 60.

Anhang

Anhang 1: Protokollvorlage Ethikberatung USB[379]

Protokoll Ethikberatung Universitätsspital Basel (USB)			**Protokollaufbau**	**Seite**
			I. Ergebnisprotokoll	1
			II. Ausführliches Protokoll	2
			III. Eth. Einschätzung und Ergebnisse	5
			IV. Rückmeldebogen	7
ERGEBNISPROTOKOLL (1. Seite)				
Datum:			☐ Ethikkonsultation (EK)	
Uhrzeit:	Von-bis:	Dauer:	☐ Andere Form:	
Station:				
Auf Einladung von:			☐ Beilagen	
Teilnehmende:				
Rechtdienst:				
Ethik:				

0.1 Problematik laut Anfrage
Problemschilderung, Fragestellung, vorläufige Optionen

0.2 Fazit der ethischen Einschätzung	*wie 9.1, siehe Seite 6*
	☐ Konsens, zwischen:
	☐ Dissens, zwischen:
	☐ Konsens, zwischen:
	☐ Dissens, zwischen:
	☐ Konsens, zwischen:
	☐ Dissens, zwischen:

379 Die Protokollvorlage der UPK entspricht weitestgehend der des USB.

AUSFÜHRLICHES PROTOKOLL
1 Patient/in
1.1 Personalien Name, Alter, Geschlecht, Wohnsitz
1.2 Soziale Situation Familie, Freunde, Beruf, Wohnsituation
1.3 Medizinische Situation Anamnese
Diagnose, Prognose, Therapie
1.4 Patientenwohl / Patientenwille Befindlichkeit, Lebensqualität
Wünsche, Wertvorstellungen, Lebenssinn, Religiosität
Urteilsfähigkeit
Patientenverfügung
Stellvertretung, Beistandschaft
Dissens (mit Behandlungsteam, Angehörigen usw.)

2 Angehörige / Stellvertreter / Beistand
2.1 Angehörige A Persönliche, soziale und medizinische Situation
Befindlichkeit und Situationseinschätzung (z.B. Dissens mit Behandlungsteam, Patienten usw.)
2.2 Angehörige B Persönliche, soziale und medizinische Situation
Befindlichkeit und Situationseinschätzung (z.B. Dissens mit Behandlungsteam, Patienten usw.)
2.3 Weitere Angehörige
3 Behandelnde
3.1 Medizin
3.2 Pflege
3.3 Therapie
3.4 Weitere Behandelnde

4 Institutionen
4.1 Institution A Kompetenzbereich
Situationseinschätzung (z.B. Dissens intern / mit anderen Institutionen)
4.2 Institution B Kompetenzbereich
Situationseinschätzung (z.B. Dissens intern / mit anderen Institutionen)
4.3 Weitere Institutionen
5 Richtlinien (ethische, professionelle)
6 Rechtslage
6.1 Institutionelle Reglemente
6.2 Gesetze
7 Wertekontext

ETHISCHE EINSCHÄTZUNG UND ERGEBNISSE
8 Ethische Einschätzung
8.1 Ethikfokus
8.2 Optionen: Argumente pro und contra
8.3 Ethische Prinzipien Respekt vor der Autonomie (respect for autonomy)
Hilfeleistung (beneficence)
Schadensvermeidung (nonmaleficence)
Gerechtigkeit (justice)
8.4 Ethische Konflikte
8.5 Beziehung, Persönlichkeit und Haltung
8.6 Ethische Grundsatzfragen ☐ sind aufgeworfen worden, und zwar: ☐ sind nicht aufgeworfen worden.

9 Ergebnisse der Ethikberatung	
9.1 Fazit der ethischen Einschätzung	*wie 0.2, siehe Seite 1*
	☐ Konsens, zwischen:
	☐ Dissens, zwischen:
	☐ Konsens, zwischen:
	☐ Dissens, zwischen:
	☐ Konsens, zwischen:
	☐ Dissens, zwischen:
9.2 Gesprächsverlauf (Beteiligung, Atmosphäre, Themenfolge, Priorisierung)	
9.3 Vereinbarungen	
9.4 Offene Fragen	

Ansprechpartner/in Klinik:
Ansprechpartner/in Ethik:
Für das Protokoll: Datum:

Anhang 2: Fragebogen

Fragebogen zur Urteilsfähigkeit von PatientInnen

Im Rahmen der Dissertationen von Charlotte Wetterauer und Laura Winkler sollen Aspekte der Urteilsfähigkeit in der medizinischen Praxis untersucht werden.

Allgemeine Angaben	
Angaben zum Arbeitsort (mehrere Antworten möglich)	**Geschlecht**
☐ USB ☐ UPK ☐ Praxis ☐ Chirurgie ☐ Medizin ☐ Andere	☐ W ☐ M ☐ D
Klinische Erfahrung (in Jahren)	**Weiterbildung**
☐ 0–5 J ☐ 5–10 J ☐ 10–15 J ☐ 15–20 J ☐ 20–25 J ☐ 25–30 J ☐ > 30 J	☐ AA ☐ OA ☐ LA/CA ☐ Niedergelassen

Die Fragen zur Bestimmung der Urteilsfähigkeit beziehen sich auf den Zeitpunkt, zu welchem der Arzt/Ärztin beurteilt, ob der Patient/die Patientin für die Einwilligung in die konkret vorzunehmende medizinische Massnahme urteilsfähig ist.

Fragebogen	
Hatten Sie bereits mit PatientInnen zu tun, bei denen Urteilsfähigkeit ein Thema war?	**Wie viele Ihrer PatientInnen würden Sie als nicht urteilsfähig einschätzen (in %)?**
☐ Ja ☐ Nein	____________%
Wie oft kommt das Thema Urteilsfähigkeit vor?	**Wie viele Ihrer PatientInnen würden Sie als «eingeschränkt» urteilsfähig einschätzen (in %)?**
☐ Tgl. ☐ Wöchentl. ☐ Monatl. ☐ Jährl. ☐ 1x/Karriere ☐ Nie	____________%
Sind Sie für die Beurteilung der Urteilsfähigkeit zuständig?	**Was ist für Sie ein Kriterium die Urteilsfähigkeit abzuklären?**
☐ Ja ☐ Nein, sondern:	____________
Hatten Sie die Urteilsfähigkeit schon einmal selbst zu beurteilen?	**Wie oft ist die Abklärung der Urteilsfähigkeit schwierig (in %)?**
☐ Ja ☐ Nein	____________%
Haben Sie einem Patienten/einer Patientin bereits die Urteilsfähigkeit aktiv abgesprochen?	**Aus welchem Grund ist die Abklärung der Urteilsfähigkeit schwierig?**
☐ Ja ☐ Nein	____________
Haben Sie die Beurteilung schon einmal vermieden?	**Waren Sie schon einmal unsicher bei der Beurteilung?**
☐ Ja ☐ Nein	☐ Ja ☐ Nein

Wenn ja, aus welchem Grund haben Sie eine Beurteilung vermieden (mehrere Antworten möglich)?	Fühlen Sie sich in der Beurteilung der Urteilsfähigkeit generell kompetent?
☐ Zeitmangel ☐ Medizinische Dringlichkeit ☐ Die Beurteilung spielte für die Entscheidung keine Rolle ☐ Der Patient/die Patientin wäre mit dem geplanten Vorgehen ohnehin einverstanden ☐ Eigene Antwort:	☐ Ja ☐ Nein ☐ Eigene Antwort:

Wie beurteilen Sie die Urteilsfähigkeit (mehrere Antworten möglich)?	
☐ Entweder der Patient/die Patientin ist sichtlich urteilsunfähig oder er/sie gilt als urteilsfähig	☐ Ich benutze Tools/Hilfsinstrumente/Richtlinien
☐ Die Abklärung findet implizit im üblichen Gespräch statt, auf eine besondere Vorgehensweise verzichte ich	☐ Ich führe ein semi-strukturiertes Interview durch
☐ Ein Kollege/eine Kollegin nimmt die Beurteilung vor, weil:	☐ Ich führe ein standardisiertes Interview durch
☐ Ich hole ein psychiatrisches Konsil ein	☐ Ich benutze einen Fragebogen
☐ Ich orientiere mich an meiner klinischen Erfahrung	☐ Ich mache einen Mini Mental State Test
☐ Ich gehe individuell vor	☐ Eigene Antwort:

Fänden Sie es gut, wenn jemand anderes als der behandelnde Arzt/Ärztin die Urteilsfähigkeit beurteilt?	Kennen Sie Richtlinien und Hilfsmittel zur Beurteilung der Urteilsfähigkeit? Wenn ja, welche?
☐ Ja ☐ Nein	☐ Ja: ☐ Nein

Welche Konsequenz hat eine Urteilsunfähigkeit des Patienten/der Patientin für Sie (mehrere Antworten möglich)?	
☐ eigentlich keine	☐ Ich prüfe, ob es eine Patientenverfügung gibt
☐ Sie spielt keine Rolle, da ich meist in Absprache mit den Angehörigen handle	☐ Ich prüfe, ob es einen Beistand gibt
☐ Ich entscheide gemäss medizinischer Indikation	☐ Ich prüfe, ob es Angehörige gibt, die ich in die Entscheidung einbeziehen kann
☐ Ich habe mit dem Patienten/der Patientin eine Advance Care Planning Strategie vereinbart, daher weiss ich, was die Person möchte	☐ Ich lasse einen Beistand einrichten, wenn sich keine sonstige Vertretungsperson ausfindig machen lässt
☐ Ich entscheide nach dem mutmasslichen Willen	
☐ Ich bespreche das weitere Vorgehen im Team	☐ nur in dringenden Fällen entscheide ich allein

Angehörige einzubeziehen... (mehrere Antworten möglich)	Was halten Sie von der Einbeziehung des Beistandes des Patienten/der Patientin (mehrere Antworten möglich)?
☐ macht Sinn; sie kennen den Patienten/die Patientin am besten ☐ macht keinen Sinn; sie sind für die Entscheidung nicht kompetent ☐ macht keinen Sinn; sie sind mit den Entscheidungen meist überfordert ☐ macht keinen Sinn; sie sind dadurch zusätzlich belastet ☐ macht keinen Sinn; sie sind untereinander oft uneinig ☐ macht keinen Sinn; sie schliessen sich ohnehin meist dem ärztlichen Rat an ☐ Eigene Antwort:	☐ gar nichts ☐ wenig ☐ kommt kaum vor ☐ viel Aufwand ☐ hilft meist nicht weiter ☐ sinnvoll ☐ oft unbekannt, ob es einen Beistand gibt ☐ Nicht verfügbar, wenn gebraucht ☐ Noch keine Erfahrung mit Beiständen gemacht ☐ Eigene Antwort:
Was halten Sie von Patientenverfügungen (mehrere Antworten möglich)?	**Wie viele Ihrer Patientinnen und Patienten haben geschätzt eine Patientenverfügung (in %)?**
☐ gar nichts ☐ wenig ☐ kommen kaum vor ☐ oft zu ungenau ☐ hilft meist nicht weiter ☐ sinnvoll ☐ Nicht verfügbar, wenn gebraucht ☐ Noch keine Erfahrung mit Patientenverfügungen gemacht ☐ Eigene Antwort:	____________________% **Haben Sie Patienten schon beim Ausfüllen einer Patientenverfügung beraten? Wie oft?** ☐ Ja: ☐ Nein
Würden Sie eine Beratung für das Ausfüllen einer Patientenverfügung geben, wenn der Patient/die Patientin Sie darum bittet?	**Wüssten Sie, wohin der Patient/die Patientin sich für eine Beratung sonst wenden kann?**
☐ Ja ☐ Nein, weil:	☐ Ja ☐ Nein
Die Reihenfolge der bei Stellvertretung beizuziehenden Personen nach dem Gesetz...	**Was verstehen Sie unter dem «mutmasslichen Patientenwillen» (mehrere Antworten möglich)?**
☐ ...kenne ich. ☐ ...kenne ich nicht. **24. Fänden Sie eine gezielte Schulung zur Beurteilung der Urteilsfähigkeit sinnvoll?** ☐ Ja ☐ Nein	☐ Was der Patient/die Patientin willen würde, könnte er/sie sich äussern ☐ Was er/sie zum Zeitpunkt seiner/ihrer Urteilsfähigkeit festgelegt hätte ☐ Wie er/sie sich aktuell äussert, auch wenn er/sie nicht urteilsfähig ist ☐ Was mir die Angehörigen über die Wünsche und Vorstellungen des Patienten/der Patientin berichten ☐ Was objektiv das Beste für den Patienten/die Patientin wäre ☐ Was ich mir für mich selbst in dieser Situation wünschen würde ☐ Eigene Antwort:

Vielen herzlichen Dank für Ihre Mithilfe! Charlotte Wetterauer und Laura Winkler

Anhang 3: U-Doc-Formular zur Evaluation und Dokumentation der Urteilsfähigkeit[380]

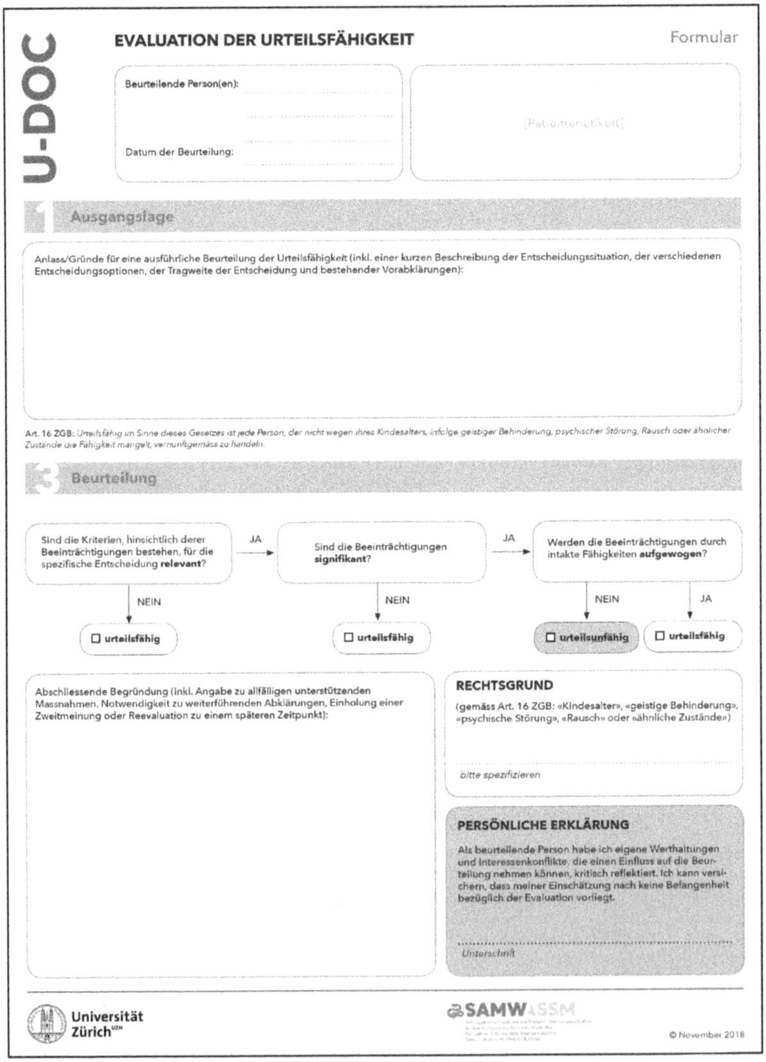

U-DOC

EVALUATION DER URTEILSFÄHIGKEIT Formular

Beurteilende Person(en):

Datum der Beurteilung:

[Patientenetikett]

1 Ausgangslage

Anlass/Gründe für eine ausführliche Beurteilung der Urteilsfähigkeit (inkl. einer kurzen Beschreibung der Entscheidungssituation, der verschiedenen Entscheidungsoptionen, der Tragweite der Entscheidung und bestehender Vorabklärungen):

Art. 16 ZGB: *Urteilsfähig im Sinne dieses Gesetzes ist jede Person, der nicht wegen ihres Kindesalters, infolge geistiger Behinderung, psychischer Störung, Rausch oder ähnlicher Zustände die Fähigkeit mangelt, vernunftgemäss zu handeln.*

3 Beurteilung

Sind die Kriterien, hinsichtlich derer Beeinträchtigungen bestehen, für die spezifische Entscheidung **relevant**?

JA → Sind die Beeinträchtigungen **signifikant**?

JA → Werden die Beeinträchtigungen durch intakte Fähigkeiten **aufgewogen**?

NEIN → ☐ **urteilsfähig**

NEIN → ☐ **urteilsfähig**

NEIN → ☐ **urteilsunfähig**

JA → ☐ **urteilsfähig**

Abschliessende Begründung (inkl. Angabe zu allfälligen unterstützenden Massnahmen, Notwendigkeit zu weiterführenden Abklärungen, Einholung einer Zweitmeinung oder Reevaluation zu einem späteren Zeitpunkt):

RECHTSGRUND

(gemäss Art. 16 ZGB: «Kindesalter», «geistige Behinderung», «psychische Störung», «Rausch» oder «ähnliche Zustände»)

bitte spezifizieren

PERSÖNLICHE ERKLÄRUNG

Als beurteilende Person habe ich eigene Werthaltungen und Interessenkonflikte, die einen Einfluss auf die Beurteilung nehmen können, kritisch reflektiert. Ich kann versichern, dass meiner Einschätzung nach keine Befangenheit bezüglich der Evaluation vorliegt.

Unterschrift

Universität Zürich[UZH]

SAMW ASSM

---

380 Richtlinien der Schweizerischen Akademie der Medizinischen Wissenschaften (SAMW): Urteilsfähigkeit in der medizinischen Praxis, abrufbar unter: https://www.samw.ch/de/Ethik/Themen-A-bis-Z/Beurteilung-der-Urteilsfaehigkeit.html (zuletzt geprüft am 18.9.2023). Das Formular ist abrufbar unter: https://www.samw.ch/dam/jcr:57d2f38a-2361-4fdc-8435-624c99f17bc2/formular_samw_evaluation_urteilsfaehigkeit_u_doc.pdf (zuletzt geprüft am 18.9.2023)

2 Einschätzung mentaler Fähigkeiten

ERKENNTNISFÄHIGKEIT

Fähigkeit, die vorliegende Entscheidungssituation zu erfassen (Schwerpunkt: Kognition)

☐ unauffällig ☐ leicht beeinträchtigt ☐ mittelgradig beeinträchtigt ☐ schwer beeinträchtigt ☐ nicht beurteilbar

Würden Sie unser Gespräch noch einmal aus Ihrer Perspektive zusammenfassen, besonders hinsichtlich folgender Punkte: a) über Ihren Gesundheitszustand, b) über die Behandlungsmöglichkeiten und die jeweiligen Vor- und Nachteile, c) die Vor- und Nachteile, wenn wir stattdessen gar nichts tun? | Was meinen Sie, welche Auswirkungen hat [vom Patienten präferierte Option] auf Ihren Alltag? Was wird sich ändern? | Was denken Sie, ist mit Ihrer Gesundheit derzeit nicht in Ordnung? | Glauben Sie, dass Sie irgendeine Art von Behandlung brauchen? | Was denken Sie, sind die Beweggründe, Ihnen [empfohlene Option] zu empfehlen?

	unauffällig	beeinträchtigt	nicht beurteilbar
Informationsverständnis Die Person kann die vermittelten Informationen zur Erkrankung, den Entscheidungsalternativen und den jeweiligen Vor- und Nachteilen in ihren eigenen Worten wiedergeben.	☐	☐	☐
Verständnis der lebenspraktischen Folgen Die Person kann angeben, welche konkreten Auswirkungen die Entscheidung auf ihre Lebensführung und Lebensqualität haben könnte.	☐	☐	☐
Krankheitsverständnis Die Person erkennt, dass sie an einem diagnostizierten Symptom/Krankheit leidet oder mit einem bestimmten Problem konfrontiert ist, oder kann ihre Ablehnung plausibel darlegen.	☐	☐	☐
Verständnis des Behandlungsbedarfs Die Person erkennt, dass die vorgeschlagenen Behandlungsoptionen/Massnahmen potenziell zu ihren Gunsten sind, oder kann ihre Ablehnung plausibel darlegen.	☐	☐	☐

Beschreibung der Beeinträchtigungen:

WERTUNGSFÄHIGKEIT

Fähigkeit, der vorliegenden Entscheidungssituation persönliche Bedeutung beizumessen (Schwerpunkt: Motivation und Emotion)

☐ unauffällig ☐ leicht beeinträchtigt ☐ mittelgradig beeinträchtigt ☐ schwer beeinträchtigt ☐ nicht beurteilbar

Sie denken, [vom Patienten präferierte Option] ist das Beste für Sie. Können Sie mir erklären, warum das so ist? | Was denken Sie, haben Erfahrungen Ihre Entscheidung beeinflusst? Wenn ja, in welcher Weise? | Was macht [vom Patienten präferierte Option] für Sie persönlich besser als [alternative Option]? | Was löst die Vorstellung von [alternative Option] in Ihnen aus?

	unauffällig	beeinträchtigt	nicht beurteilbar
Bezug zu eigenen Werthaltungen Die Person kann die Entscheidung mit persönlichen Werthaltungen und Überzeugungen in Verbindung bringen.	☐	☐	☐
Lebensgeschichtliche Einordnung Die Person ist in der Lage, die Entscheidungssituation im Kontext ihrer bisherigen (Krankheits-)Geschichte sowie im Zusammenhang mit ihrer gegenwärtigen Lebenssituation zu betrachten.	☐	☐	☐
Informationsgewichtung/Entscheidungsgründe Die Person gewichtet einzelne Aspekte verhältnismässig resp. führt verständliche Gründe für ihre Entscheidung an, bzw. ist sich im Klaren darüber, falls sie dies nicht tut.	☐	☐	☐
Affektive Beteiligung Die Person kann sich mit einer angemessenen Affektintensität am Entscheidungsprozess beteiligen und zeigt eine einfühlbare affektive Reaktion.	☐	☐	☐

Beschreibung der Beeinträchtigungen:

WILLENSBILDUNG UND -UMSETZUNG

Fähigkeit, eine Entscheidung zu treffen, zu kommunizieren, zu begründen und zu vertreten (Schwerpunkt: Volition)

☐ unauffällig ☐ leicht beeinträchtigt ☐ mittelgradig beeinträchtigt ☐ schwer beeinträchtigt ☐ nicht beurteilbar

Für welche Behandlungsoption haben Sie sich entschieden? | Warum haben Sie sich für [vom Patienten präferierte Option] entschieden? | [wenn keine Entscheidung] Was macht die Entscheidung so schwierig? | Fühlt sich die Entscheidung richtig an?

	unauffällig	beeinträchtigt	nicht beurteilbar
Treffen und Äussern einer Entscheidung Die Person ist in der Lage, eine Entscheidung zu treffen und verständlich zu kommunizieren.	☐	☐	☐
Bereitstellen einer Begründung Die Person kann kohärent darlegen – durch rational-analytische Argumentation oder intuitionsbasierte Selbstreflexion –, weshalb sie sich für eine bestimmte Option entschieden hat.	☐	☐	☐
Widerstandskraft gegen inneren Drang Die Person kann Impulse, Zwänge oder Ängste kontrollieren, die sie daran hindern, die getroffene Entscheidung umzusetzen.	☐	☐	☐
Widerstandskraft gegen äussere Einflüsse Die Person kann ihren gefassten Willen gegenüber widersprechenden Meinungen anderer behaupten.	☐	☐	☐

Beschreibung der Beeinträchtigungen:

Anhang 4: Definition Prognoseskala der Basler SPSS-Datenbank der Abteilung Klinische Ethik

n.a.	not available
unclear	Prognosis incerta
good	Prognosis bona
guarded	«50/50»
poor	Prognosis mala
terminal	Prognosis infausta; Prognosis letalis